中国政治学人
Academics of Chinese Politics

廉洁政治与国家治理

Cleanness-Competence Politics and State Governance

何增科 著

中央编译出版社
CCTP Central Compilation & Translation Press

第一部分　国家治理与廉能政治：理论探索

理解国家治理及其现代化 / 3

制度化反腐：从廉洁政治到廉能政治 / 16

建设廉洁政治：内涵、意义与实现途径 / 28

建构现代国家廉政制度体系：有效惩治和预防腐败的体制机制问题研究 / 33

第二部分　历史和比较视野中的中国反腐败

中国的反腐败与权力监督：历史、现状与未来 / 75

比较视野中的当代中国行政监察 / 99

国际社会反腐败的新进展：以《联合国反腐败公约》及其实施
　评估为视角 / 105

第三部分 腐败防治的中观研究

HZ 市腐败与治理状况的诊断性分析 / 129
    附录一：HZ 市居民问卷调查 / 166
    附录二：HZ 市企业调查问卷 / 187
    附录三：HZ 市公职人员调查问卷 / 215
HZ 市廉政风险的预警与防范 / 249
高校腐败及其治理状况的调查与研究 / 280
    附录一：高校廉政建设调查问卷 / 310
    附录二：三个受访群体的基本情况说明 / 325

后　记 / 338

第一部分
国家治理与廉能政治：理论探索

一 理解国家治理及其现代化

二 制度化反腐：从廉洁政治到廉能政治

三 建设廉洁政治：内涵、意义与实现途径

四 建构现代国家廉政制度体系：有效惩治和预防腐败的体制机制问题研究

理解国家治理及其现代化

中共十八届三中全会通过的《关于全面深化改革若干重大问题的决定》指出,"全面深化改革的总目标是完善和发展中国特色社会主义制度,推进国家治理体系和治理能力现代化"。那么,什么是国家治理及其现代化?为什么要推进国家治理现代化?又该如何推进国家治理体系和治理能力现代化呢?

一、什么是国家治理及其现代化?

可以从三组概念的辨析中理解国家治理概念的含义。

第一组概念是治理、公司治理与国家治理。

治理和公司治理等新概念都是在20世纪90年代以前提出的。治理是多元行动者的合作管理,强调多中心、网络化与合作管理。在此概念基础上发展起来的公共治理、国别治理概念比较流行。公司治理是研究在公司所有权与经营权分离情况下实现委托人对代理人的激励兼容问题,既要提高公司管理效率,更要使管理者对股东及其代表负责。核心是实现公司管理层向公司所有者负责并保证后者利益最大化。国家治理概念是具有中国特色的独创性概念，它吸收了治理概念的合理内核，又吸收了公司治理的关切。国家治理概念避免了单纯讲治理概念给人造成的去国家化、去政府化、去执政党化的印象，凸显了国家、政府、执政党在治理中的主导地位，同时又对市场和企业、公民和社会组织等政府以外的各类行动者开放公共空间，提供了发挥作用的舞台。

第二组概念是国家统治、国家管理、国家治理。

国家统治的概念强调国家是阶级统治的工具，关注的是国家利用合法的暴力手段对社会实现的专政、镇压、控制或管制，其目的是实现国家内外部的安全与秩序。在国家统治的概念中国家是一种"守夜人"国家。国家管理的概念强调国家是社会公共利益的代表，通过各种投入要素的优化组合来增进社会公共利益。它与自由民主国家和福利国家的概念有着密切的关系，凸显了国家保障公民自由和权利与提供福利服务的职能。国家治理的概念在强调国家维护社会秩序增进公共利益两大基本职能的同时，强调了国家向社会、政府向公民负责任的问题的重要性，强调了在公共政策决策和公共服务提供方面多元行动者参与的重要性。

第三组概念是国家政体与国家治理。

国家政体是指国家政权的类型，具体体现为国家政权的组织原则和组织形式。国家治理则是指各种类型国家政权所共有的实际运行过程及其具体成效。治与乱、兴与亡、强与弱都是国家治理绩效的可能结果。国家治理的概念是现代国家所特有的一个概念，它是在扬弃治理、公司治理、国家统治和国家管理等概念基础上形成的一个新概念。国家治理是国家政权的所有者、管理者和利益相关者等多元行动者在一个国家的范围内对社会公共事务的合作管理，其目的是增进公共利益维护公共秩序。国家治理的概念吸收了治理、公司治理、国家统治和国家管理等概念的某些要素，如强调多元行动者的合作管理，凸显国家政权的所有者或主权者的重要性，以维护公共秩序增进公共利益为目的，以国家对暴力的合法垄断为后盾并将强制性力量的使用作为最后的手段，强调合作管理中专业性和职业化的重要性等。

国家治理的概念又有其独特性。首先，它凸显了国家政权的管理者向国家政权的所有者负责并可以被后者问责这一问题的重要性。其次，它强调国家政权的所有者、管理者和利益相关者等多元行动者与政府、市场、社会等多种力量合作管理的重要性。最后，它把增进公共利益同维护公共秩序放在了同等重要的地位，实现这两个目的的能力是国家治理能力最重要的体现。

国家治理水平有高低优劣和有效与失效之分。高水平的、优质的、有效的国家治理，应该是国家的管理者向所有者负责的国家治理、多元行动者协商协议协同基础上的国家治理、公共利益得到增进、公共秩序得到维护的国家治理；反之，则为低水平的、劣质的甚至是失败的国家治理。

国家治理体系及其运行过程的发达顺畅程度直接影响着国家治理的水平。

国家治理体系（SGS，State Governance System）是一个以目标体系为追求，以制度体系为支撑，以价值体系为基础的结构性功能系统。国家治理体系可以图示如下。

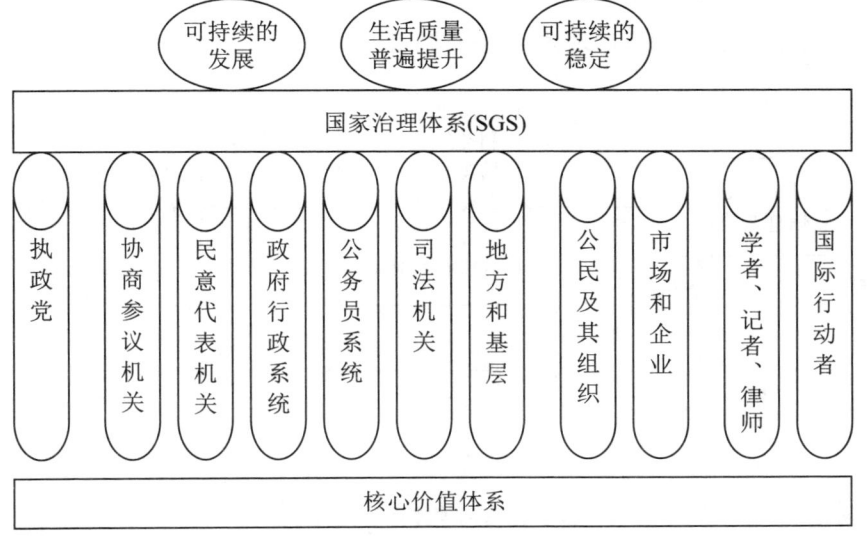

图 1　国家治理体系框架图

国家治理体系的目标体系由三大目标组成，即可持续发展、生活质量和可持续的稳定。国家实现这三大目标的绩效，即实现可持续发展的绩效、普遍提高国民生活质量的绩效和实现可持续的稳定的绩效，构成国家治理绩效的主要内容。国家治理能力主要表现为实现这三大目标的能力。国家治理的制度体系，主要由11类机构或个人行动者等治理主体以及形塑他们互动行为的规则和程序等11根制度支柱组成，他们共同支撑着国家治理目标体系，共同完成着国家治理的目标任务，应当均衡发展。国家治理的核心价值体系则构成国家治理制度体系的基础，核心价值体系在各类机构和个人行动者和规范其行为的规则和程序体系中内化和普及化的程度，直接影响着这些行动者的行为选择和行为方式，影响着规则和程序的执行力度。现代善治的基本价值构成国家治理的核心价值体系，它们是：合法性、透明、参与、法治、回应、责任、效益、廉洁、公正、和谐。

国家治理过程是国家治理体系不断顺利运转的一个动态的过程，是各类国家治理主体在国家治理过程中有效履行自身功能的过程。可以从主体结构与功能的角度，将国家治理体系运行流程图示如下：

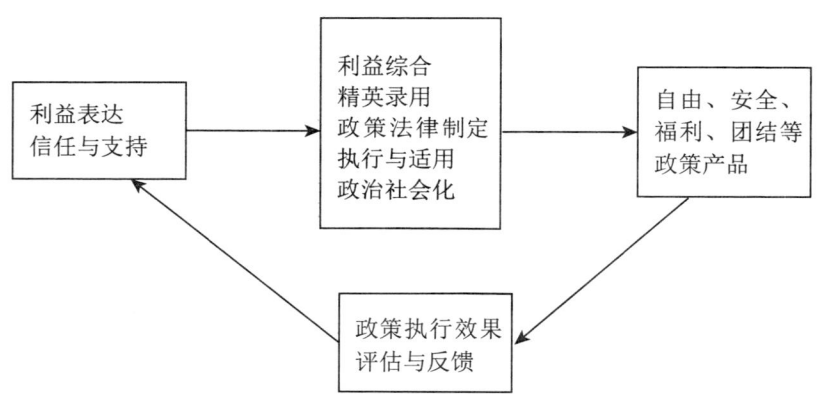

图2 国家治理体系运行流程图

国家治理过程的流程是国家政权的所有者和利益相关者向国家政权的管理者提出利益诉求并提供必要的支持如投票、服兵役、纳税、守法、参与政治等，执政党和国家官员等管理者在接收上述输入后通过利益综合、精英录用、政策制定与执行、信息沟通、政治社会化等过程转换为公共政策产品，这些公共政策产品包括资源提取、分配与再分配、行为监管、象征性符号输出等类型以满足自由、安全、福利、团结等社会公共需求。政策执行效果在多大程度上满足了社会公共需求达到了政策目标，需要通过相对独立的评估评价反馈给决策当局影响其下一波的政策调整或政策延续，同时也影响着输入端的治理主体的信任与支持及利益诉求的表达。

政治现代化是与经济现代化、社会现代化、文化现代化、生态现代化并列的"第五个现代化"。

政治现代化包括国家政体的现代化与国家治理的现代化这样两个层面的现代化。国家治理现代化构成政治现代化一个重要的组成部分。

政治现代化的制度成果包括这样一些基本内容：定期举行的自由的、竞争性的选举制度；政党政治体制；代议制机构；立法机关、行政机关与司法机关的分立与制衡；政治与行政的分立；公务员制度；科层制组织；职业政治家和职业文官的形成与分工；公民自由和权利的法治保障；媒体的监督。现代政治和传统政治最大的区别在于，民主、法治的价值追求深入人心，民主、法治的理想转换为具体的政治制度安排。现代政治又被称为民主政治。

国家治理的现代化是在维持特定国家政体基本制度框架不变的前提下，将现代政治和行政的一些技术、程序、机制引入国家治理的实际过程中特别是立法和决策过程中以提高国家治理的质量，同时实现国家治理主体的现代化。国家治理体系现代化和治理能力现代化是国家治理的制度现代化和作为国家治理主体的人（政治人、行政人、公民包括企业公民等）的现代化的有机统一。

国家治理现代化有两个重要的面向：一个是将民主和法治的相关技术、程序、机制引入国家治理过程，实现民主治理，增强国家治理的正当性；一个是将古今中外国家治理的成功经验和做法或优良实践引入国家治理的具体过程中，实现有效治理，增强国家治理的有效性。民主治理有助于增强国家政权对人民和社会的责任性和回应性，减少官僚集团以权谋私自我服务的腐败和特权现象；有效治理有助于增强国家政权的治理效能，减少出现失败国家和软弱政权的可能性。

现代国家治理体系是一种强有力的、负责任的和受法律约束的国家治理体系。国家治理体系和治理能力现代化的衡量标准有以下四条：

第一，国家治理的民主化。人民成为国家政权的所有者（主权在民），能够通过合法的渠道直接地或者通过自己选举的代表参与决策、执行和监督等国家治理的全过程，并拥有追究国家政权管理者责任的制度化手段。

第二，国家治理的法治化。无论是国家政权的所有者、管理者和利益相关者参与国家治理的行为，都应纳入法治化的轨道，合法理性地进行；国家公共权力的运行也受到宪法和法律的限制和约束。规则和程序之治代替了人治。

第三，国家治理的文明化。国家治理中更少的强制，更多的同意；"寓管理于服务之中"，以服务换服从；更多的对话协商沟通合作，更少的独断专行；"更多地激发权能，更少的排斥和歧视"；更少的他治，更多的自治。

第四，国家治理的科学化。各类治理主体（上述 11 类机构和个人行动者）拥有更多的自主性，他们履行各自功能的专业化和职业化分工程度不断提高，执政党和政府行政机关协调其他治理主体的能力与进行战略和政策规划的能力不断提高，形塑各类治理主体互动行为的规则和程序的有效性不断增强。现代国家治理体系建立在政治与行政、政治与法律、政治与经济、咨询参谋与政治决断、国家与社会的相互分离和各类治理主体专业分工的基础上，同时政党、政府、法律、市场、社会等多元化的治理机制也得到充分的发展，各类治理主体之间对话协商沟通合作的互动网络高度发达，决策咨询系统高度发达。

二、为什么要推进国家治理现代化？

改革开放 30 多年来，中国的现代化建设进入一个高速发展的"黄金时期"，成就斐然，举世公认。中国已经进入了从现代化的早期阶段向后期阶段迈进的新的历史时期，工业化、城镇化、信息化、市场化、全球化浪潮有力地冲击着现有的国家治理体系并挑战着当下的国家治理能力，社会大转型推动着国家治理的转型和现代化。

首先，现有的党和政府强势主导的发展模式遭遇瓶颈，已难持续，现有的强力维稳、消极管控的维稳模式遭遇困境，难以持续。改革开放之后，党和政府通过政府投资、银行向国有企业注资、发行公债、土地财政、特定产业政策倾斜、行政审批等途径来直接配置资源或操纵资源流向，市场机制在配置资源中的作用难以发挥，私人经济部门在国有经济垄断格局下生存维艰。这种高投入、高消耗、低效益的国家投资拉动型经济增长模式已经难以为继。近年来，随着维稳成为头等大事，依靠国家力量来强力维稳、依靠财政花钱来购买一时的稳定、依靠各级领导接访来平息群众闹事行为的做法日渐流行。强力维稳带来的是民间仇官情绪的积累和群体性事件的层出不穷，花钱买稳定导致要求政府赔钱的"刁民"越来越多，信访不信法导致领导接访越多信访越多的恶性循环。维稳成本的迅速攀升，闹事和上访群众越来越多致使各级领导不堪重负，民间的暴戾之气和暴力行为也愈演愈烈。可持续的稳定似乎也越来越远。实现可持续的发展和可持续的稳定迫切要求国家治理转型。

其次，全能全控的集中化的国家管理模式导致经济社会发展的活力递减，改革创新的动力衰减。各类治理主体只有享有自主权和自由活动空间，权益得到保障，才愿意去竞争，愿意去创新，经济社会发展才有活力。但近些年来，一些党政部门受扩权争利冲动的驱使，不断扩大自己的管辖范围和管辖权力，将越来越多的资源分配权和行政审批权掌握在自己手中，在寻租获利的同时将事权和责任外推下移，全能全控的集中化的国家管理模式再度复兴。扩权争利动机驱使下党政职能部门编织的管控经济社会之网日益严密，地方、基层、企业、民间组织的自主权和自由活动空间都在压缩，自主创新日益艰难，经济社会发展活力明显减少。

第三，腐败现象居高不下，收入分配差距不断拉大，世袭和特权现象再度出现，贫富阶层出现固化现象，社会流动机会减少，各类治理主体都出现了行政化现象，这些都说明国家管理者向国家所有者即人民负责任的民主责任体制的明显缺失。国家管理者受人民的委托担负着公共管理的重任，他们有权汲取社会资源、进行经济社会行为监管、对社会价值进行权威性的分配。如果国家治理结构中缺少民主责任制的制度安排或相关的制度徒具形式，处于虚置状态，国家管理者群体就会"近水楼台先得月"，成为一个追求自身利益最大化的特权阶层，其中有的成员不满足于已有的特权而公权私用通过腐败犯罪发财致富，有钱人则会通过官商勾结的非法途径获取不义之财而暴富，收入分配差距由此拉大，地位待遇向官员看齐的行政化冲动会向全社会弥散开来，贫富分化的社会阶层就会走向固化，社会流动机会日益减少。这种官本主义体制所映衬的是民主责任制的国家治理结构的缺失。腐败、特权、贫富分化和官本主义的盛行，强化了民众的仇官、仇富心理，削弱了党和政府作为社会公共利益代表形象的公信力，危及党和政府执政的正当性。

最后，经济社会的现代化导致人的现代化，具有现代公民意识的社会群体推动着国家治理制度的现代化。专家学者、媒体记者、律师、工程技术人员、办公室职员等中产阶层是现代化的产儿和载体，他们率先具有现代公民意识，强烈要求参与社会政治生活，并成为活跃的意见领袖或社会政治活动家。农民工已经不同于传统的农民，这部分农民的工人化、市民化的生产生活方式使他们接受了现代工业文明和城市文明的熏陶而具有了强烈的现代意识。随着义务教育的普及和互联网的普及以及中国加入全球化进程，青年人群比起中年人和老年人在政治参与愿望和能力方面都有了很大的提高。经济社会现代化的深入推进导致现代化人群的"政治参与浪潮"和"期望值的革命"。现有的国家治理体制在接纳政治参与方面的制度容量和满足人们对更高水平的社会公共服务期望的能力方面都受到了严峻的挑战。

国家治理的现代化是政治发展和政治现代化的一个重要组成部分。党和政府主导的现代化模式使得党和政府在现代化过程中处于关键位置，具有特别重要的作用。没有国家治理的转型和现代化，经济社会等方面的现代化就难以进一步深入推进；不推进国家治理改革，市场化改革也难以走向深入。国家治理现代化是对工业化、城市化、信息化、市场化、全球化浪潮冲击的一种积极的和主动的回应。若无这种积极和主动的回应，则可能出现全面的、系统的国家治理危机甚至导致国家治理失败，现代化进程将因此而中断。

三、如何推进国家治理现代化

国家治理体系作为一个制度体系，包括了经济治理、政治治理、社会治理、文化治理、生态治理、政党治理等多个领域以及基层、地方、全国乃至区域与全球治理中的国家参与等多个层次的国家治理制度体系。国家治理制度体系和治理能力的现代化对于各领域改革发挥着统领作用。全面深化改革是对各个领域、各个层次的国家治理制度的全面改革、系统改革和综合性改革，其目的是发展和完善社会主义制度，推进国家治理体系和治理能力现代化，进而建立现代国家治理体系，提高国家治理水平。

十八届三中全会全面深化改革的《决定》已经就如何推进国家治理现代化作出了总体部署，提出了路线图和时间表。这里我想就推进国家治理现代化的重点任务谈谈自己的观点。

（一）进一步放权和分权，让各类治理主体在国家治理中发挥更大的作用

要实现可持续发展、国民生活质量的普遍提升和可持续稳定等三大国家治理目标，仅靠各级党委和政府是不够的。因为他们所掌握的资源、信息和知识都是有限的，理性和能力也都是有限的。全能全控型的国家治理模式需要转向一核多元、良性互动、合作管理的国家治理模式。为此需要向市场和企业放权，向社会组织放权，向基层自治组织和地方政府放权，同时在党委、人大、政协、政府、司法机关之间实行决策权、执行权、监督权的相互分离和制约，倡行社会参与和监督，做强做大各类治理主体，激发经济社会发展

活力，使得11根制度支柱均衡发展，共同支撑国家治理大厦，合力实现国家治理目标。

（二）以民主责任制建设为方向，完善国家治理结构

现代国家是一个由民众授权向民众负责且民众可问责的国家。建立现代国家治理体系需要以民主责任制为方向，优化国家治理结构。人大代表向选民负责、党代会代表向党员负责、人大常委会和党委会向人大和党代会负责、行政首长和党委书记分别向人大及其常委会负责和党委会负责的责任链条应当完整，薄弱环节应当加强。选举改革应当加强选举的自由选择性和竞争性。两次选举之间，人大常委会和党委会作为民意代表机关和党内代表机关其决策权能和监督权能需要进一步加强，同时应保证书记和行政首长执行权的集中和完整。逐步探索党委委员进入人大常委会任职并实现专职化（常委和书记除外），并不再兼任党内和政府内其他职务，同时强化其对政府组成人员提名审查、行政监察和财务审计、预算审议、编制和薪酬审查、行政首长弹劾等职权。条件许可时推进书记经过依法民主选举担任行政首长，党委常委经过政治任命担任相关政府部门首长，并保证行政首长其对政府组成人员的提名权，强化政府的行政执行权能。

（三）健全国家治理过程中的负反馈调节机制，实现可持续的稳定

负反馈调节机制利用系统中信息沟通的多通道和衡平纠偏机制使输出起到与输入相反的作用，消除系统输出与系统目标的误差和偏差，使系统在动态调整中实现长期稳定。政治沟通中如果只有上下级党政机关之间单一的信息沟通渠道，就会出现下级对政策执行效果"报喜不报忧"的正反馈从而使错误的政策得不到及时的纠正最终导致系统的崩溃。在公共权力侵犯私权利的场合中，如果缺少独立于行政权的独立公正的第三方仲裁机构发挥衡平纠

偏作用，官民冲突将会愈演愈烈。保证专家学者和媒体记者的言论自由，发挥好民间专业民意调查机构的作用，有利于获得政策执行效果客观真实的评价信息，从而发现问题，及时纠偏。保证法官和律师在司法裁决中的独立性和公正性，有利于发挥法律的衡平纠偏作用维护社会的公平正义。执政党和政府带头遵守宪法和法律，将会促进各类治理主体共同遵守宪法和法律，实现规则和程序之治。

（四）发展决策咨询系统健全协商民主，提高公共政策决策质量

谋断分开是第二次世界大战以后现代公共决策体制发展的一个新趋势，与此相适应，决策咨询作为一种新兴的"智力服务业"得以发展起来。协商民主作为对代议制民主的一种补充，这些年来也得到广泛的应用。它对于提高公共政策质量具有重要的意义。为了提高立法和公共政策决策质量，提高国家治理水平，可考虑发展相对独立的决策咨询系统，将决策咨询列为各级人大立法和各级党政决策的必经程序以培育决策咨询市场。同时可考虑设立各级党委决策咨询委员会，并鼓励受聘的决策咨询委员进入政协常委会任职，先咨询后决策形成法定程序。同时可以将比较成熟的协商民主技术如协商性民意调查等广泛地应用于各个层级和领域公共政策的决策前咨询环节，使政策更好地反映民意。

（五）培养职业政治家、职业文官和法官、职业律师，推进国家治理的专业化和职业化

政治与行政、政治与法律的分离和分工，是政治发展和政治现代化的一项重要内容。政治、行政、法律从业者开始分化为职业政治家、职业文官、职业法官、职业检察官和职业律师，他们有着各自不同的专业伦理和专业能力要求。职业政治家的任务在于集中民意提出政策远景，控制官僚机构，使

之服务于民众，统筹协调整合资源，把握机会，实现政策目标。职业文官的责任在于利用自己所掌握的专业性公共管理知识和技能忠实高效地完成职业政治家所提出的政策任务。职业受保障的法官、检察官和律师则就法律的适用发挥各自的专长和作用。中国在推动国家治理现代化过程中，同样需要培养自己的职业政治家、职业文官、职业法官、检察官和律师，依法建立各自的专业分工和职业保障制度，提高国家治理的专业化水平。

（六）推动核心价值体系的内化和普及化，夯实国家治理体系的基础

以现代善治基本价值（透明、参与、法治、回应、责任、公正、包容、效益、廉洁、和谐等）为主要内容的核心价值体系只有内化于各类治理主体并体现在形塑这些治理主体的规则和程序设计之中，国家治理制度体系才能按照善治的要求有效运转，一个良好的、有效的国家治理体系才能真正建立，国家治理的三大目标才有望实现。为此需要各类治理主体特别是党和政府自觉地担当起政治社会化和政治教育的职责，推动核心价值体系的内化和普及化，促使国民和官员普遍认同和自觉践行核心价值体系，从而为现代国家治理体系奠定坚实的社会基础。

参考文献

1. 《中共中央关于全面深化改革若干重大问题的决定》，北京：人民出版社 2013 年版。
2. 《〈中共中央关于全面深化改革若干重大问题的决定〉辅导读本》，北京：人民出版社 2013 年版。
3. 俞可平主编：《治理与善治》，北京：社会科学文献出版社 2000 年版。
4. 俞可平主编：《国家治理评估——中国与世界》，北京：中央编译出版社 2009 年版。
5. 〔美〕戴维·阿普特：《现代化的政治》，李剑等译，北京：中央编译出版社 2011

年版。

6. 〔美〕加布里埃尔·A. 阿尔蒙德、小 G. 宾厄姆·鲍威尔等：《比较政治学——体系、过程和政策》，曹沛霖等译，上海：东方出版社 2007 年版。

7. 俞可平：《沿着民主法治的道路推进国家治理体系的现代化》，人民网：http://politics.people.com.cn/n/2013/1201/c70731-23707081.html（访问时间：2013 年 12 月 1 日）。

8. 徐湘林：《中国的转型危机与国家治理：历史比较的视角》，载《复旦政治学评论》，2011 年 5 月 31 日。

9. "公司治理"，见百度百科：http://baike.baidu.com/link?url=S6LdegNoFKVg8XXMe10ZTNRRX5fl2gV8M9r4MnWCc2kw2RAN_h5eiG_9I8Oe-9DDkPWpUZH2p0QwmxkC3A7eKKkGfWwimy74bCch7DV7fZecjlXDjJeET1NlORrcApSs。

制度化反腐：从廉洁政治到廉能政治

2012年党的十八大以来，以习近平同志为总书记的党中央加大了反腐败的力度，党风廉政建设和反腐败工作取得了明显的成效，受到社会各界的高度评价。同时也要看到，在高压反腐的新常态下，出现了"廉而不为"的新动向，反腐败面临新的挑战。通过制度化反腐实现从廉洁政治到廉能政治的跃升，是实现国家治理现代化的内在要求，同时也是反腐败值得追求的理想目标。

一、从廉洁政治到廉能政治

党的十八大以来，以习近平同志为总书记的党中央在反腐败方面的力度明显加大。据公开资料统计，十八大之前的63年里，落马的省部级高官为145名，而十八大以来三年多时间里落马的省部级和军级以上高官已达108名，年均落马高官数量为此前的十多倍以上。截止到2015年7月22日，有关部门查处违反"八项规定"精神问题90920起，

118673 人受到处理。党风廉政建设和反腐败工作出现新气象，官员顶风作案现象明显减少，干部作风明显好转，人民群众对党和政府反腐败的信心显著增强。根据中国社会科学院廉政研究中心的一项问卷调查数据显示，2012 年城乡居民对反腐败的信心是 60%，2014 年则升高到 75.8%，两年间提高了 15.8 个百分点。反腐败出现新气象的主要原因在于，十八大以来提高了发现和查处腐败的概率。我们知道，惩治腐败的有效性＝发现和查处腐败的概率＋惩治的力度。提高发现和查处腐败的概率，可以大大提高惩治的有效性。十八大以后主要从如下方面改进了发现和查处腐败的工作：党中央表现出反腐败的坚强决心和坚定意志，坚持老虎苍蝇一起打，没有人有免查的特权；创新巡视制度，巡视计划提前公布巡视结果向社会公开，巡视组善于发现问题线索；加强对领导干部个人重大事项申报的抽查工作，并将抽查结果作为干部使用的重要依据；开通和积极受理网络举报，公民参与的热情空前高涨；加大对外逃贪官的引渡力度，编织引渡外逃贪官的"天网"；提高了制度的执行力，形成了纪律的刚性约束，执纪执法始终保持高压态势，破除了新领导人上台后从严反腐 18 个月周期的所谓"魔咒"，努力做到令行禁止。这些都是十八大后创造的反腐败的新鲜经验。十八大后中国反腐败出现的新气象表明，只要政治领导人在反腐败方面具有破釜沉舟、壮士断腕的坚强决心和坚定意志，反腐败专门机关的工作得到充分授权和全力支持，发现和查处腐败的概率大大提高，腐败案件查处做到法律面前人人平等"老虎苍蝇一起打"，腐败现象是完全可以得到遏制的。

在充分肯定十八大以来反腐败的成绩的同时，我们也要看到，当前出现了一个新的现象：一些干部不贪腐也不干事、不为民办事的"廉而不为"、"廉而失能"的懒政怠政现象。具体表现为：尽量减少因公外出开会调研的次数，少承担项目甚至不承担项目，乡镇干部尽量不下村指导工作，少做多说甚至只说不做，不敢担当不愿实干等。干部清廉与"懒政怠政"现象并存，组织廉洁但却"空转"。这种现象目前只是一种苗头，既未普遍化也未长期化，但却值得高度警惕。

针对反腐中出现的新问题，重点谈谈廉能政治。与廉洁政府概念相比，廉洁政治概念的范围更加宽广。首先，可以从政治主体、政治过程和政治产品三个方面综合起来理解廉洁政治的概念。廉洁政治是与腐败政治相对而言的一种理想政治状态。

廉洁政治应该包括七个方面的内容：（1）廉洁的执政党和参政党：执政党和参政党担任政府职位的党员普遍清廉，党的组织机构及其党务管理清廉；（2）廉洁政府：政府官员普遍清廉，没有大面积腐败；政府是一个廉价政府或低行政成本政府；（3）法为良法：杜绝部门利益法制化和地方保护主义性的立法腐败和行政决策腐败；（4）任人唯贤，消除裙带风和用人腐败；（5）实现司法正义，杜绝司法腐败；（6）消除了公对公、下级对上级的所谓"公贿"和以单位名义从事的腐败犯罪；（7）消除了各种亚腐败或准现象如侵害群众利益的各种不正之风，实现风清气正。

廉能政治比廉洁政治的要求更高，除了要求具备廉洁政治的上述七条标准外，还应具备以下四条标准：一是政治家和职业文官具备必要的职业素养和专业能力，能够胜任本职工作；二是能够实现科学决策和符合专业政府的要求；三是符合效益政府和低成本政府的要求；四是政治家和职业文官普遍廉而有为，勤勉敬业，政治家政绩突出，文官业绩显著。

一个腐败无能的政权难以逃脱衰败灭亡的命运，这已为古今中外无数的历史事实所证明，也已成为人们的共识。与腐败无能的政权相对应的是廉洁有为、廉洁有能的政权或廉能政治。在这两个极端状态之间还存在着若干中间状态，其中既有贪而有为、贪而有能的官员占主体的政权，也有廉而不为、廉而失能的官员占多数的政权。这样就为反腐倡廉和廉政建设提出了一个新的重大命题，反腐倡廉和廉政建设的目标到底是实现廉洁政治还是实现廉能政治？

反腐倡廉和廉政建设的目标不应停留在廉洁政治的目标上，否则以廉洁政治为目标，有可能得到的却是一个廉而不为、廉而失能的政权，而这样的政权仍然不能说是一个好政府，同时这样的政权可能会错失发展的宝贵机遇期，并会逐步失去民众的信任和支持。反腐倡廉和廉政建设的目标应当是实现廉能政治，即建设一个廉而有为、廉而有能的政权，这也是国家治理现代化的内在要求，而国家治理的现代化对于该国整个现代化事业发挥着牵引作用。从这个意义上讲，廉能政治才是民众真正需要和衷心支持的政权。

改革开放以来的中国出现了一道奇特的景观，相当多的一批领导干部"边贪腐边干事"，贪腐的胆子很大，干事的成绩也很突出，他们既是"贪官"，又是"能吏"。腐败猖獗与发展繁荣出现了并存的现象。造成这些领导干部既贪腐又干事的是同一个制度体系，这个制度体系给予干部特别是负责任的领导干部的正式收入很低并与贡献、责任和辛劳脱钩，同时提拔重用能干事政绩突出的干部，由此形成了复杂而扭曲的激励机制；赋予干部特别是各级各部门"一把手"以极大的自由处理权并缺少相应的行权指南或规范，为干部提供了腐败和干事的双重机会；自上而下的对干部的约束和惩处时紧时松，来自社会和公众的监督乏力，这种畸形的约束机制使许多干部养成了观风向避风头、待机而动伺机而贪和"背靠大树好乘凉"的行为预期。中国转型期的这种特殊制度环境造就了一批特殊的"政治企业家"，他们善于抓住这种制度环境所提供的机会通过贪污腐败的手段提高自己的收入水平，同时通过干事创业实现自己的政治抱负以谋求政治上的升迁，从而集"贪官"与"能吏"双重角色于一身。

处于从传统社会向现代社会以及从计划经济向市场经济双重转型过程中的中国，由于各个群体所急需的有价值资源的分配权垄断性地掌握在少数人手中而其权力又缺乏必要的制约，托关系走后门请客送礼"感情投资"等形形色色的行贿手段成为作为需求方的各个群体成员为获取所需资源而采取的理性的行为策略。在现行的干部选拔任用和管理制度下，党政主要领导和分管领导掌握着下属干部任免奖惩升降调转的大权，"一把手"行使干部人事权所受到的监督和制约很少，一些"聪明"的下属通过向领导"又跑又送"获得了提拔重用，现实中"不跑不送原地不动，又跑又送提拔重用"正反两方面的事例教育更多的下属干部选择"又跑又送"的策略来获得所需的官位，只知埋头苦干不会"跑"和"送"的下属官员逐步被淘汰出局。下属官员的行贿竞争逐步使领导干部接受贿赂心安理得并使其胃口越来越大。在政府及其官员掌握着土地使用权、低息贷款权、税收减免权、商品和服务采购权、公共工程发包权、行政许可权等企业生存和发展所必需的资源的时候，企业家的理性选择是"不找市场找市长"即通过行贿手段获得所需资源。随着越来越多的企业家加入行贿竞争的行列，政府官员利用手中权力和资源"寻租"乃至"设租"的空间越来越大。在现行的公共服务行业处于垄断地位情况下，公职人员掌握着人们的生存和发展所迫切需要的各种稀缺优质公共服务资源如教育、医疗、保障性住房、救济救助资金等的分配权，为了获得急需的或优质的公共服务资源，人们争相向握有实权的公职人员行贿，"吃、喝、卡、拿、要"、收受红包等成为获取这些行业提供的服务的潜规则。行贿竞争催生了受贿索贿行为，双方之间形成一种恶性循环。腐败现象的发展演变和自我繁殖有着自身的规律。行贿竞争源于行贿方不相信对方（对下属官员来说是上级领导，对企业家来说是政府官员，对居民来说是公职人员）会秉公办事并保持公平公正。因此双方之间形成一种类似市场交易的权钱交易的畸形"互信"机制，对于行贿方来说是"花钱办事"，只有对方接受了自己的宴请、礼品、红包、现金、股权等贿赂心里才感觉踏实，觉得对方会为自己办事。对于受贿方来说则是"收钱办事"，接受对方贿赂就意味着要为对方办事而且要办成事，办不成则要退钱。在贪腐文化塑造的这种畸形的信任机制中，不接受吃请礼品现金等就意味着不给行贿方办事，作为领导会得罪同僚和下属，作为官员会得罪求上门来的企业家，作为公职人员会得罪服务对象，而这种得罪都是要付出代价的。这种畸形的信任机制导致清廉自持者被边缘化或被淘汰出局，既收钱又办事的官员则如鱼得水。同时行贿和受贿方都被"锁定"在腐败的泥潭中难以脱身。由于官员群体、企业家群体甚至普通大众都卷入腐败活动中普遍背负着腐败的"制度性原罪"，许多人产生了"法不责众"的侥幸心理，同时也使反腐败面临在"选择性惩治"和"普遍性惩治"之间难以抉择的困局。利益驱动和从众心理助长了腐败现象的不断自我繁殖。腐败行为从个人的理性行为演变为只有少数人得益但全社会都难以摆脱的集体非理性行为。

为了减少官员腐败的机会,近年来陆续出台了一些重要的改革措施和制度规定,加强了对官员的公务行为和行使权力的限制和约束。这些新制度在发挥积极作用的同时,也出现了一些非预期后果。一些新制度偏重于对官员行为的限制和约束,缺乏对官员"干实事"、"为民办事"的正向激励机制,在束缚官员干事办事的手脚的同时,人为设置了许多"制度陷阱",加上总体的激励机制尚未理顺,导致一些干部不贪腐也不干事,"廉而不为"、"廉而失能"。

二、建设廉能政治是国家治理现代化的内在要求

国家治理是在继承国家统治、国家管理概念基础上提出的一个新概念。它是指国家政权的所有者、管理者和利益相关者等多元行动者在一个国家的范围内对社会公共事务的合作管理,其目的是增进公共利益维护社会秩序。国家治理现代化的标志是建立一个强大的、负责任的和受法律约束的现代国家。国家治理体系和治理能力的现代化实际上是国家治理制度体系的现代化和治理主体即人的现代化。

国家治理的水平事关一个国家的发展、稳定和人们的生活质量。有效的国家治理才能实现可持续的发展、可持续的稳定与人们生活质量的普遍提升。国家治理的现代化既是一个国家整体现代化的重要组成部分,同时又在一个国家现代化过程中发挥着重要的牵引作用。

惩治和预防腐败,建设廉能政治乃是国家治理的题中应有之义。控制腐败实现廉能政治的状况乃是衡量一个国家治理状况或治理绩效的重要指标。腐败猖獗容易导致国家政权软弱无能乃至治理失败。腐败猖獗说明国家政权的管理者不向它的主权所有者即人民负责任而是背叛人民的委托敛财自肥自我服务。腐败猖獗说明官员和商人非法致富行为的泛滥,它将对整个社会形成一种反面的示范效应,容易导致法纪软约束和全民不守法局面的形成。建

设一个强大的、负责任的和受法律约束的现代国家的梦想将因腐败的猖獗而成为泡影。腐败的猖獗将导致国家治理的劣质化。国家治理制度的失效和治理能力的降低，将直接威胁到一个国家实现可持续的发展、可持续的稳定和改善民生与民权的努力的成效。一个腐败无能的政权难以胜任引领整个国家走向现代化的时代重任。只有一个廉洁的、专业胜任的、能干的和奋发有为的政权，才能在整个现代化事业中发挥牵引作用。而这样的廉能政治也是强有力的、负责任的和受法律约束的现代国家政权的重要标志，因此也是国家治理现代化的内在要求。

惩治和预防腐败体系即国家廉政体系是有中国特色的国家廉政体系。国家廉政体系是国家治理体系的重要组成部分。惩治和预防腐败体系是中国国家治理体系的一个重要组成部分。惩治和预防腐败体系服务和服从于国家治理的总目标，即实现可持续的发展、可持续的稳定和改善民生与民权，并为实现这三大目标提供有力的保障。惩治和预防腐败体系作为国家治理体系的有机组成部分，与国家治理体系一样都需要以社会主义核心价值体系作为整个大厦的基础，使社会主义核心价值体系内化为公众和官员的普遍意识并外化于人民的日常行为中。国家治理的制度体系是整个国家治理大厦的支柱，构成国家治理体系的核心内容，国家治理体系的现代化主要是国家治理制度体系的现代化。国家治理的制度体系由政府治理、市场治理和社会治理三类次级制度体系组成，他们之间构成一种分工合作相互衔接的有机关系。惩治和预防腐败的制度体系建设同样需要重视政府治理、市场治理和社会治理这三大制度体系建设，而不可偏废。国家治理制度体系需要通过体制改革和制度创新走向现代化，惩治和预防腐败的制度体系更需要在改革创新中走向现代化。

惩治和预防腐败的能力是国家治理能力的重要组成部分。惩治和预防腐败能力不仅包括党和政府惩治和预防腐败的能力，而且还包括市场和企业、公民与社会组织在拒绝腐败、抵制腐败和参与预防和惩治腐败方面的能力素质。惩治和预防腐败的能力建设要做到这三个方面兼顾，不可有所偏废。国家治理能力的现代化同样需要各类治理主体惩治和预防腐败的能力素质的现代化。党和政府惩治腐败能力的现代化，其核心标志是做到法律面前无特权，人人平等，消除"选择性惩治"和"法不责众"现象，实现"老虎苍蝇一起打"。党和政府预防腐败能力的现代化，其核心标志是预防腐败的制度体系得到优化，革除那些导致腐败高发多发的激励机制、机会结构和软约束性的体制机制，使权力的制约和监督贯穿于权力运行的全过程。惩治和预防腐败能力的现代化，还需要发挥市场和企业在预防和惩治腐败方面的积极作用，发挥行业协会商会通过行业自治自律机制在约束企业行为方面的作用。惩治和预防腐败能力的现代化，同样需要发挥公民和社会组织在参与惩治和预防腐败方面的积极作用。现代公民意识教育和公民道德建设对于保证公民拒绝行贿、抵制受贿、参与社会监督来说必不可少。社会组织既可能成为滋生腐败的温床，更有可能成为惩治和预防腐败中一支重要的协同力量。建立现代社会组织体制，完善社会组织法人治理结构，加强对社会组织的外部监管，对于减少社会组织腐败来说必不可少。社会组织通过相对独立的社会监督、社会审计、第三方评估等在预防和惩治腐败方面可以发挥重要的作用。

惩治和预防腐败是国家治理的基础性工程，是实现有效的国家治理的重要保障。推进国家治理体系和治理能力现代化，需要惩治和预防腐败的制度体系和相关治理主体能力素质的现代化。惩治和预防腐败制度体系改革既是全面深化改革的一个重要组成部分，同时又在全面深化改革过程中发挥着保驾护航作用。

三、通过制度化反腐走向廉能政治

"制度化反腐"是实现廉洁和有为的统一，建设廉能政治的必由之路。"制度化反腐"是对自上而下依靠权力反腐的人治化反腐败的一种超越，同时也是对时紧时松忽严忽宽的"运动式"反腐败的一种超越，它是法治反腐和制度反腐的一种有机结合。制度化反腐的目标是实现廉能政治，使干部廉而有为，机构廉而有能，使政府成为廉洁政府、专业政府、效益政府、低成本政府和优质政府。

制度化反腐败需要两手抓两手都要硬，一手抓惩治和约束保廉洁，一手抓激励和机遇促干事。现在前一手很硬并且大见成效，后一手需要抓紧抓实，真正做到疏堵结合。

制度化反腐败需要理顺各级各部门干部面临的总体激励机制。实现干部科学合理的收入分配的一个重要方面，是确定公平合理的收入分配的参照系和标准。公共部门从业人员合理收入水平的参照系应当是私营部门同类从业人员，收入分配应当体现贡献、责任与工作量。党政领导干部和国有企业事业单位高管的工资应略低于当地规模大、效益好的私营企业的高管的工资水平。这是因为，党政领导干部和国有企事业单位高管作为公共部门的领导者，应当具有为公众服务的奉献精神，而不应单纯地追求如私营企业家那样发财致富为目标。但他们的工资与私营企业高管相比也不应过低，否则与他们为公共组织所付出的贡献、责任包括风险以及工作量不相称，难以调动他们的工作积极性并留住优秀领导人才。中层领导和专门管理人员如财务管理、人事管理等的工资应与当地相应企业的中层管理人员的工资持平，专业技术人员工资应与相应企业同类人员的工资持平。这是因为，职业经理人才、专门管理人才和专业技术人才在统一的和流动性的人才市场上已经形成了各自的人才身价，公共部门、私营企业部门和以社会组织为主体的第三部门都在为吸引和留住这些人才而竞争，如果公共部门中这些人才的薪酬低于其他两个部门，公共部门将会在人才市场的激烈竞争中失去这些专业胜任和能干的人才，廉能政治将缺乏人才保障。而具体办事人员和工勤辅助人员工资应略高于相应企业同类人员。这是因为他们的学历和素质通常高于企业同类人员，同时担负着为公众或者公共组织内部提供服务的职责。他们的薪酬水平直接影响着他们的服务质量和服务态度，影响着他们对自身职业和工作岗位的认同和珍惜程度。同时应当优化公职人员的薪酬结构，合理的薪酬结构应当包括三个部分，即相应职称职务职级的岗位工资、年功工资养老金职业年金、绩效工资。其中第二部分可与公职人员的廉政表现挂钩。第三部分即绩效工资可与年终考核挂钩，在年底统一发放。同时，用人导向上的正向激励机制特别重要。提拔重用那些既清正廉洁又政绩突出的党政领导干部和业绩显著的基层与中层干部可为更多想干事和办实事的官员提供激励和机遇。

制度化反腐败需要增加透明度和参与性，发展政策过程民主，"给群众一个明白，还干部一个清白"。为了重建公众对干部清廉办事的信任，迫切需要定期公示干部的家庭财产状况，让群众清楚明白干部任职期间家庭财产没有"异常"增加。可实行"新人新办法"，率先从拟提拔重用的干部做起。同时需要对"收钱办事"、"不收钱也不办事"的官员建立公开和高效的举报投诉受理机制，做到"举报必反馈"、"投诉必办理"，受理过程和受理结果公开透明全程可查询，在查处这两类官员的同时让群众参与监督并对官员不收钱也办事树立起信心。同时需要积极发展政策过程民主，重要立法、重大事项和重大工程项目决策过程做到开放式决策、公开透明、各方参与、科学论证、充分协商，以带有刚性的民主的程序和技术约束官员的决策行为，从而杜绝"黑箱决策"所导致的部门利益法制化和行政决策性腐败。

制度化反腐败需要简政放权，鼓励竞争，建立包容性的经济社会体制。为此需要加快形成开放有序的土地、金融等生产要素市场，减少政府对资源配置和市场机制的干预，"清理和废除妨碍全国统一市场和公平竞争的各种规定和做法，大幅度减少政府定价范围，缩小征地范围减少非公益性用地划拨，推进利率市场化"（十八届三中全会报告语）。压缩政府官员寻租的空间，需要"破除行政性垄断，废除对非公有制经济各种形式的不合理规定，鼓励各种所有制企业公平竞争"（十八届三中全会报告语）。同时还要求开放公共服务行业，鼓励社会资本和经济社会组织进入公共服务行业与国有的公共服务提供者展开良性竞争，提高社会公共服务供给水平。公共服务供给主体多元化和自由竞争有利于公共服务需求方的自由选择，同时也减少了行贿的必要性。

制度化反腐败迫切需要解决公共部门内部的制度冗余与"过度管制"问题，尽快清理、废除和取消那些迫使公职人员和社会各界在弄虚作假行贿受贿贪污与为规避麻烦风险尽量少做事之间进行选择的不合理的规章制度。现实中这种不合理的制度大量存在。比如，国际通行的透明的、竞争性的政府采购制度在国内异化为集中的、指定的政府采购制度，腐败的机会更加集中，面对垄断的买家，商家为成为定点采购单位而不得不行贿。再比如，公共工程项目对施工单位过于严苛的资质要求，要求施工单位先垫资、后结账的规定等，导致弄虚作假层层转包屡禁不绝。又比如，课题经费报销规定可以用于购买资料、设备和开会，唯独不许研究者为从事项目研究的智力劳动领取合理的报酬，导致研究人员要么假发票冲账报销要么不愿申报科研项目。诸如此类不合理的制度规定人为设置了"制度陷阱"导致"制度性作假"和"制度性腐败"，不弄虚作假贪污腐败干不成事，弄虚作假贪污腐败被发现和查处的概率又越来越高，这样许多人选择了少做事甚至不做事以规避制度陷阱。除了清理废止不合理的规章制度外，制度设计过程也需要贯彻政策过程民主的要求，提高制度建设质量。

制度化反腐败需要走法治反腐的道路。法治反腐意味着反腐败的标准始终如一，反腐败的力度始终如一，避免反腐败时紧时松导致的投机侥幸心理，减少人们行为的不确定性。法治反腐败要求按照法律追诉时效的规定和法不溯及既往原则化解庞大的腐败存量。法治反腐要求通过专门的反腐败立法依法保障反腐败机构的相对独立性和权威性并赋予其足够的资源和权能来履行自身反腐败职责而不因各级领导人的看法和注意力的改变而随意改变反腐败的力度和节奏。法治反腐意味着在惩治腐败的法律面前人人平等，没有任何人和任何机构可以成为例外或享受法外特权。法治反腐还意味着从长远来看，依纪依法查处腐败案件要转变为依法依纪反腐败，国家反腐败机构在预防和惩治腐败中要发挥更大的作用。法治反腐由于反腐败的法律程序和标准的稳定性、普遍适用性和可预期性而减少人们行为的不确定性，打消那些投机分子逃避制裁的侥幸心理。

廉能政治建设呼唤制度化反腐败。十八大后制度化反腐败已经颇见成效。为进一步巩固和扩大反腐败战果，制度化反腐急需两手抓两手都要硬。唯有如此，我们才能从廉洁政治逐步迈向廉能政治。

（原文简化版曾刊载于中共中央党校《理论动态》，2015年7月20日第2037期）

建设廉洁政治:内涵、意义与实现途径

党的十八大报告明确提出,要坚决"反对腐败、建设廉洁政治"。究竟什么是廉洁政治?建设廉洁政治的意义何在?如何实现廉洁政治?

廉洁政治比廉洁政府的概念其范围更加宽广。可以从政治主体、政治过程和政治产品三个方面综合起来理解廉洁政治的概念。廉洁政治是与腐败政治相对而言的一种理想政治状态。

廉洁政治应该包括七个方面的内容:(1)廉洁的执政党和参政党:执政党和参政党担任政府职位的党员普遍清廉,党的组织机构及其党务管理的清廉;(2)廉洁政府:政府官员普遍清廉,没有大面积腐败;政府是一个廉价政府或低成本政府,维持政府自身运转的行政成本低廉;(3)法为良法:杜绝部门利益法制化和地方保护主义性的立法腐败和行政决策腐败;(4)任人唯贤和任人唯能,消除裙带风和用人腐败;(5)实现司法正义,杜绝司法腐败;(6)消除了公对公、下级对上级的所谓公贿和以单位名义从事的腐败犯罪;(7)消除了亚腐败如侵害群众利益的各种不正之风,实现风清气正。

建设廉洁政治的意义十分重大。一是进一步明确了反腐败和党风廉政建设的奋斗目标。廉洁政治乃是人们所向往的政治清明、人民安居乐业的理想政治的一个重要组成部分,值得执政党为之奋斗。

二是它是执政党和政府对人民的一个庄严的政治承诺。为了让人民和历史继续选择我们党代表人民执掌政权,就必须提出和实现这样一个政治承诺。以廉洁政治换取人民的政治支持,是党和人民互利双赢的选择。"天树君以利民","全心全意为人民服务",都指明了政治合法性的来源。为黎民谋利益,为人民服务,是人民给予政治支持的基本前提条件。腐败政治表明政权为自身谋利益,为自身发财致富服务,从而动摇了政权的根基,失掉了民心。因此,我们党很有必要明确提出建设廉洁政治的庄严承诺,并努力兑现这一承诺。

三是它是衡量反腐败工作进展的重要标尺。反腐败和党风廉政建设的进展都可以从廉洁政治的这样七个方面来加以衡量,并定期向人民报告这些方面的进展。唯有如此,才是一个负责任的执政党和政府应有的政治担当。

为了践行这一庄严政治承诺,需要深入推进反腐倡廉工作。我结合自己的调查和研究,就未来反腐倡廉的一些重点工作提出如下十点建议:

第一,中央领导干部率先垂范公开其家庭财产状况,同时采取新人新办法责成新提拔使用的领导干部公开其家庭财产,以回应百姓在反腐败方面的最大关切并展现坚强的政治决心和政治意志,同时通过增量改革减少反腐败的政治阻力。

第二,明确建立公职人员家庭财产申报和公开法律制度的时间表和路线图。公职人员家庭财产申报和公示制度是防范公职人员腐败的一项处于上游的基础性工程。为了避免出现县处级领导干部收入申报制度流于形式的弊端,需要制定相关法律,明确公职人员家庭财产收入申报的受理与核查机构、接受公众查阅申请的程序和时限等,成龙配套地建设相关制度,确保收到实效。公职人员家庭财产申报和公开法律制度的建立需要有一个过程,但重要的是要让全国人民知道相关的立法规划的时间表,并及时通报相关进展。唯有如此,才能赢得人民的理解和信任。

第三,抓紧建立"预防和处理公职人员利益冲突的道德法典"并明确受理机构。预防和处理公职人员利益冲突,是反腐败的一项防微杜渐的基础性工程。改革开放后,我国在这方面的有关规定散布于众多的党纪政纪法规中,法律层级不高、权威性不够,有些规定已经不能适应形势发展的需要,有必要及时加以清理。建议抓紧时间制定"预防和处理公职人员利益冲突的道德法典",对可能导致利益冲突的宴请、礼品、决策回避、任职回避、离任后的再就业和游说行为等相关情形明确加以规定。同时授权党的机关中的纪检机关、政权机关和国有企事业单位中派驻的纪检监察机构为预防和处理利益冲突的咨询机构和受理机构,让他们在预防和处理各单位内部公职人员利益冲突方面依法履行道德管理的职能。

第四,积极推广"开放式决策"的做法,增加各级党委政府决策过程的透明度和参与度,条件成熟时制定"重大工程项目和重大事项决策程序法"。HZ市政府在全国率先在市政府讨论民生问题的常务会议方面实行"开放式决策",提前两周公布讨论的议题,允许市民代表列席会议,会议过程全程视频直播,在此基础上市政府做出民生决策。这种透明和参与的开放决策体制值得加以鼓励和推广。将决策科学化、民主化的要求上升为必经的法定决策程序,是减少部门利益法制化、防止拍脑袋决策、减少决策风险的有效途径。我国可在条件成熟时制定"重大工程项目和重大事项决策程序法",就党政机关决策的公开咨询和征求意见、可行性论证、决策风险评估、政策执行效果第三方评估等保证决策科学化、民主化的好的做法上升为法定的决策程序,提高决策质量,减少决策风险、失误和腐败。

第五,积极推广参与式预算和人大在线预算监督等预算民主实践,继续推进"三公"经费公开走向深入,条件成熟时修订《预算法》,提高预算制定过程中公众参与的程度和民主监督的水平,提高预算的刚性约束效力。

第六，走法治化反腐之路，提高发现和查处腐败的概率，在反腐败方面做到法律面前人人平等。当前，"领导让查谁就查谁，领导让办到什么程度就办到什么程度"的现象十分突出，"网络（以及微博）曝光谁就查处谁"的现象十分突出。反腐败机构在惩治腐败方面处于一种相对消极被动的地位。由此导致"选择性惩处"和"法纪软约束"的现象。解决这个问题的根本出路在于，反腐败要走法治化之路。法治化反腐败的内容很多，当前主要有这么几项重点工作：一是从数额犯逐步走向行为犯的腐败惩治新理念，进一步提高发现和查处腐败案件的比率，避免出现因"选择性惩办"而产生的侥幸心理；二是为反腐败机构和人员履行职权查处腐败案件提供充分的法律授权和必要的职业安全法律保障；三是立法保护举报人和证人，鼓励和保护实名举报，做到投诉有结果、举报有反馈，调动公众参与反腐败斗争的积极性；四是对于导致系统性、大规模造假和腐败的不合理的法规制度进行清理和废止，避免由不合理的制度规定而产生腐败行为，如财务报销规定不合理导致假发票产业盛行等。

第七，深化体制改革和制度创新，进一步从源头上预防和惩治腐败。有四个方面的体制改革和制度创新对于消除腐败的制度根源特别重要：一是强化以能力和业绩为导向的公务员管理制度，将内部竞争上岗扩大为外部竞争和公平竞争，同时明确服务绩效目标和标准并与公务员的业绩表现和奖惩任免挂起钩来，使有能力的人和贡献突出的人得到重用；二是对关键岗位、重点部位人员实行轮岗、交流，解决其职级待遇以及实行廉洁测试，降低其腐败风险；三是促进优质公共服务资源配置的均衡化，引入内外部竞争，进一步提高公共资源交易的市场化程度并依法规范交易行为，建立公共服务质量的公开承诺和外部评价制度，减少公共资源配置和公共服务提供过程中腐败的机会；四是进一步大幅度减少行政审批事项，简化行政程序，提高办事效率，减少企业和居民为加快办事速度而行贿的必要性。

第八，从党和国家领导制度的高度切实解决一把手权力过分集中缺乏监督制约的问题。一把手负总责的无限责任的体制迫使他们集中起无限的权力，自上而下部署工作"抓一把手,一把手抓"的运行机制导致一把手"一把抓"的权力格局。应当确立职责法定、责任法定、各司其职、各负其责的问责体制和工作机制。同时避免地方党委书记高配和兼任人大主任导致决策权、执行权和监督权都集中到书记手中和同级无法监督的问题,使之享受不受监督和制约的无限权力而走向腐败。

第九,强化人大的行政监察和经济审计功能,发挥社会监督和社会审计的作用,更加重视分权制衡和权力制约而非不断加强专门监督机关的权能,以克服同体监督的天然不足并取信于民。

第十,重视对中国企业海外行贿行为的查处,同时将我国企业海外行贿与国际通行的必要公关行为严格区别开来,改善中国企业的海外形象,提高中国企业的国际竞争力。

(原文刊载于《廉政研究》,2013年第4期总第8期)

建构现代国家廉政制度体系：
有效惩治和预防腐败的体制
机制问题研究[*]

20世纪90年代中期以来，加强体制改革和制度创新，从源头上预防和治理腐败已经成为中国共产党既定的反腐败战略方针。在反腐倡廉制度建设上，党和政府建立和加强了专门监督机关，出台了不少法规制度，收到了不少成效，但不可否认的是腐败问题仍很严重，反腐败形势依然严峻。监督体系有"九龙治水"而监督不了"一把手"的尴尬，一些防治腐败的制度安排如政府采购制、招投标制、收入申报制的实际效果与设计初衷相去甚远。到底什么样的体制机制才能够有效惩治和预防腐败？怎样才能使防治腐败的制度安排有效运转并发挥作用而不至于走样变形？

---

[*] 这是笔者为清华大学孙道祥、任建明主持的国家社会科学基金项目"有效惩治和预防腐败的体制机制问题研究"（项目批准号：06&ZD0120）撰写的总报告。课题组负责人孙道祥、任建明和主要成员程文浩、过勇等人参与讨论并提出了很好的意见，特此致谢！

这些都是"有效惩治和预防腐败的体制机制问题研究"课题需要回答的问题。本课题研究的结果表明，现代国家廉政制度体系是以选举制度和分权制衡原则为核心保障政权对公民负责的一系列机构和规则所组成的体系；建立现代国家廉政制度体系是有效防治腐败走出政权兴亡周期律的根本途径；现行的国家廉政制度体系距离现代国家廉政制度体系仍有很大的差距；建构现代国家廉政制度体系需要"路线图"和行动计划。

一、现代国家廉政制度体系：目标模式与有效性标准

"现代国家廉政制度体系"概念是从"国家廉政体系"（National Integrity System，NIS）的概念衍生而来的。透明国际专家杰瑞米·波普在长期研究各国腐败与反腐败问题基础上于1993—1994年间提出了"国家廉政体系"的概念。2001年这一概念传入中国，随后中国学者在译介透明国际《制约腐败——建构国家廉政体系》一书基础上逐步展开了对中国国家廉政体系的研究。[①] 国家廉政体系建设的根本目标是促进可持续发展，实行法治和提高民众生活质量。实现这些目标需要由各种廉政支柱来支撑这座廉政大厦，这些廉政支柱包括各种组织或机构行动者和相应的核心规则或实践所共同组成的制度支柱所组成。由选举制度所构成的纵向问责机制和机构行动者之间分权制衡所形成的横向问责机制贯穿于所有的"廉政支柱"。深入公众内心的廉洁意识和社会价值构成了这座大厦的地基。国家廉政体系中的组织或机构行动者和相应的核心规则或实践，构成了国家廉政体系中的"廉政支柱"，也可以称为国家廉政体系中的制度体系或者简称国家廉政制度体系。见图1和表1。

---

① 对国家廉政体系理论在中国传播过程有兴趣的读者，可参阅过勇：《中国国家廉政体系研究》，北京：中国方正出版社2007年版。

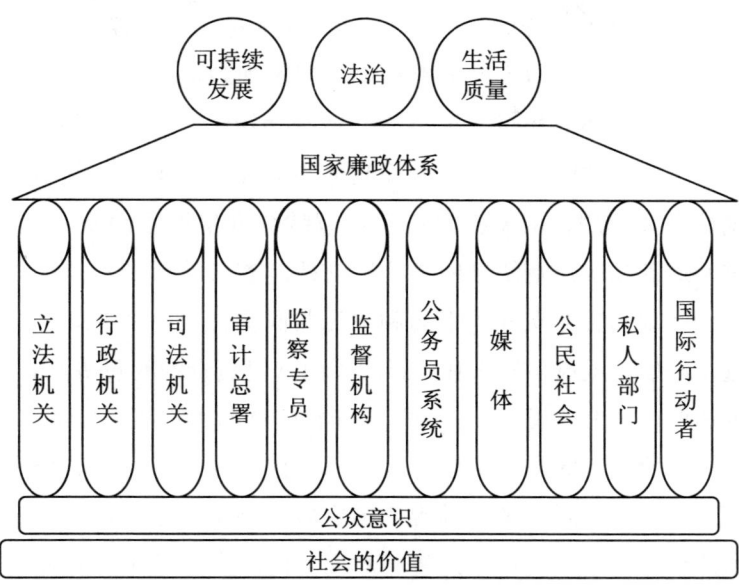

图 1 国家廉政体系示意图

资料来源：〔新西兰〕杰瑞米·波普：《制约腐败——建构国家廉政体系》（透明国际2000版），清华大学公共管理学院廉政研究室译，北京：中国方正出版社2003年版，第54页。

表 1 国家廉政制度体系框架

机构性支柱	相应的核心规则或实践
行政机关	公私利益冲突规则
立法机关或议会	公平选举
议会的公共账目委员会	质询高级官员的权力
审计总署	公开发布审计报告
公务员系统	公共服务的道德准则
司法机关	独立性
媒体	能够获取信息
公民社会	言论自由
监察专员公署	档案管理
反腐败机构或监督机构	可执行且被严格执行的法律
私人部门	鼓励竞争的政策，包括公共采购规则
国际社会	有效的相互的法律或司法协助

资料来源：〔新西兰〕杰瑞米·波普：《制约腐败——建构国家廉政体系》（透明国际2000版），清华大学公共管理学院廉政研究室译，北京：中国方正出版社2003年版。

在后来的研究中，透明国际专家对机构性支柱的内容进一步加以充实，陆续增加了政党政治和地方政府等内容。国家廉政制度体系中的每一根机构性支柱在权力运行和监控过程中都有其特殊功用、无法相互替代，他们相互依存、相互制约，共同支撑着国家廉政体系大厦。如果只有其中一根或几根机构性支柱发挥作用，国家廉政体系大厦就会发生严重倾斜乃至最终崩塌。相应的核心规则和实践则使这些机构性支柱能够有效运转和发挥作用的重要保证，机构和规则犹如支柱的钢筋和水泥共同保证支柱的有效性。没有自由公平的选举制度，政府领导人和民意代表向选民负责的问责机制就无从建立。没有保证透明度的有关规则，公民社会和媒体就无从监督权力运行过程。

透明国际所倡导的国家廉政制度体系是建立在市场经济、公民社会和民主治理基础之上的，因而是一种现代国家廉政制度体系。市场经济是与自给自足的自然经济和指令性计划经济相对而言的。资源的市场化配置机制为私人经济部门的发展提供了重要保证。私人部门作为独立于政府的经济力量，能够为公民社会的发展提供必要的资源和空间，同时在国家廉政制度体系中成为制约公共权力的一种重要力量。公民社会是与市场经济和私人部门相伴而生的。它是相对独立于国家和私人部门的各种民间组织和民间关系的总和，是公民自由结社和自由交往的民间公共领域。① 公民社会的崛起改变了国家与社会的力量对比和关系格局。公民社会对政治国家构成了有力的制约。公民社会参与国家廉政建设并成为重要的廉政支柱，这是现代廉政制度体系区别于传统廉政制度体系的重要标志。透明国际所倡导的国家廉政体系中的规则体系以选举制度为核心，体现了透明、问责等基本原则，使所有的廉政支柱成为相互独立又相互制约的机构体系，在这个机构和规则体系中任何一种权力都处于监督和制约之下，这是现代民主治理的基本特征。私人部门、公民社会与政党和政权机关共同参与廉政建设，相互协作支撑廉政体系大厦，保证了整个廉政制度体系的透明性和问责度，反映了从政府统治向多主体协作

---

① 俞可平：《中国公民社会的制度环境》，见俞可平等：《中国公民社会的制度环境》，北京：北京大学出版社2006年版，第2页。

共治的转变，是治理和善治思想的具体体现。因此，我们说这种国家廉政制度体系是现代国家廉政制度体系。同时它又是当今全球化时代的国家廉政制度体系，国际行动者和国际合作成为各国廉政制度体系的重要组成部分。

新中国成立60多年来，中国在建设富强民主文明和谐的社会主义现代化国家过程中也在逐步形成有自己特色的国家廉政体系。中国共产党和政府所提出的"教育、制度和监督并重的惩治和预防腐败体系"就是有中国特色的国家廉政体系的蓝图。这个国家廉政体系在现阶段的根本目标就是促进科学发展，保障社会和谐，实现全面小康。反腐倡廉教育和廉政文化建设对于廉洁光荣、腐败可耻的荣辱观深入公众意识和社会价值体系具有重要意义，后者构成中国国家廉政体系大厦的基础，"基础不牢，地动山摇"。而构成国家廉政体系大厦之廉政支柱的则是国家廉政制度体系。从现代国家廉政制度体系的基本原理来看，中国的现代国家廉政制度体系应当包括以下内容，见表2：

表2 中国现代国家廉政制度体系框架

序号	机构性支柱	相应的核心规则与实践
1	中国共产党的各级委员会	选举问责
2	各级人民代表大会及其常务委员会	保障否决权行使的规则
3	民主党派和政治协商会议	保障参议和言论免责的规则
4	政府行政机关	处理公私利益冲突的规则
5	审计机关	独立性
6	纪检监察信访机构	保障其独立于监督对象的规则
7	检察院和腐败预防局	可执行且被严格执行的法律
8	法院	独立性
9	公职人员系统	融入干部人事体制的公共服务的道德准则
10	条块关系中的地方政府	体现辅助性原则的规则
11	公共部门	透明、参与、问责的治理结构
12	民营经济部门	鼓励竞争的政策
13	媒体包括网络媒体	表达自由
14	公民社会	保障知情权和参与权的规则
15	国际社会	有效的相互的法律或司法协助

资料来源：笔者根据透明国际有关理论结合中国国情制作。

在这个理想的现代国家廉政制度体系模式中，中国共产党作为执政党成为首根廉政支柱。中国共产党的各级委员会作为整个党和国家政权的领导核心和决策中心，担负着制定公共政策纲领的重大职责。为了保障党的各级委员会对全体党员和全体民众负责，建立有效的选举问责机制，实行公平的、竞争性的选举制度成为必不可少的核心规则。只有对各级党的领导人实行党内直接选举，才能建立起党内纵向问责机制；只有随后实行人民直接选举使各级党的领导人进入国家政权机关担任主要领导人，才能建立起全社会对执政党的纵向问责机制。将党内民主选举和人民民主选举有机统一起来实行联动，才能最终使各级党的领导人不仅对本党成员负责而且向全体公民负责。

政策制定权、政策参议权和政策审议权的相互分离和彼此制约可以减少政策失误，防止滥用决策权谋取私人利益。民主党派和政治协商会议以及人民代表大会分别拥有政策参议权和政策审议权。保障政策参议权的核心规则是民主党派领导人和政协委员能够真正参与到重大公共政策讨论中并可以自由发表不同意见而不用担心受到追究。保障政策审议权行使的核心规则是审议机构对政府提出的立法和政策建议以及人事提名拥有否决权，否则审议权就会流于形式。

政府行政机关、公职人员系统、公共部门、部委和地方政府是公共权力的行使者，保障他们的问责度对于国家廉政体系来说十分重要。对于政府行政机关及其官员来说，防范他们的公共职位所代表和所要维护的公共利益与他们的私人利益可能发生的冲突，是防止公职人员滥用受委托的权力谋取私人利益的关键，因此处理利益冲突的规则是保证行政机关及其官员公正行使权力的核心规则。对于公职人员系统来说，将公共服务的道德准则与干部人事管理体制有机结合起来，在考试录用、绩效考核、升降奖惩、培训提拔等各个环节体现尊重廉能的原则，是保障公职人员系统自愿遵守廉洁从政行为准则的关键，因此构成了公职人员系统的核心规则。部委和地方政府分别是中央政府和地方政府的重要权力主体，体现辅助性原则（凡是下级政府可以履行的职责上级政府只应发挥辅助作用）的职权、资源、责任配置规则可以减少下级贿赂上级的公贿等腐败行为，因此构成处理条块关系的核心规则。以国有企业事业单位为主体的公共部门是公共资源的占有者和使用者，建立透明的、问责性的治理结构和财政体制是保证公共部门廉洁的重要保证，构成了公共部门的核心规则。

专门监督机构在现代国家廉政制度体系中发挥着专业化的监督和监察作用，是保证各级党委和政府问责度的重要机构。他们有效发挥作用有着自身的核心规则。独立审计并公开发布审计报告是启动权力机关监督和社会监督并进而推动政府领导人和被审计部门采取行动的主要手段，因此它构成审计机关发挥财政问责作用的核心规则与实践。纪检监察信访机构作为受理民众投诉处理不良行政行为的专门监督机构，只有真正独立于被监督的党政机构和官员，才能有效履行监督职责。因此，保障监督机构独立于监督对象的规则构成其核心规则。信访机构只受理民众投诉而不处理不良行政行为是职能不完整的表现，可以与负责处理不良行政行为的纪检监察机关加以整合。检察院作为专职的反腐败机构，拥有一部全面系统的、可执行的、授权充分的反腐败法律是保障它履行自身职责的核心规则。法院是对其他政权机关进行司法监督的主要机构，保障各级法院和法官审判权的独立行使不受外部干预是司法监督有效运转的前提条件与核心规则。

现代国家廉政制度体系既包括党政机关和专门监督机构等廉政支柱，同时还包括了发挥监督制约作用的社会廉政支柱。新闻媒体包括网络媒体是现代社会中公民监督党和政府的重要机构或载体，只有享有新闻报道和批评性言论的意见表达自由，媒体才能发挥舆论监督的作用。因此，保障言论自由的法规构成媒体舆论监督有效性的核心规则。民营经济部门是现代国家廉政制度体系的重要廉政支柱，只有实行反垄断、反不正当竞争的政策，取消不合理的市场准入门槛和歧视性政策，鼓励自由、公平的竞争，民营经济部门才能远离商业贿赂，消除公共采购中的行贿动机。因此，我们说鼓励竞争的政策是民营经济部门作为廉政支柱发挥作用的核心规则。公民社会是现代国家廉政制度体系的重要支柱，只有享有知情权和参与权的公民和社会组织才能在监督党和政府及其官员方面发挥重要作用。因此，保障公民知情权和参与权的规则构成公民社会发挥监督作用的核心规则。

全球化时代反腐败需要国际合作。国际社会构成了现代国家廉政制度体系的外部"廉政支柱"，而促进反洗钱、贪官引渡、资金返还的双边或多边法律援助协议构成了国际合作机制有效运转的核心规则。

现代国家廉政制度体系在预防和惩治腐败方面的有效性标准包括综合有效性标准和分机构类别有效性标准。总体有效性标准包括三个方面：国家廉政制度体系各个机构性支柱得到均衡的发展，它们既相互依存又相互制约，共同支撑起国家廉政体系大厦；机构性支柱所需要的核心规则得到普遍的确立，机构性支柱得以充分履行其职责；权力监督和制约呈现闭合性，以选举制度和分权制衡原则为核心的纵向和横向问责机制贯穿于机构与规则体系之中，不存在不受监督和制约的公共权力和公职人员。对各个廉政支柱所包含的机构和规则的有效性也可以进行分门别类的评估。机构的有效性主要是衡量机构行动者的职责、功能或作用是否能够得到有效发挥。影响机构有效发挥作用或履行功能的因素包括：法定地位和外部关系、角色的多重性、技能和知识、资源和授权、组织结构和工作方式、活动过程和结果的透明度、履职结果的外部评价和问责机制。因此，对机构有效性的评价标准应当包括：独立性，机构行动者的法定地位和外部关系能否保证自身独立自主地履行职责；协调性，机构行动者是否存在多重角色的冲突而制约其履行主要职责；专业性，机构行动者的知识、技能和信息是否能保证履行职责；匹配性，机构行动者的授权和资源与所要履行的职责是否匹配；适宜性，机构的组织结构和工作方式是否适宜于职责的履行；透明度，机构行动者履行职责或功能的过程和结果是否透明以便于监测；问责度，机构行动者履行职责状况的外部评估和问责机制是否存在和发挥作用。① 对规则有效性的评价标准包括：完

---

① 过勇博士从角色和职责、资源和结构、问责度、廉洁机制、透明度、申诉机制、外部关系等七个方面进行分部类评估，不足之处是描述多于评估。有兴趣的读者，可参阅过勇：《中国国家廉政体系研究》，北京：中国方正出版社2007年版，第57—115页。

备性，是否存在重要的规则缺失和严重疏漏；权威性，规则的权威等级或地位的高低；操作性，规则本身是否可执行、可操作；合意性，规则的制定和实施过程是否体现了透明、参与和公正的原则；持续性，规则本身是否具有稳定性和可预期性；多赢性，受规则影响各方利益是否得到了共同增进或至少利益受损方得到了合理的补偿；兼容性，规则之间是否相互兼容而非相互排斥和冲突。我们可以用表3表示如下：

表3 国家廉政制度体系有效性评价标准

总体有效性标准	机构有效性	规则有效性
机构支柱均衡发展	独立性	完备性
	协调性	权威性
核心规则普遍确立	专业性	操作性
	匹配性	合意性
权力监督制约闭合性	适宜性	持续性
	透明度	多赢性
	问责度	兼容性

资料来源：笔者在借鉴透明国际有关理论基础上制作。

二、中国目前廉政制度体系建设及其有效性的评估与分析

1949年中国共产党领导中国人民缔造了中华人民共和国。新中国成立60年来，中国在民主法治建设上经历了曲折和反复。改革开放30年来民主法治建设走上轨道，廉政制度体系建设的蓝图也日益明确，机构能力建设和规则体系建设都取得了很大成就，同时也存在很多不足和问题。我们有必要对目前廉政制度体系建设总体状况和有效性进行一个评估，总结进展的同时分析存在的问题及原因。

经过60年的努力，我国已经初步建立起现代国家廉政制度体系的机构性

支柱，但保障这些机构性支柱充分发挥作用的核心规则仍然存在着严重缺失或不健全的问题，从而影响到这些廉政支柱作用的发挥。对目前廉政制度体系建设总体状况的评估见表4：

表4 目前国家廉政制度体系总体状况评估

机构性支柱	机构有无	核心的规则	规则有无
作为领导核心的中国共产党的各级委员会	有	选举问责	无
作为立法机关的各级人民代表大会及其常务委员会	有	保障否决权行使的规则	无
作为政治监督机构的民主党派和政治协商会议	有	保障参与重大决策和言论免责的规则	无
政府行政机关	有	处理公私利益冲突的规则	部分有
审计机关	有	独立性	无
作为行政权监察机关的纪检监察机构	有	保障其独立于监督对象的规则	无
作为专职反腐败机关的检察院和腐败预防局	有	可执行且被严格执行的反腐败法律	部分有
作为司法系统的法院	有	独立性	部分有
公职人员系统	有	融入干部人事体制的公共服务的道德准则	部分有
条块关系中的地方政府	有	体现辅助性原则的规则	无
公共部门	有	透明、参与、问责的治理结构	部分有
民营经济部门	有	鼓励竞争的政策	部分有
媒体包括网络媒体	有	表达自由	部分有
公民社会	有	保障发言权的规则	部分有
国际社会	有	有效的相互的法律或司法协助	部分有

资料来源：笔者自己制作。

从表 4 中可以看出，现代国家廉政制度体系的机构性支柱已经全部建立起来，这是新中国成立 60 年来党和政府加强国家制度建设、发展市场经济和培育公民社会、加强反腐败反洗钱国际合作的结果，反映了我国在廉政制度体系建设方面的重要进展和成果。但保证这些机构性支柱充分发挥作用的核心的规则却普遍存在着严重的缺失。

作为领导核心和权力中心的**各级党委领导人的直接的、竞争性的选举**目前仅限于没有决策权的基层党组织，**党员**和**选民缺乏**对基层党支部以外的各级党委领导人进行选举问责的手段。监督一府两院工作是各级人民代表大会及其常委会工作的重要职责，但这种监督权**缺乏否决权**或**不信任动议权**等核心规则的支持而缺乏足够的威慑力。经过 50 年代的"反右"斗争后，有无保障批评性言论不受追究的法律规定对民主党派人士和政协委员是否敢于提出批评性意见至关重要，但目前尚缺乏有关的言论免责法规。目前也缺乏诸如"政治程序法"这样的决策程序性法律来保证民主党派领导人和政协参与重大决策成为必经的法律程序，**因此许多好的做法更多地是作为一种惯例而存在**。处理公私利益冲突的规则尚**不健全**，公职人员家庭财产申报与公开制度等重要规则尚未出台。《审计法》对审计官员任期保障、**编制预算单列**等事关独立审计的重大事项缺乏明确规定。保障监察权独立于行政权是监察有效性的重要保证，这方面的核心规则尚未确立。《刑法》等法律提供了反腐败的法律框架，但有关腐败预防的法律还未建立。司法独立是司法机关履行司法监督和司法救济职责的重要保证。《人民法院组织法》和《法官法》为法官的任期提供了保障，但缺乏保证法院在预算**编制**、组织关系上独立于同级党委和政府的法律规定。① 将廉洁从政道德要求融入考试录用、业绩考核考评、升降奖惩、任职和退休待遇、培训调动等干部人事管理各个环节之中是保证公职人员道德准则发挥作用的关键，目前二者还处于分离状态。目前部委和地方的条块关系中垂直管理的趋势在强化，缺乏体现辅助性原则的制度安排。国有

---

① 有兴趣的读者，可参阅国务院法制办公室编：《新编中华人民共和国常用法律法规全书》，北京：中国法制出版社 2001 年版，第 84—90、94—100 页。

企业在建立现代企业制度和公司治理结构过程中治理结构有所改善，但国有事业单位还缺乏保证透明、参与、问责的治理结构的法律规定。尽管我国目前已通过了一些有关反垄断、反不正当竞争、政府采购、招投标的法律，但这些法律都存在着严重的缺陷，缺少反行政垄断的法律规定、定点采购、议标制度等规定与鼓励竞争的政策精神背道而驰。舆论监督需要以意见表达自由为前提，而法律对调查性报道和批评性言论受到限制阻挠甚至打击报复情况缺乏保护性规定，这不利于舆论监督作用的发挥。公民社会发挥监督作用需要有保护知情权和参与权的规则，《政府信息公开条例》为公民知情权提供了法律保证，但目前还缺乏《行政程序法》这样保证公民参与行政决策的程序性法律。国际合作机制方面，我国已经与40多个国家签订了50多个司法协助方面的协议①，加入了《联合国反腐败公约》，但与贪官外逃和赃款外流的一些主要国家如加拿大、瑞士等国之间尚未达成双边司法协助协议。核心规则的缺失或部分缺失严重地制约着各个机构性支柱廉政效能的发挥。

由于各个机构性支柱的核心规则普遍存在缺失或部分缺失的问题，我们重点评估各个机构性支柱的有效性。根据前面所确定的七条评估标准，结合各个机构性支柱能力建设实际状况，可对各个机构性支柱作出有效性评估。我们采取三等分法，用3、2、1分别表示对各个评价标准满足程度的高、中、低。（见表5）

表5 目前国家廉政制度体系机构性支柱有效性评估

机构名称／有效性评价标准	独立性	协调性	专业性	匹配度	适宜性	透明度	问责度	总计
作为领导核心的中国共产党的各级委员会	3	1	1	3	3	1	1	13
作为立法机关和监督机关的各级人民代表大会及其常务委员会	1	2	2	1	2	2	1	11

---

① 黄书贤：《我国反腐倡廉取得十大进展　腐败滋生土壤仍存在》，见人民网：http://politics.people.com.cn/GB/1026/3750611.html（发布时间：2005年10月9日）。

续表

机构名称/有效性评价标准	独立性	协调性	专业性	匹配度	适宜性	透明度	问责度	总计
作为政治监督机构的民主党派和政治协商会议	1	1	3	1	1	1	1	9
政府行政机关	1	2	2	3	1	2	2	13
审计机关	1	2	3	1	1	2	2	12
作为监察机构的纪检监察信访机构	1	2	3	3	2	1	2	12
作为专职反腐败机关的检察院和腐败预防局	2	2	3	2	2	2	2	13
作为司法机关的法院	1	2	3	2	2	2	2	14
公职人员系统	1	1	2	2	1	2	2	11
条块关系中的地方政府	1	1	2	1	1	2	1	9
公共部门	2	1	2	2	1	2	1	11
民营经济部门	3	3	2	2	2	2		14
媒体包括网络媒体	1	1	2	1	1	2	1	9
公民社会	1	2	1	1	1	1	1	8
国际社会	3	2	3	1	3	3	2	16

资料来源：笔者自己制作。

中国共产党中央和地方各级委员会在与政权机关和各种社会组织关系中处于领导核心的地位，《宪法》和党章对此都有着明确的规定，各级党委行使权力具有高度的自主性和独立性。各级党委常委会作为领导核心和权力中心，既是决策者，又是执行者，还是监督者（地方党委书记往往兼任人大主任），这三种角色集中于一身，很容易出现角色冲突。党委书记作为"一把手"，在同时掌握决策权、执行权和监督权的情况下难以受到有效制约。在现代社会，正如韦伯所言，政治乃是一种职业，职业政治家在把握民意、整合利益、战略筹划方面负有重要责任。由于缺少选举政治和协商政治的政治历练，不少地方党委书记作为职业政治家的专业性方面较为欠缺。各级党委就其所获授权和所掌握的资源来看在各个机构性支柱中无疑是与履行自身职责的匹配程度最高的。民主集中制的组织原则和党委集体领导与个人分工负责相结合的领导体制对于党委履行自身职责是适宜的。党务公开相比于已经法制化的政务公开来说落在后面,党委常委会决策过程和结果的公开性程度还比较低。相比于政府政绩考评和行政问责,党委工作的社会评价和政治问责仍然是一个薄弱环节。

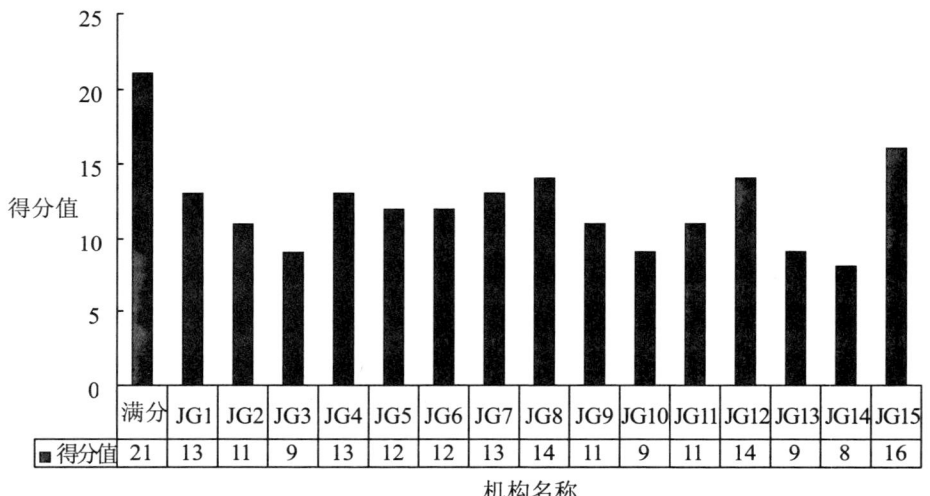

图2 目前国家廉政制度体系机构性支柱有效性评估

备注:"JG"是机构名称的代号,其中,JG1=作为领导核心的中国共产党的各级委员会;JG2=作为立法机关和监督机关的各级人民代表大会及其常务委员会;JG3=作为政治监督机构的民主党派和政治协商会议;JG4=政府行政机关;JG5=审计机关;JG6=作为监察机构的纪检监察信访机构;JG7=作为专职反腐败机关的检察院和腐败预防局;JG8=作为司法机关的法院;JG9=公职人员系统;JG10=条块关系中的地方政府;JG11=公共部门;JG12=民营经济部门;JG13=媒体包括网络媒体;JG14=公民社会;JG15=国际社会。

资料来源:笔者自己制作,我的同事丁开杰提供了协助。

在党委书记兼任人大主任和人大党组向同级党委请示工作的体制中,人大的独立性较弱。各级人大及其常委会既是立法者,又是监督者,它对"一府两院"的监督是单向的。这两种角色哪一种更重要,存在着一种工作优先顺序上的冲突。人大常委会专职委员和各个专门委员会成员法律知识方面的专业性很强,但其他方面的专业知识需要进一步加强。由于缺乏行政监察和审计等专业性机构作支撑，面对党委决策、政府执行的现实政治，各级人大及其常委会履行监督职能的授权和资源与履职要求的匹配程度很低。各级人大设立常委会和专门委员会，形成了通过强化人大常委会的权威和地位建成大会和常委会"一院两层"的立法机构组织模式。① 这对于保证立法权的行使是适宜的。但《各级人民代表大会常委会监督法》主要适用于各级人大常委会，对于人大代表和人大本身监督权的行使又是不适宜的。各级人大及其常委会在开门立法、鼓励公民列席人大常委会会议、举办各种听证会等许多方面作出了不少有益探索，人大透明度相对党委要高，但仍低于政府行政机关。由于各级人大一年一次会议，会期半个月以内，县级以上人大代表实行间接选举，人大代表对常委会成员、选民对人大代表的问责机制很不健全。

在一党领导多党合作的政党制度中，为了实现相互监督，民主党派的自主性需要进一步加强。政协履行监督职责的依据主要是党的文件和政协章程，其法定地位需进一步明确。民主党派既是参与执政的参政党，又是参与政治协商的议政党，这两种角色冲突时容易倾向于参与执政，从而影响到议政质量。民主党派领导人和政协委员来自社会精英群体，普遍具有较高的专业水平。民主党派成员和政协委员多为兼职，授权和资源都较为有限。由于立法和重大决策事后通报意见多而事前协商少，因此政治决策程序的适宜性水平低。与人大相比，政协工作透明度相对低一些。在缺乏选举约束情况下，对民主党派和政协工作的外部评价和问责机制目前仍是一个薄弱环节。

在党委决策、政府执行和党管干部的体制下，政府行政机关在决策权和人事任免权上的独立性较小。各级政府作为行政机关和执行机关的角色是明确的和协调的。但各个职能部门既是行政法规的制定者又是行政法规的执行者，则很容易产生角色的冲突和部门利益的扩张。改革开放以来坚持干部队伍的知识化和专业化，公务员录用实行考试录用制度，同时实行大规模的干部培训计划，政府行政机关的专业化水平大大提高。但由于城乡差距的存在，

---

① 朱光磊：《当代中国政府过程》（第三版），天津：天津人民出版社2008年版，第31页。

县及县以下政府行政机关专业化水平仍比较低。政府行政机关的授权和资源相比于其他机构性支柱而言与履行自身职责的要求匹配程度是很高的。政府行政首长对其直接下级缺乏人事任免权，行政决策事项主要放在党委常委会上讨论决定，对于保障政府行政首长负责制来说是不适宜的。政务公开的普遍实施和《政府信息公开条例》的颁行提高了政府工作的透明度，相比于其他政权机关，它的透明度较高。但政府重大决策的透明度仍要进一步提高。2003年"非典"事件以后，上级党委和政府对下级政府的行政问责程度大大提高，但地方人大对同级政府的行政问责仍很薄弱。

审计机关担负着对政府行政机关和政府首长进行审计监督的重大职责，但审计系统直接隶属于政府行政序列，接受同级政府的领导，相对于作为主要审计对象的政府行政机关的独立性很低。审计机关的角色定位比较明确和单一，协调性较高。但审计机关对社会审计机构的监管角色与审计机关自身审计角色之间存在一定的角色冲突。审计机关是一个专业化要求很高的机关，审计人员的专业知识和业务能力要求很高，考试录用和专业培训提高了审计专业化水平。审计机关授权审计的对象主要为政府、国有企事业单位的财政或财务开支，这种授权是很不充分的，党委、人大、政协、法院、检察院没有被明确列为审计监督范围。审计机关在人事任免、机构编制、财政预算和任期保障方面没有单独编列或单独规定，这样容易受制于党政强势部门而无法进行铁面审计，因此其匹配度和适宜性明显偏低。《审计法》规定审计机关可以而非必须向社会公布审计结果，同时这种公开还受到一定的限制。[①] 国家审计署向社会公开发布审计报告掀起了"审计风暴"，证明了审计结果公开的威力。但审计过程的公开和审计结果公开义务法定化问题仍未解决，地方审计公开也没有随之跟进。因此，审计透明度有待进一步提高。审计结果公开有利于对审计工作的社会问责，但地方审计机关的双重领导体制削弱了对审计机关进行行政监督和问责的力度。

[①] 有兴趣的读者，可参阅国务院法制办公室编：《新编中华人民共和国常用法律法规全书》，北京：中国法制出版社2001年版，第1882—1887页。

纪检监察信访机构在中国是共同作为对行政权的监察机构而发挥作用的。接受民众对不当行政行为的投诉、申诉和检举并负责调查处理的机构，一般须独立于行政权才能保持客观公正并获得民众信任。行政权在目前中国是由各级党委和政府通过党委决策、政府执行的体制而共同行使的。中国目前的纪检监察信访机构是依附于行政权的。各级纪委是在党委领导下展开工作的，监察机构和信访机构属于政府行政序列接受本级人民政府领导。重大案件的立案需要报备同级党委和政府。监察权隶属于行政权，直接削弱了监察权的独立性和效力。纪检监察机构既参与党委常委会决策，又参与联合行政执法或行政执行，同时还担负监督监察职能，既是当事人又是裁判，多重角色之间存在着严重的冲突。信访机构的角色比较单一，不存在角色冲突问题。纪检监察信访机构内设机构分工日益精细，作为一支纪律队伍其专业素质经过长期任职和经常培训比较高。就其所履行的职责而言，纪检监察机构的调查和检查授权是比较充分的，所拥有的资源相比于其他机构也是比较充足的。纪委更是在各种专门的监督机构中处于组织协调的地位，拥有协调办案权。信访机构的授权和资源则比较有限。信访机构的授权仅限于报送和转送信访材料，督办职责难以履行，对信访人的投诉和申诉并无调查处理之权。信访机构作为对不当行政行为进行行政监察的首个环节，理应与纪检监察机关合并，这样才能完整地履行接受民众冤情申诉投诉并加以调查处理或督促处理的职责。对行政权的监察机构应当包括派驻机构监察和巡视巡察相结合的工作方式，但目前派驻机构在办公用房、工资待遇等众多方面仰赖于监察对象。对派驻机构的统一管理并未能解决这些实际问题。定期巡视的工作近年来开始尝试，但巡视组只有信息收集权而无监察权，而且听取意见的范围主要限于当地干部而非普通民众，难以做到"上门正义"（Doors Justice）。因此这两种工作方式目前来看对于他们履行自身职责来说都是不适宜的。地方领导干部大接访的成功实践表明，没有必要单独设立一个只负责转送和报送信访材料的信访机构。纪检监察信访机构虽定期发布工作成就并建立了相关网站，但与政务公开、检务公开相比其透明度仍较低。纪检监察信访机构虽聘请了廉政监督员、特约监察员等，纪委也向党代会提交书面工作报告，但纪检监察信访机构并未因群体性事件和腐败案件的高发频发而受到责任追究。对纪检监察机构的外部制约和问责问题受到全社会的普遍关注。

我国的专职反腐败机构有检察院和国家预防腐败局。检察院负责受理贪污贿赂等腐败犯罪案件举报、侦查、起诉并从事职务犯罪预防工作。新近成立的国家预防腐败局隶属于监察部，预防腐败局办公室属于监察部内设局级机构，重点从事反腐败制度建设的战略规划和督促协调工作。监察机构前面已评估，我们重点评估检察院。在党管干部和人大监督的体制下，检察院的独立性较低。但相比于法院系统等双重领导的机构，检察院系统的垂直领导更强一些，因为地方党委提名检察长人选需要征得上级检察院的同意①，这样地方检察院在办案时的独立性要更强一些。但总体来说，检察机关在人、财、物的保障上仍存在着过多依赖地方的现象。检察权地方化导致腐败案件查办中出现"党委不点头不能查，人大不批准不能查，政府不高兴不能查"的现象②，从而影响到检察权的依法独立行使。检察院既是公诉机关，又是腐败犯罪侦查机关，还担负着对法院、公安、狱政等司法和执法机构的监督职责，以及职务犯罪预防职责，多重角色之间存在着角色冲突问题。《检察官法》施行后，对检察官具备法律专业知识任职条件的规定和大规模的培训，提高了检察官队伍的法律专业素质，但检察官办案的其他方面的专业知识也需要进一步加强。预算经费不足曾长期困扰检察机关，近年来情况有了明显的改善，其资源比较充足。我国现行的法律在对反贪污贿赂机关赋予调查取证、搜查、冻结资产等权力方面缺乏专门的法律授权和必要的程序性规定，因此其法律授权是很不充分的。检察院在立案和处理等关键环节上向同级党委请示汇报等制度，对于依法独立办案来说是不适宜的。20世纪90年代中后期以来，检察院系统实行检务公开取得了一定的成效，增加了检察机关工作透明度。地

---

① 《人民检察院组织法》规定的程序是，省市县检察长由本级人民代表大会选举和罢免，同时须报上一级检察院检察长提请该级人大常委会批准。全国和省级人大常委会根据本级检察院检察长的建议，可以撤换下级检察院检察长、副检察长和检察委员会委员。这样，地方党委提名前征得上级检察院的同意就成为通行的做法。
② 杨宇冠：《我国反腐败机制完善与联合国反腐败措施》，北京：中国人民公安大学出版社2007年版，第199页。

方检察院实行双重领导体制，既要向同级人大负责并报告工作，在党管干部和政法工作情况下接受同级党委领导，又要接受上级检察院业务领导和人事控制，问责主体多元化，问责度反而较低。

法院在廉政制度体系中作为司法监督和司法救济的主体而发挥作用。《行政诉讼法》为法院提供了对具体行政行为的司法审查权，但由于法院的人事编制和预算经费没有由法律单独编列，同时受党管干部原则的节制，司法权无法独立于行政权。这样对行政权的司法监督难以有效发挥作用。由于缺少违宪审查制度和宪法法院，对立法权也缺乏来自司法权的制约。而法院向人大负责并报告工作的体制进一步降低了司法机关的独立性。司法机关的工具性角色和权利保护者角色之间存在着一定的紧张关系。《法官法》颁行后对法官法律专业素养的任职资格规定和大规模的培训提高了法官的专业化水平。近年来法院的预算经费有了比较充分的保证，法官的工资待遇也有了很大的提高。缺乏专门的和可执行的反腐败法律也影响到了对法院审理腐败案件的法律授权。我国惩治腐败的刑罚体系过于依赖延长刑期和扩大死刑适用力度而对资格刑、财产刑、罚金刑重视不够①，这样反而限制了司法机关可用的惩罚手段。审判委员会讨论重大疑难案件的规定，法院党组接受同级党委领导，法院人事编制和预算经费受制于地方政府，导致司法的行政化和地方化，对于法官依法独立审判来说是不适宜的。20世纪90年代末期以来审判公开的实践提高了司法工作的透明度，但法院在人事管理、财务管理等方面的透明度还需要进一步提高。一些地方人大实行的司法案件个案监督做法，不利于保证司法独立，不宜提倡。法院和检察院也面临着同样的双重领导体制和问责主体多样化的问题，司法腐败的猖獗表明目前的司法问责机制效果有限。

公职人员系统在廉政制度体系中地位重要，他们是公共权力的行使者和公共资源的支配者。处于党管干部和公务员化管理两种原则夹缝之中的公职人员系统的管理具有明显的过渡性。公务员管理中，选举和任命产生的政务

---

① 有兴趣的读者，可参阅冷葆青：《完善社会主义刑罚体系有效惩治腐败犯罪的新思维》，载《犯罪研究》，2007年第5期，第10—15页。

类公务员和考试录用考绩晋升的事务类公务员没有隔离开来分类管理，政治和行政之间缺乏分界线。公务员群体高度政治化，职责法定依法履行职责的独立性很低。党政一把手和各部门一把手由于掌握着人财物大权和掌握着下级的升降奖惩大权，可以随意干预本属其下级公务员职责范围内的事项，下级则无法有效地加以抵制。权力高度集中化削弱了公务员职权法定的原则，削弱了公务员独立履行职责的制度保障。公务员同时具备政治角色和技术官员两种角色，既是政策制定者又是政策执行者，角色的冲突和利益冲突在所难免。《国家公务员法》的颁行，考试录用考绩晋升制度的推行和公务员培训的制度化，提高了公务员作为执行者的专业化水平，事务类公务员、政务类公务员和参照公务员管理人员之间身份可以随意转换的直通车机制使公务员整体呈技术官僚化趋势。而党政领导干部所需要职业政治家的专业化程度并不高。公务员系统作为政策的制定者和执行者，其所拥有的资源和授权与履行职责的要求相比匹配度过高。防止公务员系统的特权化问题日益突出。公职人员管理体制目前呈现出较为混乱的特征，用选拔政治来代替选举政治和政治任命，党政领导干部和事务类公务员之间身份直接转换缺乏防火墙，公务员、参照公务员管理人员、编制外人员、合同用工、干部和工人等人员混杂在一起，其退休福利待遇和养老保险具有很大的不确定性。简言之，现有的公职人员管理体制与公务员廉政道德准则要求是很不适应的。1980年代实行政务公开以来，公共管理中的透明度有了很大的提高。但行政决策和人事管理中透明度仍然较低。行政问责制的推行使得对地方政府领导和公职人员的责任追究力度加大。一些地方实行的政府工作绩效社会评价、民众评议和公共服务社会承诺制度，增加了对公共服务提供者的社会问责力度。

地方政府是廉政制度体系中的重要廉政支柱，而处于条块关系中的地方政府在廉政建设中作用受到很大的制约。行政性分权的改革曾经极大地调动了地方政府发展经济的积极性，极大地增强了地方政府的自主性。但从90年代中期以来，中央各部门通过争得本部门对地方领导的"一票否决权"、争取对下级部门实行垂直领导或至少实行双重领导、争取更多可支配的财政资源和行政审批权逐渐实现了权力的向上集中,地方政府的独立自主空间被不断压缩,权力被切割上收而变得支离破碎。地方政府既是上级政府的执行者,又是当地事务的决策者和管理者,对上负责和对当地民众负责之间角色的冲突在所难免。随着公务员制度的逐步推行和行政管理的日益稳定化,地方政府公共管理的专业化水平在不断提高,但层级越低的政府其专业分工越粗因此专业化水平越低。地方政府的授权在被压缩的同时,其责任却在不断加大。分税制也呈现出倒金字塔的特征,层级越低的政府其税收资源越少。总体来看,地方政府所获授权和资源与他们所担负的职责相比其匹配程度很低。上下一般粗的机构设置和一刀切的施政方式是不适宜于地方政府履行自身职责的。政务公开从地方开始,目前重点仍在地方政府。与中央政府职能部门相比,地方政府的透明度较高。但地方政府行政决策和财政预算的透明度仍是薄弱环节。20世纪90年代以来对地方党政领导和职能部门政绩考评工作逐步规范化,并逐步引入了民众评议、公众评价、代表评议、民意调查、民意测验等外部评价机制,但这种外部评价与评价结果的使用之间联系并不紧密。行政问责主要是自上而下的问责,来自地方民众和地方人大的问责力度仍然较小。

公共部门的主体是分布在关系国家经济命脉的战略产业与公共服务行业和公益事业部门的国有企业和事业单位。这些国有企事业单位在人事任免、经营预算或经费拨款等方面仍受其主管部门或监管部门的直接控制,缺乏应有的独立性。公共部门的国有企事业单位既担负着增进公共利益的职能,又需要通过走向市场获得自身生存和发展所需要的资源,其公益角色和营利者角色之间会产生冲突。主管部门既是行业或部门主管,担负着制定全行业产业政策和监督监管的职能,又是本行业或部门国有企事业单位的所有者或主要股东,裁判员和运动员的角色之间容易产生冲突。经过多年市场化运作的历练,国有企事业单位管理层的专业化水平有了很大的提高,但党政领导和大中型国有企业和事业单位经理层之间身份可直接转换性又降低了后者的专业水准。国有企事业单位在市场准入、政府采购和银行贷款、财政拨款等方面都比民营经济处于更为有利地位。但国有企事业单位的激励机制、用人机制、经营机制灵活性等又存在着不适宜的地方。相比于政务公开，公共部门的经营业绩、定价机制等公共信息的公开程度还比较低，上市公司信息披露虚假性问题仍没有得到有效解决。对公共部门所提供的公共服务的质量和效益以及国有企业的经营业绩的社会评价和问责机制仍很薄弱。国有企事业单位的法人治理结构仍很不完善，一把手的权力缺乏有效的制约。

民营经济部门或者私人部门在改革开放后经历了一个从无到有、从小到大的不断发展壮大过程，目前已经成为国民经济的一个重要组成部分，同时也是廉政制度体系的重要支柱。民营经济部门相比于公共部门具有更强的独立性，享有比较充分的经营自主权。民营经济部门的角色比较单一，即作为企业追求利润最大化，同时作为企业公民也需要履行社会责任。角色的协调性更高。民营经济部门经过30年的市场优胜劣汰，一批高素质的企业家正在涌现出来，职业经理人阶层正在形成，因此专业性较强。国家对民营企业产权和契约实施的法律保护机制正在逐步完善，但民营企业在土地使用、银行贷款、信用担保、政府采购、财政支持和政策扶持等方面仍遇到一些歧视性待遇。民营企业的商业贿赂行为在很大程度上是为了克服这些歧视性待遇获得公平竞争的机会。国有企事业单位的行政性垄断和财政输血的优越地位对于民营企业的发展来说又是不适宜的。《反垄断法》缺少针对行政性垄断的条款也是不适宜的。对民营经济部门的市场监管仍然比较薄弱，这是因为那些监管部门仍习惯于用行政审批来代替市场监管。民营经济部门的透明度还比较低，上市公司信息披露真实性的核查机制还不完善。顾客和中小股东对企业及其产品的外部评价和用脚投票机制还不健全，由商业性机构或学术机构对上市公司进行治理评价和信用评价的工作仍处在起步阶段。这些都影响到了对民营经济部门的社会评价和问责工作的开展。

新闻媒体包括网络媒体在现代廉政制度体系中作为舆论监督机构发挥着不可替代的重要作用。我国的新闻媒体管理体制经过这些年来的改革，对市场定位和读者或观众反应更为敏感，其自主性有所增强。但总体来看，新闻媒体在人事任免、宣传纪律等方面受到的控制较严，舆论监督的独立空间有限。值得一提的是，带有自发性的网络民意监督的作用日趋重要，由于技术的和政治的原因而享有一定的独立空间。网络自由表达空间已经成为民间公共领域的一个重要组成部分。新闻媒体既是宣传党和政府方针政策的喉舌，又要代表人民发挥舆论监督作用，双重角色之间存在着张力。新闻媒体在面向读者和面向市场过程中，在接受专业培训和取得从业资格过程中，其从业人员的专业素养和职业道德水平有了很大提高，但编制外从业人员专业水平相对要低一些，面向市场自筹经费过程中有偿新闻、收红包、假新闻等有违专业要求的现象频繁发生。行业自律需要加强。新闻媒体在舆论监督方面的法律授权、法律保护和调查报道的自由方面仍然比较欠缺，与其履行舆论监督职责不相匹配。新闻媒体经营管理体制具有官民二重性，半官半民，对批评性报道和调查性报道存在着许多限制，这些对于新闻媒体发挥舆论监督作用都是不适宜的。新闻媒体的新闻报道和深度分析是保障民众对公共事务知情权的重要渠道，《政府信息公开条例》的颁行和政务公开的实践有利于新闻媒体获取公共信息。但新闻媒体在从事调查性报道和批评性报道方面遇到了一些地方和部门的新闻封锁、阻挠调查甚至暴力威胁，从而限制了媒体的信息获取权。一些不良新闻媒体和不良新闻从业人员借批评性报道和媒体曝光进行敲诈勒索和频频发生的假新闻的现象，反映了对媒体败德行为的外部评价和问责机制仍不健全，行业自律机制有待于进一步完善。对新闻媒体的问责也需要从纪律问责和行政问责转向法律问责和同行问责。

公民社会在现代廉政制度体系中发挥着政治参与和社会监督的重要作用。改革开放以来，随着市场经济体制的逐步建立和政府职能的转变，一个相对独立于党政系统和民营经济部门的公民自由结社和自由交往的社会领域正在悄然兴起。公民社会组织或民间组织是公民社会的主体。在业务主管部门和登记管理机关的双重管理体制下，民间组织特别是社团需要挂靠于某个业务主管部门并在人事任免、经费、办公场所、人员等方面接受挂靠单位的领导，这无疑削弱了民间组织的独立性。一些社会中介组织依托于所属党政部门实行带有强制性的有偿服务，扮演了"二政府"的角色。有些民间组织领导人由退休党政领导担任，具有半官半民特征。民间组织的公益性角色和营利性角色之间存在着很大的张力，这种角色冲突不利于民间组织发挥参与和监督的作用。许多民间组织专职人员少和志愿者少，兼职人员多，参加的培训和会议交流少，因此专业化水平不高。以监督政府为职责的专门的民间组织更是稀少。对各类民间组织的登记管理条例侧重于政府监管而对民间组织的法律授权和权益保护明显不足。社团等民间组织缺少经费、缺少专职人员、缺少独立办公场所等情况比较普遍，民间组织的数量众多但规模和实力普遍较小。对民间组织设立和发展的地域限制和同业竞争的限制，民间组织的行政化倾向，民间组织治理结构不完善等等，对于民间组织发挥自身作用都是不适宜的。① 民间组织监管中尚未建立起强制性信息披露制度②，民间组织内部人事管理和财政管理中的透明度还不高。对民间组织的外部评估特别是第三方独立评估还处于探索阶段③，政府有关部门通过年检、审计等手段进行问责收到了一定的效果但周期过长，总体来说民间组织的问责度还比较低。

国际机构在中国国家廉政制度体系中发挥着不可缺少的作用，在腐败和洗钱犯罪全球化情况下国际合作反腐败的作用日益重要。国际机构和国际合作机制具有很强的独立性，我国与国际组织和外国政府的合作建立在平等互利基础上。国际组织、国际条约的任务比较明确，角色上冲突较少。但在罪犯引渡和赃款追回问题上，不同国家的法律规定存在着不一致的问题。国际组织的专业分工比较精细，国际合作机制通常是针对具体问题签署的双边或多边协议或条约，总体上其专业性比较强。在贪官引渡、赃款追回、反洗钱、反海外贿赂等方面，我国虽然签署了《联合国反腐败公约》和《联合国打击有组织犯罪公约》，与20多个国家签署了双边引渡条约④，但与那些贪官外

---

① 笔者曾著文论述民间组织发展所面临的制度性障碍。有兴趣的读者，可参阅何增科：《中国公民社会组织发展的制度性障碍分析》，载《中共宁波市委党校学报》，2006年第6期。
② 《社会团体登记管理条例》和《民办非企业单位登记管理条例》等有关条例仅规定他们应当将接受和使用捐赠、资助等情况以适当方式向社会公布，但不公布也没有惩罚措施。而且应当公布的内容也过于狭窄。
③ 国家民间组织管理局正在积极推动这项工作的试点。有兴趣的读者，可参阅国家民间组织管理局编（廖鸿主编）：《中国民间组织评估》，北京：中国社会出版社2007年版。
④ 过勇：《中国国家廉政体系研究》，北京：中国方正出版社2007年版，第113页。

逃、赃款转移和洗钱流向比较集中的国家的双边法律援助机制仍很缺乏。反腐败国际合作中的法律授权和他国的配合度仍然很不充分。我国反腐败法律仍然存在着与《联合国反腐败公约》要求不一致的地方。如，死刑犯不引渡的国际通例与我国死刑的法律条款之间存在着直接的冲突，增加了引渡的难度。再如，我国对海外行贿受贿行为还缺乏明确的法律规定，影响了我国的国际形象，不利于开展国际合作。国际组织包括在华的国际组织的透明度较高，决策程序和预算较为透明。中国政府通过业务对口单位代管来对在华的国际组织进行有限的监管，但登记管理机关的监管则基本处于空白状态。在华国际组织和国内民间组织地位不平等，后者往往接受前者的资助而承担具体的项目，无法有效监督。但国际组织总部对在华国际组织的评估和问责力度比较大。

这些年来我国在廉政法规制度体系（简称"廉政规则体系"）建设方面取得了很大的成就，尽管如前所述在核心规则的建设方面仍存在着严重的缺失。近年来，先后出台了《监督法》、《党内监督条例》、《中国共产党纪律处分条例》、《国家公务员法》等许多重要的法律法规。据不完全统计，十六大以来，中央纪委、监察部共制定或修订法规和规范性文件160多件，会同有关部门起草制定40多件，地方和部门起草1000多件。[①] 根据前面确定的规则有效性标准，我们可以对目前廉政规则体系建设的总体有效性做一初步评估，见表6。

表6 我国目前廉政规则体系有效性评估

有效性标准	完备性	权威性	操作性	合意性	持续性	多赢性	兼容性
规则体系	中	低	低	低	低	低	中

资料来源：笔者自己制作。

我国目前廉政规则体系已经初具规模，党内廉政法规和国家廉政法规相

---

① 李一帆：《十六大以来中国特色反腐倡廉建设取得显著成效》，引自新华网：http://news.xinhuanet.com/lianzheng/2007-09/10/content_6697188.htm（发布时间：2007年9月10日）。

互补充，门类比较齐全。但有一些主要廉政法规如"处理公职人员利益冲突法"、"反贪污贿赂单行法规"、"公职人员财产申报与公开法"等，仍付之阙如。因此，其完备性程度不能评价过高。

目前廉政规则体系的权威性比较低，党内廉政法规的数量远远超过国家廉政法规的数量，廉政法规执行中"法律不如文件、文件不如批示、批示不如口头指示"的人治现象仍很普遍，这些都削弱了廉政法规的权威性。

大量的廉政法规表现为严禁或不准等禁止性规定，但对于由谁或什么机构来负责执行它们缺乏明确的规定，对于违反禁令如何处理也缺乏具体的规定，对于廉政法规的执行成本缺乏周密的核算，其结果是廉政法规因缺乏可操作性而停留在纸面上没有真正得以执行。如礼品登记制度成为一纸空文就是因为该制度的操作性太差，缺乏登记受理机关和核查机制。领导干部收入申报制度则缺乏专业性的受理和核查机构，缺乏与相关部门的信息共享机制。

廉政法规在制定过程中是否具有透明度和吸纳利益相关方参与，对于保证廉政法规的合意性极为重要。就地方和部门出台的大量廉政法规而言，它们的合意性并不高。这些廉政法规往往是为了满足上级领导或有关职能部门的制度建设要求而制定出来的。制定出来就算完成任务。因此并不注重制定过程的透明性和参与度。仔细分析一些廉政法规的内容会发现，它们只是在不断地重申以前的规定，如禁止党政机关建设楼堂馆所，禁止公款出国（出境）旅游，禁止利用节假日和各种节庆收受红包，禁止公款进行高消费等，不断重申有关规定本身就说明这些规定没有得到很好的执行，缺乏可持续性。

廉政法规在禁止一种行为时，应该开前门堵后门，提供可行的替代方案，并对利益受损方给予合理的补偿，使制度在运转过程中形成一种收益递增机制。只有多赢的解决方案，才能得到受制度影响各方的衷心拥护和认真执行。例如在取消实物分房从而消除分房过程中的不正之风的时候，建立起合理的货币化分房补偿机制的做法就得到了各方的拥护。公车改革举步维艰与利益补偿方案不合理不无关系，比如公车司机的利益如果得不到充分考虑改革也很难推行下去。

廉政规则体系作为一个体系，制度法规之间需要相互兼容，而不能相互矛盾、彼此掣肘，否则难以得到执行。比如说，如果禁止党政机关、政法机关和军队经商办企业，就必须保障它们的工资和办公经费能够满足生活和工作的需要。否则的话，为了创收谋福利，经商办企业的活动就会禁而不止。与此相适应，也必须废除单位创收财政给予一定比例返还作为提成的做法。1990年代中期以来，为了从源头上消除一些形式的腐败，反腐败制度建设的兼容性有了很大提高。但需要指出的是，廉政建设要求分权制衡，但一把手负总责的体制则要求权力向一把手集中，二者之间出现明显的不兼容。

在建立纵向和横向的权力问责机制实现闭合性的权力监督制约方面，进展很大，不足也很明显。村委会直选和村党支部的"两推一选"开启了中国选举民主的进程，乡镇党委领导班子成员"公推直选"的试点强化了乡镇党员群众对乡镇党委的问责机制。一些地方实行区县人大代表、党代表直选，为选民提供了向人大代表和党代表问责的手段。但在更高层级的选举中，由于缺乏直接的和竞争性的选举，选民和党员对人大代表和党代表缺乏有效的问责手段。人大和党代会会期过短，审议审查不充分，缺乏否决权和不信任动议权等，削弱了人大代表和党代表对党政领导人的问责力度。在权力监督体系建设上，专门监督机关的监督有了很大的加强，人大及其常委会的监督有所加强，网络民意监督初现威力，但民主党派和政协监督、媒体监督、公民社会监督的效果并不尽如人意。[①] 中国共产党第十七次代表大会提出了建立健全决策权、执行权和监督权既相互制约又相互协调的权力结构和运行机制[②]，方向和思路明确了，配套的措施还需要跟上。总的来看，对执政党的监督、对各级党政一把手的监督和制约仍然是个薄弱环节，还没有实现权力监督制约的闭合。

新中国成立60年来特别是改革开放30年以来，我国廉政制度体系建设

[①] 笔者曾对我国权力监督体系存在的问题及原因进行了专门的分析。有兴趣的读者，可参阅何增科：《试析我国现行权力监督存在的问题和原因》，载《学习与探索》，2008年第4期。
[②] 胡锦涛：《高举中国特色社会主义伟大旗帜为夺取全面建设小康社会新胜利而奋斗——在中国共产党第十七次全国代表大会上的报告》（2007年10月15日），北京：人民出版社2007年版，第33页。

取得了很大进展，廉政制度体系中的机构性支柱已经全部建立，廉政规则体系初具规模。我国在反腐倡廉建设方面所取得的成就是与我国目前廉政制度体系发挥作用分不开的。但与此同时，我国目前廉政制度体系的各个机构性支柱的发展并不平衡，能力强弱各有不同，与机构性支柱相适应的核心规则存在着严重的缺失，选举问责和分权制衡的横向问责机制不健全影响了权力监督制约的闭合性，这些都严重地影响着廉政制度体系效用的发挥。

三、建构现代国家廉政制度体系：行动计划

建构现代国家廉政制度体系是有效惩治和预防腐败的必由之路，是避免重蹈廉政建设废弛而陷入政权兴亡周期律的民主新路。新中国成立60年来，现代国家廉政制度体系的基本框架已经初步形成。需要在已有成果基础上明确下一步行动计划。行动计划应当包括制定国家廉政制度体系建设总体战略，绘制路线图，确定工作重点和基本任务。

（一）制定现代国家廉政制度体系建设总体战略，树立整体改革观，同时突出工作重点

现代国家廉政制度体系建立在成熟的市场经济、公民社会和民主政治的基础之上。它是一个既相互支持又相互制约的机构和规则体系，它们共同支撑着国家廉政大厦。建设现代国家廉政制度体系需要树立整体改革观。树立整体改革观，要求把握经济体制改革、政治体制改革和社会体制改革的大局，通过全面和深入地推进这三大改革，逐步明确政治与经济、国家与社会的界限，逐步划清公共利益与私人利益、公共权力与私人权利的分界线，使得市场经济、公民社会和政治国家相互分离各就各位，既相互分工各司其职，又职能互补彼此合作，形成一种良好的治理结构。树立整体改革观，意味着反腐倡廉制度建设不能零敲碎打，需要全面系统地加以规划和推动。

我国现代国家廉政制度体系既包括 15 根机构行动者组成的廉政支柱，也包括与这 15 根支柱相对应的核心规则所组成的廉政规则体系。反腐倡廉制度建设需要全面加强各个机构性支柱的能力建设，需要建立健全核心的规则，切实解决那些影响和制约廉政制度体系有效性的体制性问题。

对当前廉政制度体系有效性的评估和分析表明，各个机构性支柱的发展并不平衡，核心规则缺失程度也不相同，权力监督体系有强有弱。那些能力薄弱、发育不良的机构性支柱、那些核心规则完全缺失的规则领域、那些权力监督中的薄弱环节，应当成为下一步行动计划中的工作重点。在每一个机构性支柱的能力建设中，七个有效性标准中评价得分最低的环节和领域，应当成为下一步的工作重点。

（二）完善纵向和横向的权力问责机制，解决权力监督制约的闭合性问题

只要还存在着不受监督和制约的权力，腐败就会变成政治之癌，并最终导致政权的败亡。因此解决权力监督制约的闭合性问题，乃是有效预防和惩治腐败的关键环节。

培育发展公民社会，加强公民社会对国家政权的制衡，是防止国家凌驾于社会之上享有不受监督和制约的自主权的基本途径。公民社会制衡国家最有效的手段是公民所拥有的选举权。通过自由的、竞争性的选举，公民可以用和平的、理性的手段将腐败的或滥用权力的领导人赶下台，从而建立起社会对国家的强有力的纵向问责机制，促使国家及其领导人真正向公民负责。这种选举问责是其他任何问责手段也无法代替的。

就选举问责机制建设来说，可以先从乡镇党委领导班子"公推直选"做起，实现乡镇党委领导班子公开推荐党内直选，随后通过人大民主选举使乡镇党委领导人进入乡镇政府领导岗位，实现民主执政、科学执政和依法执政。在此基础上，各级党委领导人通过党内民主选举和人大民主选举联动机制进

入政府领导岗位的层级可循序渐进逐步提高。同时也可以首先实现区、县人大代表和党代表的直接的、竞争性的选举，建立起党代会代表和人大代表向选举产生它们的党员和选民负责的机制。随后将党代会代表和人大代表直接的、竞争性选举的层级逐步加以提高。这种选举问责机制有利于党代会和人大及其代表发挥对党政领导人当选后的监督作用。

政权机关内部实行分权制衡，实现各种权力的彼此分离和相互制约，是防止一权独大不受制约从而被滥用的有效途径。中国共产党第十七次代表大会报告提出"要建立健全决策权、执行权、监督权既相互制约又相互协调的权力结构和运行机制"[①]，从而为建立中国特色的分权制衡机制指明了方向。各级党委、政府、人大、民主党派和政协可以在政策制定权、政策参议权、政策审议权、政策执行权、执行评议权、执行审查权、政策修正权方面进行合理的划分并明确各自的职责，使相应的权力配置既相互分离和制约又相互协调。各级党委作为决策者享有政策制定权和人事提名权，以及政策修正权和人事调整权。这种政策制定权和政策修正权以及相应的人事提名权和调整权，保证了各级党委作为决策者和协调者的领导地位。作为对决策权的一种制衡，民主党派和政协应享有对党委决策的参与权和发言权，人大应享有对党委通过政府提交人大的政策和法案的审议否决权。这对于保证决策的正确性和防止决策权的滥用必不可少。政府享有政策执行权，是行使公共权力的重要主体。作为对执行权的一种制衡，民主党派和政协应享有对政策执行情况的评议权，评议结果应当作为党委进行政策修正和人事调整的重要参考。人大则应享有对政策和预算的审查监督权，同时为了提高审查监督权的专业性和效力，有必要将行政监察机关和审计机关划归人大，使行政监察机关包括信访机关在人大领导下受理民众信访投诉调查处理不良行政行为，使审计机关代表人大对行政机关和其他公共权力机关进行独立的审计并直接向人大报告审计结果。

---

① 胡锦涛：《高举中国特色社会主义伟大旗帜为夺取全面建设小康社会新胜利而奋斗——在中国共产党第十七次全国代表大会上的报告》（2007年10月15日），北京：人民出版社2007年版，第33页。

分权制衡机制有效运转和发挥作用后，在权力监督制约方面对专门监督机关的依赖将会大大减少，同时依靠不断强化专门监督机关的权能来反腐败的必要性也将会大大减少。

（三）加强廉政法规制度建设，解决廉政核心规则的缺失问题

机构性支柱所需的核心规则的缺失直接影响到这些廉政支柱效能的发挥。因此，需要加强加强廉政法规制度建设，创新体制机制制度，解决廉政核心规则的缺失问题。

建立选举问责制度，需要进行选举改革，以保证选举的竞争性和公平性。为此需要在党内和人大建立独立的和专门的选举委员会，负责党内选举和政权机关选举事务的管理。同时要改革候选人提名机制，鼓励自愿报名参选，设立争取一定数量的支持的门槛，把好资格审查关，使优秀的候选人能够在公平的选举中脱颖而出。候选人介绍程序也需要改革，应当允许候选人及其选举团队进行自我介绍和宣传，候选人之间也应鼓励展开辩论，同时制止相互人身攻击和诽谤谩骂行为。选举程序应当透明，选举过程中应设立观察员制度，由中立的观察员全程监督以保证选举的公正性。候选人用于选举的收入和支出应当公开透明，向选举委员会申报并接受选举委员会的监督管理。

人大审议审查政策法案、预算支出、人事提名时有无否决权，直接关系到人大监督权的有效性和权威性。需要制定专门的法规就人大审议审查时部分通过权、修正权、附加条款等作出明确的规定，同时也需要对人大及其常委会审议审查未通过时的处理办法作出具体规定。人大对政府领导人与组成人员的罢免权的行使需要制定具体的程序性规定。同时需要建立弹劾制度，在人大独立调查基础上展开弹劾，才能启动罢免程序。

民主党派和政协只有参与党委、人大重大决策并可以发表不同的声音包括批评性言论，才能有效地行使决策监督权。为此需要建立民主党派领导人与各级党委领导人的会商制度，在党委作出重大决策前先与民主党派领导人

会商征求意见。同时建立情况专报制度，鼓励民主党派成员就各级党委和政府的决策以及现行法律法规通过内部情况直接反映制度提出自己的不同意见。对那些议政表现突出的民主党派及其成员可在参与执政方面给予优先考虑。《宪法》或相关法律应当专门规定，民主党派成员和政协委员在各种会议上的发言和表决不受法律追究①，使他们享有批评性言论的免责权。

只有一个独立的司法系统才能对政府及其官员是否依法行政进行有效的司法监督。《行政诉讼法》的颁布标志着我国已经建立起具体行政行为的司法审查机制，这是司法权制衡行政权的一个重要内容。但在行政权由党委和政府共同行使情况下，司法权在地方层次上若不能独立于同级党委和政府，则难以有效履行司法审查职责。司法独立原则要求地方法院在党组织关系、人事任免等方面独立于地方党委，要求其人事编制、财政预算等方面单独编列独立于地方政府。司法管理体制实现了这一转变，对行政行为的司法审查才能发挥应有的作用。

公职人员所代表的公共利益和他们的私人利益会发生冲突，制定"防止公职人员利益冲突法"已经成为国际社会一个通行做法。② 改革开放以来，我国在禁止官员及其亲属经商办企业、投资入股、违反规定买卖股票等方面作出了一系列党纪政纪规定，取得了一定成效。③ 但总的来看，这些规定的权威性不够，比较零散，有必要制定一部统一的"防止公职人员利益冲突法"，为有效预防和制止利益冲突和规范公职人员离职后行为提供详细的行为准则。防止公职人员利益冲突的一个核心举措是制定和实施"公职人员财产申报和公开法"，将公职人员家庭财产置于廉政监督机关和公众的有效监督之下。也可考虑设立透明账户制度，将各级党政领导干部、国有企事业单位和金融机构领导、从事人、财、物管理的重点岗位人员及其近亲属的财产申报纳入透

---

① 我国宪法对全国人大代表在各种会议上的发言和表决不受法律追究作出了明确的规定，这一言论免责条款应当扩大其覆盖范围，将民主党派成员和政协委员履行职责行为包括在内。
② 有兴趣的读者，可参阅孔祥仁：《防止"利益冲突"在国外反腐败工作中的应用》，载《新时代风纪》，2001年第3期。
③ 有兴趣的读者，可参阅程文浩：《中国治理和防止公职人员利益冲突的实践》，载《广州大学学报》（社会科学版），2006年第10期，第15—18页。

明账户，由有关部门统一监管，对财产的非正常流动做到早发现早处理。①

信访监察和审计机关都是对行政权的专门监督机关，监察审计权只有独立于行政权才能发挥其作用。信访监察机关可以合而为一，负责受理民众信访投诉举报，调查处理不良行政行为。这些专门监督机关应当划归人民代表大会管理，监察和审计首长的任期应比政府组成人员略长，约为六到七年，连任不得超过两届，其人事编制、经费预算、职责权限由法律单独加以规定，确保其独立性。

拥有可执行且得到严格执行的反腐败法律是专职反腐败机构发挥作用的核心规则。我国应该在现有《刑法》和《刑事诉讼法》基础上，结合《联合国反腐败公约》，制定专门的"反贪污贿赂法"，后者应包括实体法和程序法两个部分。

就该法的实体法部分而言，具体的立法内容方面，可考虑杨宇冠等人提出的如下建议：增设影响力交易罪和贿赂外国公职人员和国际组织官员罪；将挪用公款罪和挪用特种款项和物资罪合并为挪用罪，增加挪用罪适用的财产类别；取消贪污贿赂罪的起刑数额标准，贪污贿赂罪由数额犯向行为犯转变，只要具备贪污贿赂犯罪要件的行为均构成贪污贿赂罪而不论数额大小，后者只是量刑时予以考虑；贪污贿赂罪的刑罚增设罚金刑，增加适用资格刑，慎用死刑，综合运用罚金刑、资格刑、财产刑和自由刑来惩罚贪污贿赂等腐败犯罪；完善贿赂犯罪构成要件，将贿赂的范围由财物扩大到"不正当好处"，将直接或间接向公职人员许诺给予、提议给予、实际给予不正当好处的行为均规定为行贿罪，取消对行贿、受贿罪主观目的的限制，删去行贿罪主观构成要件中的"不正当"一词；统一行贿罪与受贿罪量刑标准，对行贿犯罪适用罚金刑和剥夺资格刑，介绍贿赂罪与行贿罪同步起刑并同样适用罚金刑。②

---

① 张智辉、蔡新苗：《如何预防贪官外逃与引渡外逃贪官》，载《中州学刊》，2007年第4期，第11—12页。
② 杨宇冠：《我国反腐败机制完善与联合国反腐败措施》，北京：中国人民公安大学出版社2007年版，第57—58、334—345页。

就该法的程序法部分，可考虑杨宇冠等人的如下建议：为了适应"不强迫自证其罪"和保护犯罪嫌疑人的"沉默权"以及非法证据排除规则的新的国际现实，应当完善刑事诉讼程序，赋予反腐败机关使用控制下交付和采取秘密侦查措施获取证据并允许法庭采信这些证据；针对贪官外逃增多的现实，可以在国外针对腐败案件提起民事诉讼，并规定对腐败案件可以实行缺席审判制度；赋予腐败犯罪侦查机关以拘传、取保候审、监视居住、逮捕等强制措施执行权和司法拘留权，但须向法院申请并获得批准，同时可以将检察院《刑事诉讼规则》中规定的五种侦查行为列入法定侦查行为，强化调查取证权；同时实行沉默权告知制度和保证律师会见权，实行全程同步录音录像制度，坚持公开审判制度和辩护制度，保护犯罪嫌疑人的基本人权。① 此外，还可借鉴国外做法，在有关法律中规定官员须对明显超出自己收入的财产必须作出可信的解释，否则以贪污罪论处，制定非法利益追踪、查封、没收条款，规定公私共分罚款之诉制度，鼓励私人起诉腐败案件并与政府共分罚款，规定用腐败手段获得的合同无效和建立黑名单制度等。②

对公职人员的道德要求应当融入公职人员的录用、晋升、调任、惩处、退休、工资待遇、经费拨款等人事管理和预算管理的各个环节之中。为了防止一把手插手干预一般公职人员职责范围内的事项，应当对民主选举和政治任命产生的党政领导人实行任期制，前者由党的组织部门负责加以管理，而对考试录用和考绩晋升的事务类公务员实行常任制，由国家公务员管理部门加以管理并成立公务员惩戒委员会负责纪律处分事宜。无论是选举和任命还是考试考核的过程，都应该确保程序透明、机会平等、公平竞争并有投诉处理机制，使任人唯亲和裙带风无藏身之地。对领导岗位和重点岗位人员可进

---

① 杨宇冠：《我国反腐败机制完善与联合国反腐败措施》，北京：中国人民公安大学出版社2007年版，第54—56、205—206、255、282页。
② 〔新西兰〕杰瑞米·波普：《制约腐败——建构国家廉政体系》（透明国际2000年版），清华大学公共管理学院廉政研究室译，北京：中国方正出版社2003年版，第373—394页。

行随机的廉洁测试①,测试结果应当成为调任和惩处的重要依据。地区和部门党风廉政建设和廉洁自律情况群众满意度测评结果应当向社会公布,并与官员的升降奖惩直接挂钩。官员的工资待遇、退休养老保障和党政机关经费拨款应当有助于培养官员廉洁从政的道德感,而不是迫使他们依靠从事腐败行为弥补收入或经费之不足。

按照辅助性原则调整条块关系,强化地方政府权能,使地方政府的权力与责任、资源与任务相匹配,将大大减少地方"跑部钱进"、"进京送宝"的公贿行为的必要性。在地方各级政府间关系中也有必要按照辅助性原则划分职权,切实解决权力和资源向上集中、责任和任务向下摊派的政府间关系格局。同时可考虑实行市县并立互不统属、省直管县的体制,减少中间管理层次,强化县级政府的权能。

国有企事业单位构成公共部门的主体。国有企事业单位需要通过进一步推进政企分开、政资分开、政事分开,确保其独立性。同时还需要进一步完善其治理结构,加强董事会建设,董事长和总经理分设,加强权力的相互制约。同时还需要强化经济责任审计制度和决策失误责任追究制度。

鼓励竞争的政策是民营经济部门发展壮大的核心规则。实行鼓励竞争的政策,要求政府管理经济的方式从行政审批转向市场监管,减少和规范行政审批,减少对微观经济的干预。实行鼓励竞争的政策,要求深化垄断行业改革,引入竞争机制,引入民间资本。实行鼓励竞争的政策,要求对各种所有制企业平等对待,公平竞争,消除商业贿赂的诱因。实行鼓励竞争的政策,要求取消政府采购和招投标法规中所谓定点采购、议标等非竞争性的做法,探索实行电子化招投标办法和建立电子化政府采购系统,加强对政府采购和招投标以及拍卖活动的外部审计和监管。

---

① 廉洁测试首先由纽约警察局内部事务管理局实施,针对警察中容易腐败行为设计方案,通过电子视听系统记录或安排目击证人,对警察进行廉洁测试,测试场景尽可能逼真并带有随机性。廉洁测试在许多国家许多部门如法官、海关官员中得到广泛运用。廉洁测试的应用对腐败起到了震慑作用。有兴趣的读者,可参阅〔新西兰〕杰瑞米·波普:《制约腐败——建构国家廉政体系》(透明国际 2000 年版),清华大学公共管理学院廉政研究室译,北京:中国方正出版社 2003 年版,第 272—277 页。

表达自由是媒体发挥舆论监督作用的核心规则。保障言论表达自由，首先需要为媒体及时获取公共信息提供充分的保证。若不能及时获得真实的公共信息，言论表达自由就成了无源之水，无本之木。为此有必要制定"公共信息公开法"，将信息公开的范围涵盖到所有公共机构，保障媒体和公民获取公共信息包括官方记录和档案的法定权利，并由监察机构监督信息公开的执行情况和受理民众申诉。其次需要适当限制保密的范围和内容，破除不适当的保密文化，使信息公开成为原则，保密成为例外，同时为保密文件建立合理的解密期限和审批程序。保障言论表达自由，还需要实现对媒体的管理由人治化管理走向法治化管理，尽快出台"新闻法"，依法保护记者的新闻采访权与媒体对调查性和批评性报道的发表权，同时规定媒体报道失误所应承担的法律责任。

赋予公民发言权是公民社会发挥监督作用的核心规则。这就要求保障公民的知情权和参与权，实行重大决策事前公示制度，通过举行听证会、座谈会和公开向社会各界征求意见等方式，为公民特别是利益相关者提供参与立法和行政决策表达自身意见的机会。同时还可以利用民意调查、民意测验、民主评议等多种方式了解民众对公职人员、公共部门和公共服务的评价，这种评价结果应当与公职人员的升降奖惩挂起钩来。还可以通过发放公民调查卡、对各种公共服务实行社会承诺制、为内部举报者提供全面保护、建立有效的投诉处理体制和设立反腐败观察站网络等方式，鼓励公民参与到对公共机构的监督中去。[①] 由相对独立的学术机构对各地区、各部门清廉程度进行独立的民意调查和公开的排名，有利于在党风廉政方面激励先进、鞭策后进，应当予以大力支持。

加强反腐败的国际合作，要求我国适应"死刑犯不引渡"、"非法证据排除规则"、保护犯罪嫌疑人的沉默权、遵循正当法律程序原则等国际社会通则，积极推进法律改革，扫清国际合作的法律障碍。

---

① 有兴趣的读者可参阅〔新西兰〕杰瑞米·波普：《制约腐败——建构国家廉政体系》（透明国际2000年版），清华大学公共管理学院廉政研究室译，北京：中国方正出版社2003年版，第345—359、395—405页。

（四）加强廉政机构性支柱的能力建设，解决廉政支柱发展失衡的问题

目前我国廉政机构性支柱已经全部建立，但各个机构性支柱的发展却很不平衡，其有效性也各不相同。加强廉政机构性支柱的能力建设，解决廉政支柱发展不均衡的问题成为关键。加强廉政机构性支柱的能力建设，需要从体制改革、教育培训、充实权力和资源、利用先进技术手段等方面入手加强能力建设。

加强机构能力建设，需要通过体制改革理顺党、国家和社会关系，增强各个机构性支柱的独立性和自主权。没有必要的独立性和自主权，各个机构就无法正常地履行自身在廉政制度体系中的作用。从党组织和国家政权的关系来看，只有实行党政分开，将党组织的路线方针政策制定权和政权机关领导人选提名权等政治领导权和立法权、行政权、司法权明确区分开来，保障立法机关、行政机关、司法机关依法独立行使各自职权，实现各自的权力和责任的归位，国家政权机关才能正常履行自身职责。从党、国家和社会的关系来看，只有实行政社分开、政事分开，推动社会组织与党政机关在行政隶属关系和经济上的彻底脱钩，恢复社会组织的民间属性，才能使社会组织与党政组织保持适度的张力以便于前者发挥对党和政府的监督制约作用。从发挥纪检监察、检察院、法院、审计等专门监督机构的作用角度来看，为了发挥他们在监督同级党委和政府中的作用，需要通过建立无重大过错任期保障制度和实行编制经费单列等方式增强这些专门监督机构相对于监督对象的独立性和自主权。

加强机构能力建设，需要开展大规模的教育培训，提高各个廉政机构人员的素质和专业水平。对在职人员需要通过大规模的培训，更新他们的知识和信息，提高他们的专业技能。同时在人员录用时，严格坚持专业标准，录用受过正规大学专业教育的毕业生来充实各个廉政机构。同时可设立职业资

格制度和信用管理制度，规定职业准入门槛，对违反诚信和职业道德的行为，可取消其从事相关职业的资格或进行信用方面的惩罚。

对那些权力或权利和资源与他们在廉政制度体系中所发挥的作用不相匹配的机构性支柱，需要充实他们的权力、权利和资源。各个专门监督机构如纪检监察、检察、审计机关等需要通过完善相关立法增强他们的调查权、侦查权或专项监督权，同时从财政上保障他们有充足的工作经费和人力资源、技术装备。地方政府、公民社会组织和新闻媒体也需要通过制定和完善相关立法增强他们的独立性和自主权，同时通过财政转移支付、政府购买服务和设立专项基金等多种方式为他们提供充足的财政支持。公职人员系统需要完善其工资待遇，消除工资发放过程中的拖欠现象，保证工资的按时足额发放，并将工资待遇同其工作量和实际贡献挂起钩来。

加强廉政机构能力建设，需要充分利用现代科技手段。加快发展电子人大，建立电子立法系统、电子代表系统和公民陈情系统。实现立法电子化，可以提高立法民主化程度，值得大力提倡。行政审批电子监察系统、电子审计、人大在线预算监督、电子化的政府采购平台和招投标系统等，可以实现实时监控和信息的及时获取，值得大力推广。反腐败侦查手段也需要现代化，需要利用先进的技术侦查手段包括电子监听和电子监控系统等。网上行政审批将减少行政审批中腐败行为发生的几率和人情关系的影响，同样值得大力推广。

（五）增强廉政制度体系建设过程中的透明度和参与度，提高廉政制度建设质量

建构现代国家廉政制度体系的过程，应当是一个透明的和开放的过程，以确保公民享有最充分的知情权和参与权。唯有如此，才能真正提高廉政制度建设的质量。

廉政机构性支柱中党政权力系统内的监督同来自公民社会和媒体的社会

监督构成一种相互补充、相互加强的关系。使党政机关向人民负责，离不开来自公民社会和媒体的社会监督。公民对各级党委和政府工作及其工作人员所享有的批评、建议、申诉、控告和检举权利的行使，需要以党委和政府工作的公开透明、财政预算和官员财产收入的公开透明为前提条件。媒体从事调查性和批评性报道同样需要党委和政府提高透明度。党政权力系统内的监督说到底是为了强化党政机关向党员和公民负责任的机制。人大监督、民主党派和政协监督均以党委、政府的决策过程透明和可参与为前提条件。专门监督机关对其他党政机关的监督同样需要后者的信息和档案的可获得性为前提条件。来自公民和媒体的信息和支持是专门监督机关同腐败现象作斗争的强大动力和宝贵资源。党政系统内的各种专门监督机关还需要接受社会的监督，它们也需要透明和开放，便于公民和媒体了解其工作状况并发表意见。只有在廉政机构性支柱建设过程中保持透明度和开放性，保障利益相关方的参与权和发言权，廉政机构性支柱建设才会始终处于社会各方的监督之下，加强机构性支柱的努力才不会偏离方向，不会成为扩张部门权力、伸张部门利益的过程。

廉政立法质量是廉政规则体系建设的生命线。① 推进廉政立法的民主化是提高廉政立法质量的关键。这是因为，廉政立法实质上是"管官之法"、"治吏之法"，是约束公共权力和官员行为的法律。如果任由特定官员群体和党政职能部门主导立法，而缺乏透明度和公众参与，则廉政立法要么陷于难产、要么漏洞百出，难以有效约束官员行为和制约公权力。没有廉政立法的民主化，官员群体和强势部门的既得利益就难以打破，高质量的廉政立法就无从谈起。廉政立法的民主化，要求立法过程透明和开放，保障利益相关方充分参与立法过程和各种意见的自由表达，保障立法过程中自由的、理性的讨论

---

① 对立法质量问题有兴趣的读者，可参阅周旺生：《试论提高立法质量》，载《法学杂志》，1998年第5期，第4—6页；黄文艺：《论立法质量——关于提高我国立法质量的思考》，载《河南省政法管理干部学院学报》，2002年第3期，第40—48页；李大法：《关于提高我国立法质量保证法律实施的思考——统一实施WTO协议赴美考察的启示》，载《行政与法》，2003年第5期，第51—53页；汤啸天：《提高立法质量与依法治国初论》，载《政法论坛》，1998年第2期，第2—7页。

和辩论。廉政立法的民主化，要求实现立法主体的多样化和公民参与，从职能部门主导立法的体制走向项目立法体制。可以成立人大牵头的专门的立法项目小组，或实行立法草案招标制或委托专家起草制度，由财政提供专项经费预算，由立法者、专家学者和利益相关者共同参与廉政法律草案起草工作。廉政立法程序也应当体现民主立法的原则，实行开门立法，法律草案向社会公布，召开听证会，通过多种方式广泛征求社会各界意见，在利益相关方充分参与和表达意见形成共识基础上，组织法学专家起草出廉政"良法"。对于各个地方和部门制定的大量廉政法律法规，应当建立备案审查制度和法律规范冲突裁决制度①，由人大专门委员会负责审查工作并提出处理意见。对于廉政法律法规的司法解释也需要建立审查机制，防止司法解释违反立法原意。同时需要做好廉政法律的立法解释，保证行政执法和司法符合立法精神和立法意图。

总之，现代国家廉政制度体系是体现纵向的公民选举问责和横向的分权制衡问责原则的一系列机构和规则的总称。建构现代国家廉政制度体系是有效预防和惩治腐败、提高对各级党委和政府的问责度的必由之路，同时也是破除腐败魔咒走出政权兴亡周期律的必由之路。新中国成立60多年来，我国已经初步建立起了现代国家廉政制度体系的基本框架，廉政制度体系中的机构性支柱已经全部建立，与各个廉政支柱相适应的核心规则已经部分地确立起来。但各个机构性支柱的发展并不平衡，多数廉政支柱所需要的核心规则仍然缺位。完善纵向和横向的问责机制，加强各个廉政机构支柱的能力建设，健全完善各个廉政支柱所需要的核心规则，应当成为建构现代国家廉政制度体系下一步努力的重点。

---

① 李大法：《关于提高我国立法质量保证法律实施的思考——统一实施 WTO 协议赴美考察的启示》，载《行政与法》，2003 年第 5 期，第 53 页。

第二部分
历史和比较视野中的中国反腐败

一 中国的反腐败与权力监督：历史、现状与未来

二 比较视野中的当代中国行政监察

三 国际社会反腐败的新进展：以《联合国反腐败公约》及其实施评估为视角

中国的反腐败与权力监督：
历史、现状与未来

腐败是滥用受委托的权力谋取私利的行为①。只要权力的委托人和代理人相互分离，滥用受委托的权力谋取私利行为发生的可能性就始终存在。防止公共权力的滥用离不开权力的监督和制约。所谓监督就是监察督促，制约就是相互牵制和约束。权力监督和制约就是权力的委托人对权力的代理行使者采用各种必要的手段加以监察、督促、牵制和约束，使权力的行使过程和结果符合权力委托人的意志和利益。

腐败既是一种社会历史现象，又是一个世界性问题。预防和惩治腐败，加强权力监督和制约，是当今世界各国的一个共同任务。当代中国的反腐败和权力监督吸收了现代政治文明的重要元素，构成了世界性反腐败和权力制约监督的一个重要组成部分，同时又在历史传承和特殊国情

---

① 这个定义是透明国际就腐败提出的最新定义，它是对滥用公共权力谋取私利的行为这一定义的新发展，使腐败的范围能够涵盖所有权和经营权相分离的私营企业和具有公益产权性质的社会组织及其管理人员。新的定义已经得到国际社会的普遍接受。

的基础上具有自身的特点。转型期中国的反腐败和权力监督体现出传统因素和现代因素相互交织的特点，其未来的发展趋势值得进一步观察。

一、中国古代的反腐败和权力监督

在传统农业文明国家中，中国依靠君主集权专制和官僚政治体制长期维持了国家的统一，同时在反腐败和权力监督方面探索出了一套行之有效的做法。自秦汉以来，我国历代封建君主为保证其统治的长治久安，均采取过种种反腐败和强化权力监督的措施。这些措施概括起来有以下八种。

1. 以身作则，教化为先，倡导廉明政治。为预防腐败滋生蔓延，历代统治者注重道德教育和自我修养，提倡身体力行，发挥表率作用。贤明的皇帝往往在勤政、节俭、公正等方面自守自律，以身作则。历代封建王朝特别是各朝代的创业君主或中兴君主，深谙"成由俭约败由奢"的道理。为此，他们力戒穷奢极欲，奢侈浪费，挥霍无度，身体力行倡导俭朴的生活方式。汉文帝、汉景帝、唐太宗、宋太祖、宋太宗、明太祖等古代君主在位时都曾以身作则，提倡节俭。同时他们还重视大官对小官、京官对外官的表率作用，奖掖和重用廉吏，引导各级官员向廉去贪。[①] 汉代以来，历代统治者基本采用德刑并举、"德主刑辅"的治国方略，在反贪倡廉方面，也是强调为官从政道德教育的重要性，通过学校教育、科举考试、朝廷官德教育等多种方式对官员进行公慎廉明的思想教育，并具体化为官吏从政的道德准则[②]，鼓励官员通过加强自身道德修养，自我约束，自觉遵守这些行为准则。

2. 设立谏官系统，以规谏约束君权。有远见的封建君主为了确保决策不致出现重大失误，往往鼓励臣下指出自己的过失并提出忠告或建议。为此，许多朝代都设有专门的谏官系统（如谏议大夫、给事中等官职），他们的任务是"讽议左右，以匡君失"。中国古代谏官系统依靠谏言不咎、谏官不罪的

---

① 赵秀玲：《中国古代腐败与反腐败的特点及其启示》，载《政治学研究》，1997年第4期，第32—33页。
② 钱耿文、刘明波：《中国古代廉政制度浅析》，载《学术月刊》，1994年第4期，第70—71页。

"特权"，官卑秩微、任选青年的选任制度，"谏言不露"、"密陈其奏"的言事方式，以及"宁鸣而死，不默而生"的职业道德，而在言谏规劝君主方面履行其职责。① 在君主鼓励规谏善于纳谏情况下，谏官系统及其他大臣的劝谏在"匡正君失"方面确能发挥一定作用。除了谏议讽劝制度外，一些朝代实行的师保辅政制度、朝臣廷议制度，在约束君权方面也都发挥过一定作用。

3. 建立直属君主的独立监察系统，以监察权约束官吏的行政权。历代君主设立监察机关的目的是为了纠举百官，整肃吏治，使官僚系统听命和效忠于君主。秦汉时期监察制度尚缺乏高度的独立性，魏晋以来御史台成为完全独立的监察机构，隋唐宋三代监察制度进一步发展和完善。唐代开始，御史台下设台院、殿院和察院，分工监察。宋代设言事御史，开"台谏合一"之先河。明朝将御史台改为都察院，设十三道监察御史监察地方，设六科给事中监督六部，科道分立互不统属。清朝将六科给事中合并于都察院，科道分别负责对京城内外官员的监察和纠弹。② 在汉武帝颁布的《监御史九条》和《刺史诏六条》中，正式把"吏不廉"、"倍（背）公向私"列为监察的重要内容。自汉代以后在监察机关的"六条问事"（六项职责）中，反贪防贪成为一项重要职责。古代一般监察官秩低权重，高级监察官的职级有增高的趋势，但中下级监察官职级不高，往往为七品官吏，但却能监察弹劾从地方大员到宰相的各级官员，其奥秘在于"官轻则爱惜身家之念轻，而权重则整饬吏治之威重"（〔清〕赵翼语）。同时通过将全国划分为若干监察区，采取巡察巡视的流动方式进行监察，对地方官的监察切断了监督者与被监督者的利害关系从而提高了监察效果。③ 在朝廷重视廉政的时候，监察机关在澄清吏治方面往往能发挥其作用。

4. 君主对官僚系统进行权力分置，使之相互牵制。为防止以宰相为首的官僚系统权力膨胀，难以驾驭，历代君主多采取措施，在职官体系设置中削

---

① 赵映诚：《中国古代谏官制度研究》，载《北京大学学报》（哲学社会科学版），2000年第3期，第97—104页。
② 林雅：《中国封建监察制度及其得失评析》，载《法学评论》（双月刊），2004年第4期，第127—128页。
③ 修晓波：《中国古代监察制度的十个基本特点》，载《中国党政干部论坛》，2007年第1期，第47—48页。

弱相权、权力分置，使之相互牵制和约束，从而达到君主大权独揽"乾纲独断"的目的。秦汉时期，地方职官享有治土辖民之权，但其地位品秩低于中央职官并受制于中央，中央职官与地方职官相互制约。隋唐时将政令制定权、封驳审议权、政令执行权分别配置给中书省、门下省和尚书省，三权分立，相互牵制，减少了政令决策的失误，削弱和分割了宰相的权力。宋元在统治中枢实行分权制衡，中书掌政、枢密掌军、三司掌财，相互制约。明清时期进一步削弱相权，废除丞相制和中书省，六部由皇帝直接统领，同时设置翰林院、詹事府等机构负责进言"清议"批评时政，对六部等实务机构实行牵制。①

5. 严刑峻法，重典治贪。 我国历代封建王朝都非常重视反腐败立法工作，一些王朝还制定了反腐败的专项法律法规，如秦朝的《为吏之道》、汉代的《上计律》、唐律中的《职律》、明朝的《明大诰》等。古代反腐败立法的一个重要特点是重刑治贪，如秦律规定贪污与"盗"同罪，要弃市、绞、大辟、枭首、剥皮等。在惩治贪官污吏方面明太祖朱元璋手段最为严厉，态度尤为坚决。对贪墨之官轻则充军，重则凌迟处死，贪赃60两以上者枭首示众，洪武年间因贪获罪者数以万计。

6. 以清正廉洁为标准，慎于用人，严于考课，奖掖廉吏。 历代封建君主都非常注意用人问题。在他们选拔任用官吏的诸多标准中，廉能是仅次于忠君的一条非常重要的标准，为各个封建王朝所重视。秦简《为吏之道》中对官员的第二项要求就是"精（清）絜正直"，"精廉勿谤"，反对官员"贱士而贵货币"。考廉是我国古代官吏考核制度（又称"考课"）的一项重要内容，考核结果成为决定官员升降去留的重要依据。古代在选拔官吏时，鼓励官员举荐德才俱佳者以备朝廷使用，同时又规定荐官贪滥，举主须受连坐，使举荐者有所约束负责任地为朝廷举荐官员。②

---

① 感兴趣的读者，可进一步参阅余华青：《中国廉政制度史论》，北京：人民出版社2007年版。
② 任崇岳：《中国古代统治者遏制腐败的七项措施》，载《郑州大学学报》（社会科学版），2000年第2期，第115页。

7. 简政裁冗，以俸养廉。机构庞杂、冗员过多既影响办事效率，又加重百姓负担，简政裁冗成为许多朝代推行廉政的一项重要措施。隋初郡县之数"倍多于古"，以致"具僚已众，资费日多；吏卒增倍，租庸岁减；民少官多，十羊九牧"①。隋文帝取消了郡一级机构，合并了许多州县，从而达到了精简的目的。唐宪宗时也曾大力裁减冗官 800 名，冗吏 1400 名，既节省了政府开支，又减轻了百姓负担。② 官员俸饷不足易于造成贪污盛行，明朝即是例证。明朝官俸甚薄，一品官月俸米折银不足 22 两，明中叶后贪风愈演愈烈与此不无关系。清初也曾实行低俸制，结果贪风日炽，雍正帝一改旧制，提高官员薪俸，发给官员"养廉银"，以供日常之需。在雍正时期，"养廉"制度和其他反腐败措施一起抑制了贪污的蔓延。

8. 建立和完善各项具体的廉政制度。除了上述反腐败措施外，有些封建王朝还创立了一些具体的廉政制度，如官员回避制度、轮调制度、致仕（退休）制度及禁止官吏经商谋利、禁止官员吃喝迎送、奢侈浪费的规定等。③ 清王朝在借鉴历代经验基础上，对廉政制度的规定尤为具体和完备。以回避制度为例，清朝就规定了做官回避、听讼回避、科举回避等众多回避制度，其目的在于防止官员徇私舞弊或徇私枉法。

建立在君主专制和官僚政治体制基础上的上述中国古代反腐败和权力监督体制（简称"传统廉政制度体系"）由于缺乏选举问责制度、分权制衡制度和来自社会的约束和监督，难以长期有效地遏制腐败，从而也难以使历代王朝逃脱政权兴亡周期律的命运。君主集权专制和官僚政治体制为中国古代反腐败和权力监督努力设置了不可逾越的"天花板"，反映了传统廉政制度体系不可克服的内在局限性。

秦汉以来的中国传统廉政制度体系是建立在君主专制和官僚政治体制基

---

① 《资治通鉴》卷一七五。
② 参见单远慕：《中国廉政史》，郑州：中州古籍出版社 1991 年版，第 108 页。
③ 对中国古代廉政制度感兴趣的读者，可参阅钱耿文、刘明波：《中国古代廉政制度浅析》，载《学术月刊》，1994 年第 4 期，第 67—73 页；刘守芬、王洪波、姜涛、陈新旺《对中国古代廉政法律制度的历史考察》，载《北京大学学报》（哲学社会科学版），2003 年第 3 期，第 90—100 页。

础上的。分散的小农经济和大规模的灌溉农业造就了一个凌驾于社会之上的国家政权,这个国家政权在政治、经济、社会生活中处于全面支配地位享有高度的自主性,社会相对于国家处于从属地位而无法约束国家。民众在专制皇权和官僚系统面前处于附属地位属于臣民,臣民要么顺从要么反抗,或者乞求青天大老爷做主,既无从参与政治,也无从监督官员。[①] 这样中国传统廉政制度体系主要是依靠政权机关的自我约束来发挥作用的。正如余华青所分析的那样,这种传统廉政制度是完全围绕着专制君主而展开的,以有利于加强君权为原则,无论是廉政法律还是监察机构都是君主监控官僚系统的工具而对专制君主本人缺乏约束力量。[②] 君主专制体制下的传统廉政制度体系在自身演变过程中出现了衰变现象。监察权和行政权相分离起到了相互制约作用,但过于强化监察权会导致监察权膨胀甚至凌驾于行政权之上的弊端,同时也会产生对监察再加以监察即不断增设新的监察机构监督旧的监察机构的弊端,其结果是治官之官多于亲民之官,民众反而遭殃。一些朝代为了解决君主监控官员中信息不对称问题,鼓励"密折奏事",建立特务性质的厂卫制度,造成官员人人自危、谨小慎微的局面。对行政权力的人为分割导致机构叠床架屋、相互牵制、效率低下的局面。廉政法律规范过于细密、严苛和惩罚过于严酷,官员如履薄冰动辄得咎,则会进一步降低行政效率。

传统廉政制度体系的效用如何取决于君主的重视程度,廉政建设的张弛同样取决于君主的态度和意愿。新王朝建立之初,统治者往往能吸收前朝因腐败猖獗而衰亡的教训,重视廉政制度的建立和完善,反贪惩腐力度比较大,王朝会出现吏治清明的景象。后任君主若淡忘前朝覆亡教训,放松反贪腐斗争,则王朝会出现二世而亡的较短的兴亡周期。有的王朝会出现中兴君主,能够坚持完善有关廉政法规制度,坚决打击贪官污吏,重振朝纲,澄清吏治,则王朝走向灭亡的周期会长一些。但当专制君主本身昏庸无能、骄奢淫逸需

[①] 我曾从国家与社会关系角度分析过中国古代廉政措施的局限性,有兴趣的读者,可参阅何增科:《试论我国古代反腐败措施的局限性及其主要原因》,载《天津社会科学》,1994年第6期。
[②] 余华青:《中国廉政制度史论》,北京:人民出版社2007年版,第4—7页。

索无度、残暴苛刻时，所有的廉政制度都显得无能为力，王朝会由治转乱，民众的反抗和王朝的覆亡也会很快到来。

在同一个王朝中，君主专制体制下的反贪腐斗争和相应的政府改革由于内在动力不足而呈现出虎头蛇尾和无疾而终的特点。专制君主惩治贪官污吏往往是先严酷后宽纵和选择性惩罚的特征。对于前任君主时期的贪官污吏，专制君主惩罚时往往毫不手软。但对于自己当政期间的贪官污吏惩罚时更加宽纵。专制君主对官吏的要求包括忠诚、才干和操守。为人贪污属操守问题，但此人若对自己十分忠诚或者十分有才干或者有功于朝廷，则会受到君主法外施恩，宽大处理。① 执法的尺度掌握在君主的手中。官僚集团是专制君主治国理政的主要依靠力量，在官僚集团普遍贪污情况下，君主只能采取"杀鸡给猴看"和"杀一儆百"的选择性惩治的策略。选择性惩治的策略在君主与官吏、反贪污与贪污猫捉老鼠的游戏中，由于老鼠众多而且信息不对称，其威慑效果呈现递减效应。出于肃贪倡廉目的而发起的一些政府改革，由于损害到官僚集团或豪强势力的利益，当君主不再支持改革和官僚集团中保守力量竭力反对和抵制时，由于缺乏来自民众的支持，改革往往无疾而终。反贪污斗争和政府改革由于缺乏内在动力和外在压力而难以持久，其结果是贪污腐败形成王朝痼疾，积重难返，最后引发民众反抗而导致王朝更替。

尽管建立在君主专制政体下的传统廉政制度体系无法避免政权兴亡的周期律，但这绝不等于说传统廉政制度体系没有可以借鉴之处。有的朝代之所以能够维持数百年，与这些朝代建立了较为完善的廉政制度并能充分发挥作用有着密切的关系。例如隋唐时期建立了较为完善的廉政制度体系，在专制君主尊重这些制度和机构的情况下，这种廉政制度体系对于保持王朝大治和中兴盛世发挥了重要作用。隋唐的廉政制度体系包括：君臣朝参制度特别是常朝制度，通过百官奏事、廷议和上封事等方式君臣集体讨论和决定大政方针；政令制定、封驳审议、政令执行职责分别由中书省、门下省、尚书省执

---

① 有兴趣的读者，可参阅余华青：《中国传统廉政制度史纵论》，见余华青：《中国廉政制度史论》，北京：人民出版社2007年版，第31—40页。

掌，三权分离，相互制约；言谏系统和监察系统分设，在中书门下省设立向天子进谏政事得失的官员，这些言谏官有权参与常朝廷议的核心决策发挥"拾遗补阙"、"匡正违失"作用，通过廷争和上封事等形式进行决策监督；监察机构通过常驻机构和定期巡视相结合方式监督中央政府各部门和各级地方官员工作，监察官员在一段时间内还具有相对独立性，可以"比肩事主，直接关白"而不用上级批准，也可以彼此相互纠举；建立科举取仕制度，使官吏选拔制度更加公平和富有竞争性；建立完善官吏考课制度并与官员的升降奖惩挂起钩来，奖掖廉能官员，惩处贪墨官员；建立官员致仕制度即退休制度，致仕官员可终生享受半俸和加官晋级、恩荫子孙、子弟侍养等优厚待遇；廉政律令体现了宽仁慎刑、法令划一、保持法令稳定等立法观念，强调君臣一体守法、严格公正执法等执法观念。① 所有这些对于现代廉政制度体系建设仍然具有一定的借鉴意义。其他朝代也有值得总结和借鉴的廉政建设经验。

二、建国后到改革开放前中国的反腐败和权力监督

中华人民共和国的成立，标志着中国共产党由领导人民夺取全国政权的革命党转变为领导人民掌握全国政权并长期执政的执政党。从新中国成立后到改革开放前，中国共产党在通过高度集权的政治体制和计划经济体制领导人民从事社会主义现代化建设的过程中，也在积极探索与之相适应的反腐败和权力监督之路。

这 30 年的反腐败和权力监督工作又可以分为三个时期。第一个时期，从 1949 年新中国成立到 1956 年党的八大前夕，将整风运动与反贪污运动相结合积极开展反腐败斗争；第二个时期，从 1956 年党的"八大"到 1966 年"文化大革命"前夕，在"阶级斗争扩大化"情况下以整顿党的作风为主题继续

---

① 有兴趣的读者，可参阅杨希义：《隋唐廉政制度史论》，见余华青：《中国廉政制度史论》，北京：人民出版社 2007 年版，第 239—384 页。

开展运动式反腐败斗争；第三个时期，从"文化大革命"的爆发到1978年党的十一届三中全会前夕，在"阶级斗争为纲"的左的思想指导下以群众运动为主要方式开展反腐败斗争。

新中国成立后到"八大"前夕这段时期，反腐败成效显著。这一时期我国反腐败和权力监督的主要举措包括：（1）毛泽东同志为首的党中央从高级干部抓起，率先垂范，艰苦朴素，勤俭节约，为全党作出了表率；（2）从1951年开始以整顿党的作风为重点在全党开展思想教育运动，通过整党运动，克服官僚主义、命令主义作风和骄傲自满情绪，改进党群关系；（3）从1951年底开始，针对整党运动中发现的严重贪污腐化现象，在全党掀起以揭批贪腐分子为中心的"三反"运动（反对贪污、反对浪费和反对官僚主义），发动广大群众揭发、检举腐败分子，"三反"运动共查处腐败分子10万人。随后又发动了针对不法商人腐蚀拉拢党政领导干部的"五反"运动。1953年还发动了新"三反"运动（反对官僚主义、命令主义和违法乱纪）；（4）依法惩治贪污腐化分子。1952年4月中央人民政府通过了《中华人民共和国惩治贪污条例》，为惩治贪污受贿行为提供了法律依据。对于在"三反"运动中发现的大贪污犯（大老虎）依法予以严惩，处决了刘青山、张子善等一批大贪污犯，发挥了震慑作用；（5）设立专门的监察机构。根据1952年宪法，中央人民政府设立了人民监察委员会（1954年改为监察部），1955年3月党代会选举产生了党的中央监察委员会，随后相继成立党的地方监察委员会，受理和处理党员的检举控告，检查和处理党员和党组织违反党章、党纪和国家法律法令的行为。①

从1956年党的"八大"的召开到"文化大革命"前夕，我国进入全面建设社会主义的新阶段。党的"八大"提出反对个人崇拜的思想，提出党和政府要接受监督的命题，尝试过党内权力的相互制约。1957年开始新一轮整风运动，重点反对主观主义、宗派主义和官僚主义，以开门整风的方式开展批

---

① 有兴趣的读者，可进一步参阅李斌雄、黄红平：《新中国成立以来中国共产党反腐倡廉建设述评》，载《马克思主义研究》，2009年第10期，第32—41页；本书编委会编：《辉煌历程——党的纪律检查工作三十年》，北京：中国方正出版社2008年版；李雪勤：《新世纪反腐败思路——民主与改革》，北京：中国方正出版社2001年版。

评与自我批评。但在整风运动过程中，针对党内外人士的批评，发动了反右斗争并出现了扩大化的倾向。整风运动后期开始清除党员干部队伍中的特殊化现象。1960年在农村开展"三反"运动。1962年在农村开展社会主义教育运动，在城市进行新"五反"运动。这些运动将各级党政干部作为群众斗争的对象，挫伤了干部的工作积极性。这一阶段监察制度有所加强。1959年4月撤销了国家监察部，同时加强了党的监察机构，开始实行派驻监察组制度并扩大了地方各级监察委员会的上诉权限。

"文化大革命"时期反腐败和权力监督受到严重挫折。"文化大革命"是在以"阶级斗争为纲"的"左倾"错误路线指导下为了"反修防修"而由最高领导人直接发动的全国性群众运动。大规模的群众运动使得各级党组织包括党的纪检机构与公检法机构处于瘫痪状态。1969年7月党的中央监察委员会被撤销。党的最高领导人的权力处于不受任何监督制约的状态，法纪荡然无存。一大批领导干部在"文化大革命"的四大民主（大鸣、大放、大字报、大辩论）中被批斗关押受到冲击迫害甚至含冤去世。

三、改革开放以来中国的反腐败和权力监督

1978年十一届三中全会以来，中国进入了改革开放的新的历史时期，出现了从计划经济向市场经济的体制转型和从传统农业社会向现代工业社会和信息社会的社会转型并举的双重转型，中国的反腐败和权力监督也进入了一个全新的历史时期。中国共产党积极探索在现代化、市场化和全球化的新的历史条件下加强权力监督和反腐败的新路，取得了可喜的成就。

改革开放以来中国的反腐败和权力监督工作逐步深入。这一时期中国的反腐败和权力监督又可以划分为三个阶段。

第一个阶段（1978—1989），十一届三中全会到十三届四中全会期间，以邓小平同志为核心的党的第二代领导集体对反腐倡廉和权力监督进行了卓有成效的探索。邓小平同志对"文化大革命"进行了深刻的反思，他认为在腐

败根源方面思想作风固然重要，但制度的作用更带有根本性，提出了党和国家领导制度改革的任务，主张反腐败不搞群众运动，反腐败要靠法制。十一届三中全会到"十二大"期间，在党委和政府恢复正常工作以后，纪委等反腐败的专门机构相继恢复和重建，平反了大量冤假错案，制定和实施《关于党内政治生活的若干准则》。"十二大"到"十三大"期间，从 1983 年开始进行整党工作，争取尽快实现党风好转；积极纠正党内不正之风，严肃查处违纪违法案件；治理党政机关经商办企业问题；恢复组建行政监察机关。"十三大"提出了"从严治党"的方针，积极搞好以廉政建设为重要内容的党风建设。

　　第二个阶段（1989—2002），十三届四中全会以来到"十六大"前，以江泽民同志为核心的党中央领导集体初步探索出一条适合现阶段中国国情的反腐败和权力监督之路。这一时期江泽民提出了治国必先治党、治党务必从严的思想，提出了标本兼治、综合治理、依靠体制改革和制度创新从源头上预防和治理腐败的方针，明确了反腐败三项工作格局。"十四大"到"十五大"期间反腐败和权力监督取得了一系列进展：纪检监察机构合署办公，实现了党政联合监督；确立了领导干部廉洁自律、查处案件、纠正不正之风等反腐败三项工作格局；严肃查办违纪违法案件，惩处了一批腐败分子；建立和落实四项制度，规范党政企业和干部行为，明确了反腐败领导体制和工作机制；重申和建立五项监督措施，进一步开展党内监督工作；制定了《党员领导干部廉洁从政若干准则》。"十五大"到"十六大"期间反腐败和权力监督主要进展包括：抓好制止奢侈浪费规定的落实；实行收支两条线，建立有形建筑市场，军队、武警、政法机关与所办经营性实体脱钩，推进行政审批制度改革，实行招投标制度、政府采购制度，推行干部人事制度改革，推动村务公开、厂务公开和政务公开。

　　第三个阶段（2002 年至今），"十六大"以来以胡锦涛同志为总书记的党中央领导集体继续探索走出了一条中国特色的反腐败和权力监督道路。新的中央领导集体确立了标本兼治、综合治理、惩防并举、注重预防的反腐倡廉方针，作出了建立健全教育、监督、制度并重的惩治和预防腐败体系的战略决策,将反腐败三项工作格局拓展为教育、制度、监督、改革、纠风、惩治六项工作整体推进的工作格局,并提出了"建立决策权、执行权和监督权既相互制约又相互协调的权力结构"和"建立结构合理、配置科学、程序严密、制约有效的权力运行机制"的权力监督制约新思路。"十六大"以来反腐败和权力监督的进展包括:认真做好领导干部廉洁自律工作;认真抓好廉政文化建设;坚决纠正损害群众利益的不正之风;保持查办案件的强劲态势,严肃查处违反党纪的案件;大力开展治理商业贿赂的工作;颁布实施《关于建立健全教育、制度、监督并重的惩治和预防腐败体系实施纲要》和《建立健全惩治和预防腐败体系2008—2012年工作规划》;颁布实施《中国共产党党内监督条例(试行)》等党内法规,进一步加强党内监督;开展巡视工作,中央和省级纪检监察机关派驻机构统一管理工作基本完成;颁布实施《政府信息公开条例》,进一步深化政务公开、厂务公开和村务公开;成立国家预防腐败局,提高腐败预防水平;继续推进行政审批制度改革、财政管理体制改革、干部人事制度改革、司法体制和工作机制改革、投资体制、金融体制改革,进一步从源头上防治腐败。①

改革开放30多年来中国在反腐败和权力监督方面取得的主要成就是初步建立了具有中国特色的现代国家廉政体系。② 后者具体包括确立了党和国家廉政建设的目标体系,建立了廉政大厦的各项机构性支柱,健全了反腐败和廉政建设的部分核心规则,通过廉政文化建设和廉洁教育使廉洁从政的价值体系逐渐为公众和公职人员所认可。

首先,用中国特色社会主义理论体系教育全党,逐步确立了中国国家廉政治体系的三大目标,即科学发展、社会和谐与全面小康。改革开放以来,经过邓小平、江泽民和胡锦涛为代表的党的三代领导集体的理论创新努力,

---

① 以上三个阶段的划分和每个阶段的进展,可参阅本书编委会编:《辉煌历程——党的纪律检查工作三十年》,北京:中国方正出版社2008年版。
② "国家廉政体系"的概念是透明国际代表杰瑞米·波普提出来的,他将国家廉政体系比喻为一座希腊神庙,其目标是促进可持续发展、法治与生活质量,这个大厦要由政权内外相应的各种机构行动者和相关的核心规则来支撑,大厦的地基是依靠教育来培养的不宽容腐败的公众意识和社会价值体系。

中国共产党逐步形成了中国特色社会主义理论体系，确立了科学发展、社会和谐、全面小康的社会主义现代化建设总目标。中国共产党通过将常规的干部教育培训和集中的学习教育实践如"三讲"教育、"三个代表"重要思想学习教育活动、保持共产党员先进性教育和科学发展观学习实践活动等相结合，将全党的思想统一到中国特色社会主义理论上来。科学发展观、和谐社会理论、全面小康目标作为中国特色社会主义理论体系的重要内容逐渐为全党全社会所接受，同时也成为党和国家廉政建设的指导思想和努力方向。促进科学发展、维护社会和谐、实现全面小康成为中国国家廉政体系所要服务的中心目标。

其次，建立了国家廉政体系的各项机构性支柱，明确了各个机构行动者的地位和作用。"文化大革命"结束后，"革委会"这种特殊的政权组织形式撤销，各级党委和各级人民政府恢复正常工作，全国和地方各级人民代表大会、民主党派和全国与地方各级政治协商会议、审计机关、法院、检察院系统也都先后得以恢复。1978年党的十一届三中全会选举产生中央纪律检查委员会，随后各级地方党委也都建立了纪检机构。1987年6月，国家监察部正式成立，随后各地相继组建了县级以上行政监察机关。1993年1月，中央纪委、监察部合署办公，合署后的中央纪委履行党的纪律检查和行政监察两项职能。① 检察院反贪污贿赂局的设立和国家预防腐败局的成立标志着预防和惩治腐败工作的专业化获得了新的动力。改革开放后，以个体工商户、私营企业、外资企业为主的私人经济部门不断成长壮大，并成为社会政治生活中的一支重要力量。以国有企事业单位为主体的公共部门在市场化改革中也成为独立的利益主体并获得了经营自主权。在国家和社会分开的基础上，以民间组织和网络公共领域为主体的公民社会悄然兴起并开始对公共权力的运用和公职人员的言行进行监督制约。新闻媒体在走向市场的商业化改革中其独立性和批判意识不断增强，逐步成为反腐败和权力监督中的一支重要力量。反

---

① 本书编委会编：《辉煌历程——党的纪律检查工作三十年》，北京：中国方正出版社2008年版，第30页。

腐败中的双边和多边国际合作不断取得新的进展。在政权系统内外各个机构性行动者日益活跃情况下，中国共产党明确了反腐败的领导体制和工作机制，这就是党委统一领导、党政齐抓共管、纪委组织协调、部门各负其责、依靠群众支持和参与的反腐败领导体制和工作机制，力图形成反腐败工作的整体合力。这实际上是一种党政领导主导、专业反腐败机构唱主角、相关职能部门分工负责、公民社会等机构行动者参与和协同的反腐败格局。

再次，健全了机构行动者正常运转所需要的部分核心规则。执政党正常运转的核心规则是党内民主和党内监督方面的规则。在发展党内民主方面，基层党组织正在开展"公推直选"的改革实验，《地方党委会议事规则》为党委内部集体讨论民主决策提供了程序保证。《中国共产党党员权利保障条例》为党员依法行使权利和权利救济提供了党内法规依据。《中国共产党党内监督条例（试行）》、《党政领导干部选拔任用工作监督检查办法（试行）》、《关于中共中央纪委、中共中央组织部巡视工作的暂行规定》、《地方党委委员、纪委委员开展党内询问和质询办法》等党内法规为党员和党组织开展党内监督提供了党内法规和程序保证。纪检监察机构是当代中国最重要的党内监督和行政监察机构和专门的反腐败机关。这个机构通过改变产生方式（从党委全会选举产生改为由各级党代会直接选举产生）、实行双重领导体制、对派驻机构实行统一管理、采用巡视方式进行监察等方式保证机构拥有行使职权所需要的独立性和权威性。审计机关在实行双重管理体制强化自身独立性的同时，通过公开发布审计报告而增强了审计监督的效力。反贪污贿赂局和预防职务犯罪机构的成立，促进了检察院系统在惩治和预防腐败方面的专业化水平。《法官法》、《检察官法》的通过促进了司法系统的职业化。《反洗钱法》的颁布实施赋予反洗钱机构追踪调查洗钱行为的权力，对于反腐败意义重大。《行政诉讼法》的颁布实施使法院获得了对具体行政行为的司法审查权。《国家公务员法》的实施提高了公务员系统职业化水平。《各级人民代表大会常务委员会监督法》的颁行为各级人民代表大会常务委员会对政府、法院和检察院的监督提供了法律依据。民主党派和政协的参政议政、民主协商、政治监督职能在中国共产党的支持下也在不断加强。《反不正当竞争法》和《反垄断法》的先后颁行为鼓励私人经济部门开展竞争破除垄断提供了法律框架。《社会团体登记管理条例》、《民办非企业登记管理条例》和《非公募基金会管理条例》等三个行政法规的出台使得对民间组织的管理从定期清理走向依法管理，在一定程度上保证了公民的结社自由。《政府信息公开条例》的实施将政务公开的成果用法律的形式固定了下来，使得媒体和公民获取政府信息监督官员行为有了法律的保障。中国已与 68 个国家和地区签订了 106 项各类司法协助条约并加入了《联合国反腐败公约》，这就使得中国在外逃贪官引渡、资产返还合作、联合侦查等多方面得到国际行动者的合作与配合。

最后，反腐倡廉教育和廉政文化建设提高了公众和公职人员崇尚廉洁反对腐败的意识，为国家廉政体系打下了良好的基础。1978 年至 1992 年，纪检监察机构主要是开展党性党风教育，以此保证执政党的先进性和纯洁性。1992—2002 年这一阶段主要是深入扎实推进反腐倡廉宣传教育工作，将法纪教育与道德教育相结合，有关部门密切配合，形成反腐倡廉宣传教育的合力。2002 年以来的反腐倡廉宣传教育工作被作为反腐败的基础性工作来抓，受到各级党委和政府的高度重视，形成了反腐倡廉大宣教格局，同时深入开展廉政文化建设，努力在全社会形成"以廉为荣、以贪为耻"的道德风尚。①

改革开放以来中国反腐败举措在继承中国古代和建国后反腐败的某些优良做法基础上，又有所突破和创新，形成如下特点：（1）强调各级党政领导干部廉洁自律，以身作则，在为政清廉方面发挥表率作用。"上梁不正下梁歪"的道理在中国深入人心。中国共产党在反腐倡廉建设中强调各级领导干部要加强自身的道德修养，做到自重、自警、自省、自励，严以律己，在廉洁从政方面发挥领导干部的榜样和示范作用。（2）思想道德教育在反腐倡廉建设中发挥着基础性作用。"礼法并用、德主刑辅"的治国理念在中国根深蒂固，道德教化对于治吏尤为首选之策。中国共产党在反腐倡廉建设中同样把

---

① 本书编委会编：《辉煌历程——党的纪律检查工作三十年》，北京：中国方正出版社 2008 年版，第 250—261 页。

思想道德教育放在基础性地位来加以强调。所不同的是，改革开放后集中的、突击性的学习教育运动逐渐为常规性的廉政教育和廉政文化建设所代替，后者无疑更具有针对性。（3）监督成为预防腐败的重要环节得到突出强调。将监察监督权单列出来，单设机构，以监察权来控制行政权，是中国反腐败的一个重要政治传统。改革开放后，中国共产党继承了这一传统，高度强调监督在预防腐败中的作用，不断强化专门监督机关的权能，加强了自上而下的监督问责力度。（4）把预防同改革结合起来，通过体制改革和制度创新从源头上预防腐败，不断完善制度预防体系，成为改革开放后反腐败的一个突出特点。中国共产党人在实践中逐步认识到，预防腐败仅靠思想道德防线是不够的，仅靠自律也是不够的。通过制度建设预防腐败更为有效。强调以改革创新的精神反腐败，把改革和制度纳入反腐败的六项工作中整体加以推进，都是这一特点的集中反映。（5）常规性的依法惩治和突击性的专项治理相结合，成为惩治腐败的一个突出特点。建国后到改革开放前，中国共产党人习惯于采取运动式、突击性的专项斗争方式反腐败。改革开放后，常规性的依法查处案件惩治腐败受到重视，但在某些类型的腐败日益严重受到各界关注后，集中时间、集中力量开展突击性专项治理的方式又会被派上用场。（6）严刑峻法，重典治贪，成为惩治腐败的又一个突出特点。中国在刑罚运用方面自古以来强调"杀一儆百，以儆效尤"的威慑效应和吓阻作用，严刑峻法、重典治吏成为中国古代惩贪肃贿的重要策略。建国后中国共产党的反腐败继续保持严刑峻法、重典治贪的传统。主要依靠刑法，主要依靠剥夺自由刑甚至死刑来惩治腐败分子，在专项整治或严打时期从重从快惩治腐败分子，成为中国反腐败的一个重要特点。

四、改革开放以来中国反腐败和权力监督的进展和不足

改革开放以来中国在加强权力的监督和制约、预防和惩治腐败方面的艰辛探索和不懈努力取得了一定的成效。透明国际发布的清廉指数在一定程度

上反映了中国清廉程度在过去 30 多年中的变化：

图1 透明国际关于中国清廉指数的部分年份数据

年份	1980—1985	1988—1992	1993—1996	1997	1998	1999	2000	2001
清廉指数	5.13	4.73	2.43	2.88	3.5	3.4	3.1	3.5
年份	2002	2003	2004	2005	2006	2007	2008	2009
清廉指数	3.5	3.4	3.4	3.2	3.3	3.5	3.6	3.6

资料来源：透明国际网站，http://www.transparency.org/policy_research/surveys_indices/cpi/2009/cpi。

上述清廉指数的变化说明，在中国走向现代化、市场化和全球化的过程中，清廉程度经历了一个从逐步恶化跌到谷底（2.43 的得分表明中国曾一度进入腐败程度最严重的国家行列）到 90 年代中期出现拐点逐步有所好转的发展趋势。中国国家统计局民意调查结果也显示，中国公众对反腐败成效的满意度 2005 年为 60.5%，2009 年达到 69.2%；公众认为消极腐败现象在不同程度上得到遏制的比例从 2005 年的 75.2% 上升到 2009 年的 82.6%，这在一定程度上说明中国公众对反腐败成效的满意度近些年来有所上升。

但另一方面，反腐败的成效仍不容乐观。上述透明国际的清廉指数也表明，中国的清廉指数从 1998 年以来连续 12 年在 3.1 到 3.6 之间徘徊，这说明中国这 12 年来仍居于世界上腐败程度比较严重的国家行列，清廉程度尚未取得根本好转，腐败现象仍处于高发多发期，腐败和反腐败仍处于战略相持期。零点研究咨询公司对城市公众的一项调查显示，我国城市公众 2001 年对廉政建设和反腐败问题的关注程度在众多社会问题中处于第七位，2005 年为第十一位，2010 年跃居第五位。① 这说明公众对反腐败的成效的提升仍有很大的期待。

---

① 2001—2009 年数据引自零点研究咨询集团《中国居民生活质量调查报告》，2010 年数据来自中国发展基金会委托零点研究咨询集团所作的一项调查"中国公众和在华外国人士眼中的中国国家地位观调查"。

中国反腐败之所以成效有限同现阶段中国国家廉政制度体系存在的严重缺陷有着密切的关系。中国现阶段的国家廉政制度体系的机构性支柱已经全部搭建起来，但由于保证这些机构性支柱有效运转的部分核心规则的缺失或"赤字"，致使国家廉政体系的机构性支柱发展不平衡，出现一些腿长一些腿短的现象，国家廉政大厦的制度支撑不牢固，反腐败的效果大打折扣。在党委、政府、人大、民主党派和政协、纪检监察机关、审计机关、法院、检察院、公务员系统、地方政府、私人经济部门、新闻媒体、公民社会、国际行动者等十三根机构性支柱中，各级党委、政府、纪检监察机关、检察院、审计机关发挥作用所需要的核心规则相对比较完备，他们在反腐败和权力监督中发挥的作用更为突出。人大、民主党派和政协、法院、公务员系统、地方政府等机构性行动者由于选举制度不完善、政治协商制度化程度不高、职业化程度不够、独立性缺乏保障以及资源和授权的匮乏等核心规则的缺乏，这些机构性行动者难以充分地发挥自身在反腐败和权力监督中的作用。私人经济部门面对公共部门在经济生活中的强势和垄断地位，无法展开自由竞争。新闻媒体在舆论监督方面受到许多限制。公民社会组织在双重管理体制下生存和发展十分艰难。这些核心规则的缺失严重限制了这些机构行动者作为社会力量在反腐败和权力监督中作用的发挥。在主要依靠各级党委政府主要领导人及专门的反腐败机构支撑国家廉政大厦的情况下，反腐败和权力监督的效果难免要受到局限。

五、国家廉政制度体系的现代转型、权力监督和反腐败

我国目前国家廉政制度体系既包含了一些现代国家廉政制度体系的内容，又带有传统集权政治体制中廉政制度体系的色彩，具有过渡性和混合型的特征。人民代表大会、民主党派和政治协商机构、市场经济和民营经济部门、新闻媒体包括新媒体、公民社会这些机构性行动者都是现代国家廉政制度体系的重要组成部分，这些机构性行动者在改革开放后成长壮大起来并开始在

约束权力、防治腐败方面发挥一定的作用。但由于政治体制改革中一些核心的、难度较高的内容长期严重滞后，集权政治体制使得现行国家廉政制度体系在监督和制约权力、预防和惩治腐败方面遇到一些难以克服的体制机制性障碍，降低了其有效性。

1. 权力过分集中的党政领导体制使得对各级党政主要领导难以进行有效的监督和制约

邓小平早在1957年就曾对这种权力过分集中的领导体制进行过鞭辟入里的分析。他指出："权力过分集中的现象，就是在加强党的一元化领导的口号下，不适当地、不加分析地把一切权力集中于党委，党委的权力又往往集中于几个书记，特别是第一书记，什么事都要第一书记挂帅、拍板。党的一元化领导，往往因此而变成了个人领导。"1980年邓小平吹响了党和国家领导制度改革的号角，1987年党的"十三大"提出了党政分开的具体方案。党政分开在实践中遇到了巨大的阻力和不小的问题，相关改革被搁置。地方各级党政一把手分别掌握着人事权和财权，副职领导难以对他们进行监督。人大、政协既要接受同级党委领导，又在编制和经费等问题上受制于同级政府，难以进行有效监督。强调一把手负总责的问责体制促使各级各部门一把手将各种权力都集中到自己手中。这样，对一把手的监督成为一个老大难的问题，由此导致一把手腐败愈演愈烈。

2. 将专门监督机关置于监督对象领导之下的管理体制限制了他们监督的效能

我国目前地方各级纪检监察、审计、检察等专门监督机关目前都不约而同地实行双重领导的管理体制。作为党内监督专门机关的各级纪委由同级党代表大会选举产生，却受同样由党代会选举产生并理应受纪委监督的同级党委领导，在人事上缺乏相对于同级党委的独立性，上级纪委的领导只是业务上的领导，这样同级纪委就难以对同级党委特别是主要领导实行监督。行政监察机关和审计机关是负责对行政机关和行政首长进行监察和审计的专门机关，它们本应隶属各级人大但却隶属于行政权序列并向同级行政首长负责，上级监察机关的业务指导关系并没有改变行政机关自己监督自己的弊端。作为法律监督机关的检察机关既要接受同级人大的领导，又要接受同级党委的领导，还要在编制、经费上受制于同级地方政府，上级检察机关的业务指导和人事认可权并没有改变检察机关独立性不足的问题。专门监督机关的现行管理体制使得监督主体从属于监督客体，缺乏应有的独立性和权威性，因而出现对同级党政领导不敢监督、不能监督、不便监督的问题。

3. "议行合一"的权力配置方式使得决策、执行、监督权缺乏既相对分离又相互制约的制衡机制

我国各级党委和人大都实行的是"议行合一"的领导体制，决策权、执行权和监督权集中于同一个机构，缺乏权力的合理分解和相互制约。各级党委常委会通常由来自党务系统、人大、政协、政府的主要领导组成，党委常委会作为领导核心担负着集体决策的功能，集体决策后各位常委分头负责执行，对执行结果的监督也是由党委常委会负责的，党内监督、人大监督、政协监督都是在党委领导下进行的。我国人大实行的也是"议行合一"的领导体制。人大作为法理上的最高权力机关，拥有立法权、人事任免权、重大事项决定权、监督权，既是立法者又是监督者，还拥有自己的执行机关，从制度设计的法理上看它的权力是一种广泛的、无限的、不可挑战的权力。三权合一的权力配置结构，使得对决策失误的外部监督无从进行，对执行权的监督也难以有效开展。将所有的权力都集中于同一个机构和集中于同一个人一样，都是一种缺乏制衡的专断的权力，都会出现权力滥用的可能性。

4. 新闻舆论监督缺乏有效的法律保障

我国目前的新闻管理体制，更多地是强调事前审查而非事后追惩，更多地强调媒体的正面宣传和舆论导向功能而非批评监督的功能，更多地依靠政策性文件、行政性干预和人事任免权而非法治化的管理手段，针对新闻媒体

的禁止性规范多而保护性规范少。由于缺乏"新闻法"和"新闻侵权责任法"等媒体生存和发展所需的基本法律,新闻自由得不到法律的保障,舆论监督的正当权利得不到法律的保护。这样舆论监督发挥的效力主要取决于各级领导人是否支持舆论监督和支持的力度有多大,网络监督的效力也主要取决于各级领导干部和专门监督机关是否给予关注和回应。

5. 民主法治建设的低水平限制了选举问责和分权制衡机制的成长空间

在中国这样一个有着 2000 多年封建专制主义历史并背负着学自苏联的权力高度集中的政治体制包袱的国家,民主和法治建设必然是一个长期的过程。虽然改革开放后在民主和法治建设方面进行了长达 30 余年的努力,但我国民主和法治的实现程度仍然处于较低的水平。自由的、竞争性的直接选举制是民主政治的基石。但迄今为止,除了人大代表的直选上升到县(市、区)一级外,各级党政领导的直选仍然停留在村一级。差额选举目前仍然局限于党政副职领导,而且带有陪选的性质,缺乏必要的竞争性和自由选择的余地。自上而下的任命制仍然是权力授予的主渠道,自上而下的监督问责仍然是最强有力的问责手段。各级人大的监督权由于代表人数过多、非专职化、会期过短等众多因素而难以行使。立法权、司法权和行政权之间缺乏相互制约的关系。司法地方化、行政化妨碍着公正司法。法律法规的司法审查或违宪审查制度尚不存在。对执政党的外部监督严重不足。目前阶段民主和法治建设上存在的这些严重不足限制了选举问责和分权制衡机制的成长空间。

现代国家廉政制度体系是体现纵向的公民选举问责和横向的分权制衡问责原则的一系列机构和规则的总称。建构现代国家廉政制度体系是有效预防和惩治腐败、提高权力监督和制约效能的必由之路。我国目前的国家廉政制度体系主要依靠各级党委和政府自上而下的监督问责、专门监督机关的监察监督来实现权力监督、来预防和惩治腐败。这种带有传统集权政治体制自我监督特征的廉政制度体系在监督制约各级党政主要领导方面由于信息不对称和"保护伞"的存在而遇到了难以突破的瓶颈和困境，专门监督机关也出现了机构和权力膨胀与谁来监督监督者的问题。深化政治体制改革，实现我国目前的国家廉政制度体系的现代转型，成为反腐败和权力监督走出困境的当务之急。

通过深化政治体制改革，完善纵向和横向的权力问责机制，解决权力监督制约的闭合性问题，是建构现代国家廉政制度体系的核心内容。

只要还存在着不受监督和制约的权力，腐败就会变成政治之癌，并最终导致政权的败亡。因此，解决权力监督制约的闭合性问题，乃是有效预防和惩治腐败的关键环节。

通过定期举行的自由的、竞争性的选举，公民可以用和平的、理性的手段将腐败的或滥用权力的领导人赶下台，从而建立起社会对国家的强有力的纵向问责机制，促使国家及其领导人真正向公民负责。这种选举问责是其他任何问责手段都无法替代的。为此需要积极推进选举民主，实现从选拔政治向选举政治、从间接选举向直接选举的过渡。

政权机关内部实行分权制衡，实现各种权力的彼此分离和相互制约，是防止一权独大不受制约从而被滥用的有效途径。中国共产党第十七次代表大会报告提出"要建立健全决策权、执行权、监督权既相互制约又相互协调的权力结构和运行机制"，从而为建立中国特色的分权制衡机制指明了方向。各级党委、政府、人大、民主党派和政协可以在人事和政策的提议权、参议权、审议权、执行权、评议权、审查权、调整权等方面进行合理的划分并明确各自的职责，使各种权力之间既相互依赖又相互牵制。各级党委作为决策者享有人事和政策提议权，以及政策和人事调整权。这种人事和政策的提议权和调整权，保证了各级党委作为决策者和协调者的领导地位。作为对决策权的一种制衡，民主党派和政协应享有对党委决策的参与权和发言权，人大应享有对党委通过政府提交人大的政策和法案的审议否决权。这对于保证决策的正确性和防止决策权的滥用必不可少。政府享有政策执行权，是行使公共权力的重要主体。作为对执行权的一种制衡，民主党派和政协应享有对政策执行情况的评议权，评议结果应当作为党委进行政策修正和人事调整的重要参考。人大则应享有对政策和预算的审查监督权，同时为了提高审查监督权的专业性和效力，有必要将行政监察机关和审计机关划归人大，使行政监察机关在人大领导下受理民众信访投诉并调查处理不良行政行为，使审计机关代表人大对行政机关和其他公共权力机关进行独立的审计并直接向人大报告审计结果。上述分权制衡机制的运行流程见图2。分权制衡机制有效运转和发挥作用后，在权力监督制约方面对专门监督机关的依赖将会大大减少，同时在反腐败方面不断强化专门监督机关权能的必要性也将会大大减少。

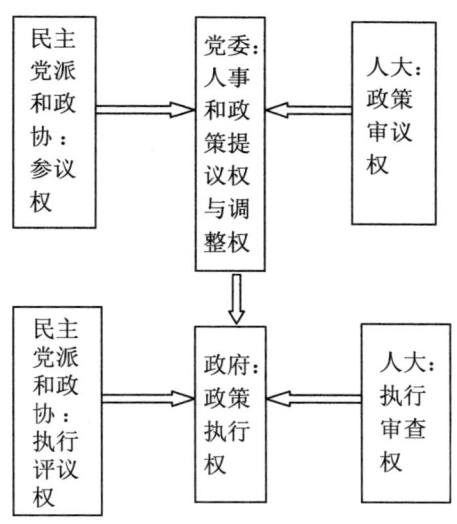

图2 决策权、执行权、监督权分权制衡机制流程图
资料来源：笔者自己制作。

总之，改革开放以来，我国在建构现代国家廉政制度体系方面取得了长足的进展，现行的国家廉政制度体系在监督和制约权力、预防和惩治腐败方面发挥了一定的作用，我国在反腐败方面取得了一定的成效。但由于集权政治体制的影响，我国目前的国家廉政制度体系作用的发挥受到很大限制，反腐败的功效还较为有限。深化政治体制改革，克服现行国家廉政制度体系发挥功效的体制机制性障碍，完善纵向的公民选举问责和横向的分权制衡机制，应当成为我国下一步反腐败和权力监督的努力方向。

（该长文曾拆分成两篇文章发表，即：《中国目前廉政制度体系总体状况及其有效性评估》，载《学习与实践》，2009年第5期；《建构现代国家廉政制度体系：中国的反腐败与权力监督》，载《广州大学学报》（社会科学版），2011年第10卷第1期）

比较视野中的当代中国行政监察

当代中国行政监察机关恢复重建至今已经25年。1982年宪法规定，国务院领导监察工作，为行政监察制度的恢复和发展奠定了法律基础。1987年7月1日，监察部正式对外挂牌办公。到1988年底，各地基本完成了县以上各级监察机关的组建工作。随后各级监察机构陆续完成了在政府各职能部门和大中型企业设立派驻监察机构的工作。1993年，中纪委和监察部合署办公，建立了党政监督合一的新体制。1996年1月，中纪委明确了反腐败的领导体制和工作机制，监察部门在党委统一领导、党政齐抓共管、纪委组织协调的领导体制下履行自身的职责。1997年5月，《行政监察法》颁布施行，为行政监察工作提供了法律依据。行政监察机关恢复组建25年来在认真履行执法监察、效能监察和廉政监察等三大行政监察职能的同时，积极参与党风廉政建设和反腐败斗争，工作卓有成效。中国的行政监察机关已经成为国际社会反腐败和行政监察机构中的重要一员。

从我国古代和国际社会行政监察机构设置模式及其核心制度安排的比较视野中考察我国当代行政监察制度的特

点、优势和不足，对于进一步改革和完善我国的行政监察制度有着重大的现实意义。

行政监察实际上是"监察行政"，是授权主体对受托行使行政权的行政机关及其工作人员的监视、督促和纠察。行政监察的功用有二：一是保护民众权益防范政府及其官员的不良和不当行政行为，发挥"保民官"、"护民官"的作用；二是确保授权主体对行政权和行政机关的驾驭和控制以使后者按照授权主体的意图忠实地、高效地履行职责。在人类政治制度史上，不同的授权主体曾赋予行政监察制度以不同的地位和功用。

我国古代君主专制体制下曾发展起高度发达的行政监察制度。我国古代行政监察制度形成于秦汉时期，在唐代趋于成熟和完备，到了明清时期监察权恶性膨胀走上了畸形发展的道路。我国古代行政监察制度呈现出以下特点：一是监察权和监察机关逐渐独立于以相权为代表的行政权和政府行政系统，成为作为授权主体的君权监督和控制行政系统和文武百官的得力工具；二是监察职权范围和监察对象不断扩大，从中央政府各部到各级地方政府，从行政到司法到军队，无不处于严密的监察网络之下；三是监察法规不断完善，监察程序日益完备，监察的方式日益丰富多样；四是监察官员选拔任用考核制度不断规范化系统化，同时逐步形成一种倡导监察官"清谨、介直"的职业伦理文化。唐朝时曾形成言谏系统，对君主的决策权实行劝谏这样的"软性"监督；同时也曾实行封驳制度，通过对诏令的封驳实现君权之下的决策权、执行权和监督权的相互分离与制约。但明清以降，历代君主为了实现权力向自身的高度集中而不断扩展监察权和监察机关以监控百官，导致行政监察制度走上了畸形发展的道路。在君主的支持下，监察权逐渐凌驾于行政权之上而且在地方层面出现了侵夺甚至代行行政权的倾向；监察机构叠床架屋，冗员泛滥，治官之官多于任事之官，行政官员谨小慎微，效率低下；监察机关伸张民怨惩恶扬善功能日益萎缩，监控百官构陷同僚的作用则发挥到极致。

近代资产阶级民主革命以来，"君权神授"学说为"主权在民"学说所取代，在现代民主政治制度下行政监察制度的地位和作用发生了重大的变化。

按照人民主权理论，人民及其选举产生的代议机关成为首要的授权主体，民选的行政首长也成为重要的授权主体。在民主政治中，行政监察机关成为人民及民选代表、民选官员这些全新的授权主体用来监督纠察受托行使权力的行政机关和维护人民权益的专门机关。行政监察机关的首要功能变为，受理人民的信访申诉投诉，纠正不良、不当的行政行为，防范公共权力的滥用，维护人民的正当权益，促进依法行政、合理行政。"保民"、"护民"成为其首要职责。确保作为授权主体的人民及其民选代表对行政机关和行政官员的驾驭和控制以促使行政机关按照人民的意愿履行职责成为其第二项重要职责。

在民主政治制度这个大框架下，现代行政监察机关设置模式呈现出了多样化的色彩。有的国家在政府内部设置行政监察机构，有的国家在议会设立行政监察机构，还有的国家设立号称与立法权、行政权、司法权平行的"第四种权力"的行政监察机构。

在政府（即行政机关）内部设置专门的行政监察机构是世界上许多国家的普遍做法。美国、日本、埃及、俄罗斯等不少国家都在政府内部设立了专门的监察机构。在议会设立行政监察专员制度是当今世界日益通行的做法。到目前为止，世界上已经有近70个国家设立了国家级或州、省级行政监察专员机构。"行政监察专员"一词源于瑞典词汇"Ombudsman"，意指一个代表他人或保护他人利益的人。按照国际监察专员协会的定义，行政监察专员（Ombudsman）是由宪法规定的独立监督行政权力的运行并且不受任何党派政治影响的公共官员。监察专员负责公众对政府部门违法行政和不当行政的申诉，享有调查、报告以及对个案处理和行政程序规范的建议权，他（她）通常由议会或政府首脑任命并直接向这些机构汇报工作。议会行政监察专员担负着公民和政府机关之间"冲突调解人"的角色，发挥着"人民卫士"的作用。有的国家则设立了独立于立法机关、行政机关和司法机关的行政监察机构，监察权成为立法权、行政权和司法权之外的"第四种权力"。

尽管世界各国行政监察机构设置模式多种多样，但有一些带有共性的特点和趋势值得高度重视。

首先，在政府外部设立独立的行政监察机构已经成为世界上许多国家的一个普遍做法。议会行政监察专员制度正在为越来越多的国家所采用。即使在那些没有设立议会行政监察专员制度的国家如美国和以色列等国家，也通过扩张议会审计机关的权能实行绩效审计，来达到监察行政机关的目的。在政府外部设立行政监察机构，保证行政监察机构相对于作为其监察对象的行政机关的独立性，成为保障行政监察机构独立、客观、公正地履行其职责的首要条件。

其次，政府内部的行政监察机构的职责日益集中于财务审计、财产申报审核、利益冲突的防范等方面。政府外部的行政监察机构的职责主要是受理公民的信访、投诉、申诉，预防和纠正不良和不当行政行为，保障公民权益。而政府内部的行政监察机构则将自身的监察重点转向审计政府各部门资金使用和支出情况，审查公务员财产申报情况、处理利益冲突、为公务员防范利益冲突提供法律和道德建议等。即使政府内部的行政监察机构在人事任免和经费预算上也享有高度的独立性，能够依法独立地对监察对象进行监察和审计。

最后，行政监察机构核心制度的设计和运作的根本目标是保证行政监察机构独立、客观、公正、专业地履行法定职责。以议会行政监察专员为例，它归属于议会，彻底摆脱了对作为其监察对象的政府行政机构的依附关系，同时它对议会也保持着一定的独立性。议会不干涉监察专员的具体工作。监察专员署的经费、工作人员的薪酬完全由议会拨付。监察专员往往由资深律师或法官担任，享受着与高等法院法官相同的任期保障和待遇保障。监察专员内部根据不同的专业领域进行分工，同时每个监察专员都配有专门的法律事务助理。这些都保证了议会行政监察专员工作的独立、客观、公正和专业。美国政府各部门派驻的监察长及其办公室也享有相当大的独立性。各部委的监察长由总统直接任命，只有总统有权撤换之而且还需要向参、众两院说明理由。监察长有权聘用或解雇其办公室职员，其工作经费直接由国会拨付。这些都有力地保障了监察长完全不受派驻部门干扰独立地开展工作。

与其他国家的行政监察制度相比,当代中国的行政监察制度具有自身的特点和优势。

我国当前的行政监察制度具有如下特点:行政监察实行各级党委统一领导、党政主要领导人齐抓共管、纪委协调领导的领导体制;实行纪委和监察机构合署办公的党政监督合一的组织体制;地方监察机关实行由本级人民政府和上级监察机关双重领导的管理体制;监察机构设在政府内部,属于政府内部监察机构;执法监察、效能监察和廉政监察等行政监察工作只构成其工作的一个组成部分,合署后的监察机关与纪委一道在党风廉政建设和反腐败工作中履行着更加广泛的职责。我国行政监察体制的上述特点使它具有自身的优势。

这种体制的优势体现在三个方面:一是行政监察工作围绕党和政府的中心工作,服务于党和国家建设的大局,保证了党和国家的各项大政方针的贯彻执行,保障了改革开放和社会主义现代化建设事业的健康发展;二是依靠党委的统一领导和纪检监察机关的合力,协调一致地开展工作,有力地推动党风廉政建设和反腐败斗争不断走向深入;三是通过创造性地开展纪检监察工作,纯洁了党和政府的组织和干部队伍,促进了廉政勤政,为党和政府赢得党心和民心作出了重要贡献。

从比较的视野来看,我国现行的行政监察体制也存在着一些不足和问题。由于党内民主和人民民主建设仍需进一步推进,现代行政监察体制奠基于其上的民主政治的制度基础需要进一步夯实。由于作为授权主体的各级人大只有信访机构而缺乏类似人大行政监察专员这样的机构和专门的审计机关,人大在受理公民信访投诉申诉、纠正不良和不当行政行为方面的监察行政的功能无法得到充分发挥。政府内部信访、监察和审计三个行政监察机构分设,功能分割,受理公民信访投诉申诉展开调查、财产申报审查、利益冲突防范、道德和法律顾问等重要功能缺乏权威性的组织机构来承担,从而影响了腐败预防工作的有效开展。现行的合署办公和双重领导体制严重制约了监察机关应有的独立性和权威性，不利于监察机关独立、客观、公正、专业地履行其法定职责。这些问题和不足同时也预示了下一步行政监察体制改革的努力方向。

（原文刊载于《中国监察》，2012年第13期）

国际社会反腐败的新进展：
以《联合国反腐败公约》
及其实施评估为视角[*]

20世纪90年代以来，随着经济全球化进程的日益加快，腐败犯罪也日益呈现出跨国化乃至全球化的态势。贪官外逃不断增多，腐败犯罪资产跨国流动越来越频繁，国际商业往来中的腐败犯罪案件高发多发。据世界银行初步估计，全世界每年约有2万亿美元涉及腐败的资金进行跨国流动，相当于全球33万亿美元生产总值的6%。[①] 2001年中国最高人民检察院追逃会上公布的数据显示，截至当时我国有4000多名贪官外逃，涉案金额50多亿美元。[②] 腐败犯

---

[*] 这是笔者2010年承担的湖南省廉政研究基地湖南大学廉政研究中心资助项目"国际社会反腐败的新进展"课题的最终成果。2011年7月，笔者应联合国开发计划署驻越南代表处的邀请作为本地区的国际专家，参与了对越南履行《联合国反腐败公约》实施情况的桌面审议，并前往越南河内参加了对越南提交的综合自我评估报告的首次审议工作会议。这次履约审议工作经历为本项研究提供了便利条件。笔者愿意借此机会向湖南大学廉政研究中心袁柏顺教授和联合国驻越南代表处项目官员Marc Schanck先生表示衷心的感谢，感谢他们为这项研究所提供的帮助。

[①] 引自张业遂：《让腐败分子无处藏身——解读联合国反腐败公约》，载《求是》，2004年第8期，第58页。

[②] 孙亚菲、刘鉴强：《中国外逃贪官的绞索》，载《南方周末》，2003年9月26日。

罪日益成为一种跨国犯罪和国际犯罪的新特点，说明单靠任何一个国家的力量都难以有效地遏止腐败犯罪，反腐败需要区域性乃至全球性合作的集体行动。

适应腐败犯罪的新特点，20世纪90年代以来反腐败的区域合作日益活跃。一些区域和国际组织在促进预防和惩治腐败的国际合作方面进行了卓有成效的努力。1996年美洲国家组织通过了《美洲反腐败公约》。1997年欧洲联盟理事会通过了《打击涉及欧洲共同体官员或欧洲联盟成员国官员的腐败行为公约》。1999年欧洲委员会部长委员会先后通过了欧盟《反腐败刑法公约》和《反腐败民法公约》。2001年亚洲开发银行等国际组织发起了《亚洲和太平洋地区反腐败行动计划》。2003年7月非洲联盟通过了《非洲联盟预防和打击腐败公约》。这些区域性反腐败"公约"促进了反腐败的区域性合作，为在全球范围内开展反腐败合作作出了良好的示范。

20世纪90年代以来，联合国大会在预防和打击已经日益国际化的腐败犯罪方面先后通过了一系列决议和宣言。① 但这些决议和宣言对各国开展预防和惩治腐败的国际合作缺乏法律约束力，因而作用有限。而上述区域性反腐败公约虽然具有法律约束力，但其效力仅限于本区域的范围内。制定全球性反腐败公约的呼声日益高涨。2000年联合国大会在通过《联合国打击跨国有组织犯罪公约》并将腐败犯罪列入跨国犯罪之列予以打击的同时，开始启动"联合国反腐败公约"制定过程。2003年10月31日，联合国大会第58届会议正式通过了《联合国反腐败公约》（以下简称《公约》）。正如时任联大秘书长科菲·安南在《公约》通过时所指出的那样，"新公约是一项卓越的成就"，具有里程碑意义，它为各国加强自身预防和惩治腐败的法律、机构与规章制度提出了一整套全面的标准、措施和政策，它为预防和惩治腐败的国际

---

① 20世纪90年代以来联合国通过的反腐败的决议和宣言包括：1990年通过的《反贪污实际措施》；1996年通过的《公职人员国际行为准则》和《反对国际商业交易中的贪污和贿赂宣言》；1998年通过的《关于国际合作打击国际商业往来中贪污贿赂行为的决议》等。

合作提供了一个有效行动的新的法律框架。① 作为一项全球性的反腐败法律文书，它的实际效力依赖于世界各国接受该《公约》并给予充分实施。《公约》已经于 2005 年 12 月 14 日正式生效。截止到 2011 年 5 月 1 日，《公约》签署国有 140 个，缔约方有 154 个。② 截止到 2009 年 6 月 8 日，136 个缔约国中有 72 国就本国的《公约》执行情况提交了自我评估报告，答复率为 53%。有 6 个签署国也报告了本国的执行工作。③《公约》充分吸收了国际社会在预防和惩治腐败方面先进的做法和经验并将其上升为对各国国内法律建设和制度建设具有约束力的政策和法律要求，同时充分汲取了区域性反腐败公约和联合国以往反腐败政策文件的精华为开展反腐败国际合作提供了国际法的法律依据。《公约》本身代表了国际社会反腐败的新趋势和新成果。《公约》实施评估反映了缔约国在履行《公约》方面的实际进展和面临的问题。笔者将以《联合国反腐败》及其实施评估为视角分析国际社会进入 21 世纪以来反腐败所取得新进展。

一、实施综合性的腐败预防战略

正如《联合国反腐败公约》谈判通过后发表的各国共识所指出的那样，"腐败诚然可以在事发之后给予起诉，但首先要做的和最为重要的是，腐败需要加以预防。《公约》有整整一章专门论述预防措施，内容包括公共部门和私营部门在内"④。《公约》不仅延续了 20 世纪 90 年代以来国际社会在腐败问题

---

① 《联合国反腐败公约》"前言"，见联合国毒品和犯罪问题办事处网站：http://www.unodc.org/unodc/en/treaties/CAC/index.html。
② "《联合国反腐败公约》截止到 5 月 1 日的签署和批准情况"，见联合国毒品和犯罪问题办事处网站：http://www.unodc.org/unodc/en/treaties/CAC/signatories.html。
③ 参见《联合国反腐败公约》缔约国会议技术援助问题不限成员名额政府间工作组"缔约国会议技术援助任务授权的执行情况"秘书处编写的背景文件：《遵守〈联合国反腐败公约〉的情况和执行〈公约〉所需的技术援助》(CACcosp/WG. 3/2009/2)，见联合国毒品和犯罪问题办事处网站：http://www.unodc.org/unodc/en/treaties/CAC/working-group3.html。
④ Consensus Reached On UN Convention Against Corruption，见联合国毒品和犯罪问题办公室网站：http://www.unodc.org/unodc/en/treaties/CAC/convention-highlights.html。

上"防病胜于治病"所形成的共识,而且在预防腐败的理念和措施上都有了新的发展。

首先,《公约》推动各缔约国将治理和善治的理念贯穿于预防性反腐败的全部措施之中。《公约》声明"提倡廉正、问责制和公共事务和公共财产的妥善管理"① 是自己的一项基本宗旨。《公约》"预防措施"一章开宗明义要求各缔约国在制定和执行预防性反腐败政策和做法中,应当坚持社会参与、法治、妥善管理公共事务和公共财产、廉正、透明度和问责制等原则。② 这些基本原则正是20世纪90年代以来在国际社会流行起来的善治理论所倡导的基本价值理念。《公约》实际上是把善治的基本理念③应用到腐败的预防之中,从而明确了腐败预防的方向是推动公共部门和私人部门的治理改革,推动政府尽责、社会参与、多方合作以共同预防和打击腐败,从而提高腐败防治的成效。这对于各国更加有效地预防腐败无疑具有指导性。

其次,《公约》提出了一个综合性的腐败预防战略和相应的腐败预防机制框架。《公约》缔约各方"确信需要为有效地预防和打击腐败采取综合性的、多学科的办法"④。为此公约提出了一个综合性的预防腐败战略和相应的腐败预防机制框架。这一综合性的腐败预防机制框架涉及制度、机构、政策、行为守则、教育等多个层面,以及公共部门和私营部门等众多的行为者。具体来说,综合性的腐败预防机制包括:反腐败的法律政策的定期评估机制;促进透明度和防止利益冲突的机制;财产申报和国外资产报告制度;保障透明度和竞争的公共采购制度;促进公共财政透明度和问责制的制度;提高公共行政部门组织结构、运作和决策过程透明度的公告制度;制定公职人员包括法官行为守则;加强私营企业会计、审计标准和内部审计制度;大额现金和

---

① 《联合国反腐败公约》第一章"总则"第一条第三款。
② 《联合国反腐败公约》第二章"预防措施"第五条。
③ 对治理和善治理论感兴趣的读者,可参阅俞可平主编:《治理与善治》,北京:社会科学文献出版社2000年版。该书主编在选译西方学者有关治理和善治的代表性成果基础上提出了自己对治理和善治的观点。
④ 《联合国反腐败公约》"序言"。

有关流通票据跨境转移的监测跟踪机制等。①

第三,《公约》强调加强预防和打击腐败的专职机构建设的重要性,致力于提高腐败预防的专业化水平。《公约》第六条专门对预防性反腐败机构的建设提出了要求。它要求各缔约国确保有一个或多个专职机构预防腐败,其职责在于制定和执行有效而协调的反腐败政策、制定和促进预防腐败的各种有效做法、定期评估有关的法律和行政措施能否有效地预防和打击腐败、对反腐败政策的实施进行监督和协调,并积累和传播预防腐败的知识。《公约》还要求各缔约国赋予预防性反腐败机构以必要的独立性,并提供必要的物资和专职工作人员,以及对这些人员进行必要的培训等。《公约》要求各缔约国考虑建立预防洗钱的金融情报机构,以履行收集、分析和传递关于潜在洗钱活动的信息的职责。

第四,《公约》高度重视防止涉及私营部门的腐败,并为此提出了一系列措施。这些措施包括:加强私营部门的会计和审计标准,并酌情对不遵守措施的行为规定有效、适度而且具有警戒性的民事、行政或者刑事处罚;促进私营企业制定商业伦理行为准则;增进私营企业透明度;防止滥用对私营企业的管理程序包括补贴和许可证的程序;对原公职人员辞职或者退休后在私营部门任职进行适当的限制;确保私营企业实行充分的内部审计控制;拒绝对企业的贿赂开支实行税款扣减等(《公约》第十二条)。

第五,《公约》倡导预防腐败中的社会参与,鼓励非国家行为者参与反腐败。国际社会已经意识到,预防腐败不仅是政府的责任,也需要公共部门以外的个人和团体如公民社会、非政府组织和社区性组织参与其中并发挥应有的作用。《公约》要求各缔约国为推动腐败预防中的社会参与采取如下措施:提高决策过程的透明度,使公众在决策过程中发挥作用;确保公众有获得信息的有效渠道;开展有助于不容忍腐败的公众宣传和公共教育,提高公众对

---

① 陈雷对联合国腐败犯罪预防机制内容进行了很好的概括。感兴趣的读者,可参阅陈雷:《论国际腐败犯罪的预防措施及我国预防腐败犯罪的对策——兼论〈联合国反腐败公约〉对健全完善我国预防法律机制的影响》,载《犯罪研究》,2005 年第 3 期,第 9—18、35 页。

腐败的存在、根源、严重性及其所构成的威胁的认识；尊重、促进和保护有关腐败的信息的查找、接收、公布和传播的自由；确保公众知悉有关的反腐败机构并为举报腐败犯罪提供畅通的举报途径（《公约》第十三条）。

从 2009 年的《公约》实施评估来看，《公约》预防措施的实施取得了良好的进展。截至 2009 年 6 月 8 日，提交报告的缔约国有 70% 已经执行了公约第三章的所有条款，有 14% 报告部分遵守了这些条款。提交报告的缔约国有 14% 未提供信息，有 2% 未遵守第三章。但具体到各条的实施进展并不一样。表 1 反映了一些具体条款的实施进展。

表 1 2009 年报告的公约第三章预防措施条款实施情况　　　（%）

	完全执行	部分执行	未执行	未提供信息
预防性反腐败政策和做法（第五条）	74	24	1	1
预防性反腐败机构（第六条）	69	27	1	3
公共采购和公共财政管理（第九条）	76	12	3	9

说明：本表由笔者根据联合国毒品和犯罪问题办公室提供的一些数据制作。

上表数据显示，预防性反腐败机构条款的执行情况比其他两个条款的执行情况要差一些。从动态的过程来看，对这三条的具体执行情况变化趋势很不相同。在 2007 年 11 月 30 日到 2009 年 6 月 8 日期间，表示完全执行预防性反腐败政策和做法的第五条的缔约国比例从 78% 下降到 74%，呈现出下降趋势。而同期记录显示，在要求有至少一个预防性反腐败机构的第六条的执行情况方面，遵守率则有所提高，完全执行该条的缔约国比例从 2007 年的 60% 提高到 2007 年的 69%，而报告部分执行的缔约国比例则从 40% 降至 27%。同期记录也显示，报告完全遵守公共采购和公共财政管理的第九条的缔约国比例显著提高，从 2007 年的 56% 升至 2009 年的 76%。[①] 有关缔约国在提交

[①] 以上实施评估部分所有数据均来自联合国毒品和犯罪问题办公室背景文件《遵守〈联合国反腐败《公约》〉的情况和执行〈公约〉所需的技术援助》（CACcosp/WG. 3/2009/2）。

的自我评估报告中，也报告了本国在执行《公约》第三章"预防措施"中一些良好的做法和实践①，这些预防腐败的良好做法和举措对于其他国家也具有借鉴意义。

二、规范腐败行为的刑事定罪和执法机制

《公约》作为首部独立的、全面的全球性反腐败法律文书，在规范腐败行为的定罪和执法机制方面取得了重要的成就：

首先，《公约》在国际法层面上正式将腐败及其后续行为正式确定为刑事犯罪，建立了较为完备的腐败及其附随性犯罪的罪名体系。腐败问题曾经长期被认为是一个国家的内部问题，在国际场合谈论他国腐败问题和由国际组织讨论腐败问题难免有冒犯他国乃至干预他国内政之虞。因此，腐败一词曾经是一个高度敏感的字眼，国际组织和国际场合人们曾刻意回避腐败问题。"当时，在正式场合几乎不说腐败这个字眼"②。联合国在20世纪70年代曾起草过一个在国际商务中禁止酬付的国际公约的草案，但却因各成员国看法不一而流产。③ 此后，人们逐渐认识到，腐败问题不仅是一个国内问题，更是一个国际公害，影响到所有的社会，反腐败仅靠各国自身的努力是不够的。经过有关各方多年不懈的努力，反腐败逐渐纳入了区域乃至全球政策议程。《公约》在国际法层面上将当前普遍流行的各种腐败形式入罪化正式确定为刑事

---

① 感兴趣的读者可参阅《联合国反腐败公约》缔约国会议秘书处编写的两份关于预防腐败的良好做法和举措的背景文件，这两份背景文件对会员国报告的预防腐败良好做法以及联合国和其他国际组织的相关举措进行了概要性介绍。这两份背景文件是：《预防腐败的良好做法和举措：提高认识政策和做法，特别是关于〈联合国反腐败公约〉第5、7、12和13条》（CACcosp/WG. 4/2011/2）和《在预防腐败方面的良好做法和举措：公共部门与预防腐败：行为守则（《公约》第八条）和公共报告（《公约》第十条）》（CACcosp/WG. 4/2011/3），见联合国毒品和犯罪问题办公室网站：http://www.unodc.org/unodc/en/treaties/CAC/working-group4.html。
② 参见《联合国反腐败公约》"前言"。
③ 储槐植、郭明跃：《〈联合国反腐败公约〉与中国反腐败国际合作研究》，载《刑法论丛》，2007年第11卷，第476页。

犯罪，建立了有11种腐败及其附随性犯罪构成的罪名体系①，是国际社会合作打击腐败犯罪的重要法律成果。

其次，《公约》将贿赂外国公职人员或者国际公共组织官员的行为确定为刑事犯罪，反映了打击国际商务活动中的贿赂行为或海外腐败行为的国际共识的最终形成。跨国公司在国际商业往来中使用贿赂手段展开竞争赢得市场，曾经长期是国际商业竞争中的一种潜规则或者说是公开的秘密。20世纪70年代初，美国洛克希德-马丁公司为使自己生产的军用飞机进入日本市场，曾用巨款贿赂包括田中角荣首相在内的日本政要。丑闻爆发后，日本首相田中角荣锒铛入狱，美国跨国公司的公众形象和美国的国际形象受到严重伤害。为扭转美国的国际形象，1977年美国国会通过了《反海外腐败行为法》，率先打击国际商务活动中的贿赂行为。20世纪90年代以来，越来越多的国家开始认识到，国际商业往来中的贿赂行为损害跨国公司及其母国的国际形象，破坏投资国政权的政治合法性，危害国际商业交易正常秩序，需要采取行动遏止这种行为。1997年，经济合作与发展组织通过了《禁止在国际商业交易中贿赂外国公职人员公约》，1998年联合国通过了《关于国际合作打击国际商业往来中贪污贿赂行为的决议》。2003年通过的《联合国反腐败公约》更是把贿赂外国公职人员或者国际公共组织官员的行为正式确定为刑事犯罪并要求各国立法加以惩处，这反映出国际社会通过国际合作和使用刑法手段打击国际商业交易中腐败行为的全球共识的最终形成。

第三，《公约》将私营部门内的贿赂和私营部门内的侵吞财产确定为腐败刑事犯罪，说明国际社会关于腐败犯罪主体及范围的概念已经从公共部门及公职人员扩大到私营部门及相关人员。长期以来，国际社会关于腐败行为主体的概念主要限于掌握公共权力的公职人员及其所在的公共部门。《公约》将从事商业、金融或商业活动的私营部门及其工作人员的腐败行为纳入定罪和

---

① 根据《联合国反腐败公约》，腐败及其附随性犯罪的11种罪名是：贿赂本国公职人员；贿赂外国公职人员或者国际公共组织官员；公职人员贪污、挪用或者以其他类似方式侵犯财产；影响力交易；滥用职权；资产非法增加；私营部门内的贿赂；私营部门内的侵吞财产；对犯罪所得的洗钱行为；窝赃；妨害司法。

制裁的范畴，反映出当前国际社会反腐败的一个重要趋势，这就是越来越看重行为是否侵犯了受托担任职务的廉洁性，行为主体是否具有公职身份渐居次要地位。① 由此导致的一个结果是，腐败行为的主体和范围逐步从滥用公共权力谋取私利的公职人员扩大到滥用受委托的权力谋取私利的各类代理者，腐败的范围也从公共部门扩大到私营部门乃至第三部门。

第四，《公约》对腐败犯罪的主体、范围、构成要件等做了科学合理的规定，对有关缔约国完善本国腐败犯罪相关立法具有指导性。《公约》根据腐败犯罪新的动向并充分吸收了有关国家腐败犯罪立法的优秀成果，对腐败犯罪的主体、范围和构成要件进行了科学的界定。《公约》将腐败犯罪的主体从本国公职人员扩大到外国公职人员及国际公共组织官员，同时将私营部门内的人员及法人也纳入腐败犯罪的主体范畴。《公约》将贿赂犯罪中的贿赂界定为"不正当好处"，包括了一切能满足公职人员需要的有形或无形、财产性或非财产性的不正当好处。《公约》将贿赂犯罪的本质界定为公职人员行为与不正当好处之间的对价性和因果性，而不以为对方谋取利益为构成要件。同时将贿赂行为方式扩大到包括许诺给予、提议给予和实际给予三种情形。这些规定简明扼要，内在逻辑性强，具有科学性和普遍适应性。② 《公约》为各国进一步规范自身关于腐败犯罪的相关立法具有指导作用，有助于各国完善廉政法治，编织更加严密的刑事法网，杜塞新形势下可能产生的各种法律漏洞。

最后，《公约》根据腐败犯罪的特点设计了一套有针对性的执法与司法机制。腐败犯罪是一种谋利性经济犯罪，腐败犯罪的证据难以取得，腐败犯罪的后果具有多重性，腐败犯罪的发现和定罪所需时间较长，腐败犯罪分子及其犯罪所得易于转移。《公约》在吸收有关国家反腐败法律和区域性反腐败公约成果基础上，针对上述腐败犯罪的特点，设计了一套有针对性的执法和司法机制。这些机制包括：实行双重罚原则，既追究涉及腐败犯罪的自然人责

---

① 高铭暄、张杰：《论国际反腐败犯罪的趋势及中国的回应——以〈联合国反腐败公约〉为参照》，载《政治与法律》，2007年第5期，第5页。
② 陈正云：《〈联合国反腐败公约〉关于贪污、贿赂、挪用犯罪规定评释》，载《人民检察》，2008年第5期，第54—55页。

任,又追究法人的责任;对腐败及其附随性犯罪的主观要素可以根据客观实际情况进行推定;腐败犯罪起诉规定了较长的时效;对腐败犯罪人员可以采取取消担任公职资格、取消特许权、废止合同、责令进行损害赔偿等多种方式予以惩戒,保证腐败犯罪受到与其严重性相当的制裁,并努力消除腐败的后果;督促缔约国赋予主管机关对腐败犯罪所得及用于腐败犯罪的财产等以冻结、扣押和没收的权力;要求缔约国建立证人、鉴定人、举报人和被害人保护制度;设立专职反腐败机构并保证其独立性和拥有充足的资源;依法保证反腐败机关履行职责中得到有关各方的切实合作;依法克服银行保密规定为反腐败执法带来的不利影响(《公约》第二十六到第四十条)。落实《公约》所设计的这些打击腐败的执法机制,将提高各国依法打击腐败的能力,进而提高反腐败的成效。

缔约国对本国实施《公约》"刑事定罪和执法"(第三章)的自我评估表明,截至2009年6月8日,提交自我评估报告的72个缔约国中有70%执行了《公约》第三章的所有条文,有13%报告部分遵守,报告国有5%未就该问题提供信息,12%未遵守《公约》第三章的条文。表2反映了提交自评报告各国实施《公约》第三章一些重要条款的情况。

表2 2009年缔约国报告执行《公约》第三章条款的情况(%)

	完全执行	部分执行	未执行	未提供信息
贿赂本国公职人员(第十五条)	84	13	1	2
贿赂外国公职人员(第十六条)	52	14	31	3
公职人员贪污、贿赂或以其他方式侵犯财产(第十七条)	85	12		3
对犯罪所得的洗钱行为(第二十三条)	64	12	16	8
妨害司法(第二十五条)	76	14	2	8

说明:本表由笔者根据联合国毒品和犯罪问题办公室提供的一些数据制作。

值得指出的是,对贿赂外国公职人员加以定罪的缔约国比例要比贿赂本国公职人员加以定罪的比例低32%,而同时在2007年11月30日到2009年6

月 8 日期间报告未执行的缔约国比例从 16% 升至 31%。这说明一些国家在履行《公约》义务惩治海外腐败行为方面的力度仍需要加强。在 2007 年 11 月 30 日到 2009 年 6 月 8 日期间，报告完全遵守关于对公职人员贪污、挪用或以其他方式侵犯财产加以定罪的缔约国比例从 91% 降至 85%。而同期报告完全遵守对犯罪所得的洗钱行为加以定罪的第二十三条的缔约国从 70% 降至 64%，而报告未予遵守的缔约国大幅度增加即从 3% 上升至 16%。① 这说明缔约国对腐败犯罪的定罪和制裁方面既有进步的方面也有退步的方面，加强履约监督十分必要和迫切。

三、深化反腐败的国际司法和执法合作

正如李昌道所指出的那样，《联合国反腐败公约》是联合国历史上第一部指导国际社会反腐败的法律文件，标志着国际社会进入通过国际合作打击腐败的新阶段，被称为"21 世纪国际合作的里程碑"②。《公约》在促进、便利和支持反腐败国际合作方面的主要成就如下：

首先，《公约》构建了一个全面、有效的反腐败国际司法与执法合作机制框架。《公约》中的反腐国际合作机制框架包括引渡、被判刑人的移管、司法协助、执法合作、联合侦查、特殊侦查手段在国内和国际一级的使用和由此获得的证据的法庭采信、犯罪所得的跨国追缴等诸多国际司法和执法合作机制，涵盖了当前国际上通行的所有种类的国际刑事合作内容，并在某些方面有所突破和发展。《公约》为缔约国开展反腐败国际刑事合作奠定了国际法的法律基础，为缔约国进一步缔结或完善相关的双边或多边协定或条约提供了有效的法律指南。③

---

① 以上实施评估部分所有数据均来自联合国毒品和犯罪问题办公室背景文件《遵守〈联合国反腐败公约〉的情况和执行〈公约〉所需的技术援助》（CACcosp/WG. 3/2009/2）。
② 引自李昌道：《〈联合国反腐败公约〉解析》，载《复旦学报》（社会科学版），2006 年第 4 期，第 111 页。
③ 感兴趣的读者，可进一步参阅张业遂：《让腐败分子无处藏身——解读〈联合国反腐败公约〉》，载《求是》，2004 年第 8 期，第 58—60 页；李昌道：《〈联合国反腐败公约〉解析》，载《复旦学报》（社会科学版），2006 年第 4 期，第 111—118 页。

其次,《公约》对传统引渡制度有所突破和发展,为各国引渡外逃贪官提供了国际法方面的便利条件。双重犯罪原则、政治犯不引渡、死刑犯不引渡、本国国民不引渡等传统引渡制度所坚持的原则,对引渡外逃腐败罪犯构成了严重的法律障碍。《公约》在这方面作出了突破和发展。一是对双重犯罪标准这一原则规定了例外情况。《公约》在坚持引渡须符合双重犯罪原则的同时,又规定了例外情况,即如果本国法律允许的,可以就本公约所涵盖但依照本国法律不予处罚的任何犯罪准予引渡(《公约》第44条第2款)。二是政治犯不引渡原则的限制适用。"政治犯不引渡"原则是国际法的一项普遍原则,但由于政治犯认定没有统一的标准,引渡被请求国常常以此理由拒绝引渡请求。《公约》第44条第4款针对腐败犯罪,明确排除适用政治犯不引渡原则。该条款规定:"本条适用的各项犯罪均应当视为缔约国现行任何引渡条约中的可以引渡的犯罪。缔约国承诺将这种犯罪行为作为可以引渡的犯罪列入他们之间缔结的每一项引渡条约。在以本公约作为引渡依据时,如果缔约国本国法律允许,根据本公约确立的任何犯罪均不应当视为政治犯罪。"《公约》该条款的规定是排除适用政治犯不引渡和保留各国法律自行界定政治犯权利的一种折中的产物,它客观上起到了对政治犯不引渡原则在腐败犯罪引渡上限制适用的效果,对于引渡外逃贪官具有积极意义。三是补充发展了"罪行特定原则"。为了便利对腐败罪犯的引渡,《公约》规定,在引渡请求包括了被请求客体犯有数罪的情况下,只要有其中一项犯罪符合引渡的条件,即可对其他相关的犯罪准予引渡,这是对引渡实践中"罪行特定"原则的补充和发展。四是要求适用不引渡就起诉原则。《公约》规定,如果被请求国以被指控的罪犯为本国国民为由拒绝引渡请求,则有义务毫不迟延地将案件交本国主管机关起诉,或者考虑执行请求缔约国本国法律判处的刑罚或尚未服满的刑期。[①]五是要求缔约国对于腐败及其附随性犯罪努力加快引渡程序并简化相关的证

---

① 有兴趣的读者,可进一步参阅慕亚平、王跃:《从国际法层面解读〈联合国反腐败公约〉》,载《暨南学报》(哲学社会科学版),2005年第6期,第47—48页;马德才:《〈联合国反腐败公约〉及其对国际法的发展》,载《安徽大学法律评论》,2007年第1期,第176—177页。

据要求。《公约》在引渡外逃贪官上所作出的这些规定，为遏止贪官外逃和成功引渡外逃贪官提供了国际法方面的便利条件。

第三，拓展了国际刑事司法协助的范围和内容，促进了反腐败犯罪的国际司法合作。《公约》明确要求缔约国针对腐败犯罪相互提供最广泛的司法协助。为此，《公约》扩大了国际刑事司法协助的范围，从侦查、起诉扩大到审判程序中，协助内容中特别增加了追回资产的内容，规定了未经请求的主动协助。《公约》对拒绝协助的理由加以严格的限制并减少了国际刑事司法协助的限制性条款，银行保密、涉及财税事由等都不能成为拒绝协助的理由。《公约》还规定了国际刑事司法协助的具体执行程序和各国设立相应的中央机关的要求，从而使反腐败犯罪的国际司法合作具有了可行性。[1]

最后，针对腐败犯罪特点，《公约》规定了反腐败国际执法合作的具体举措，增强了打击腐败犯罪的执法行动的有效性。腐败作为一种跨国犯罪，跨越国界的流动性日益增大，犯罪手段科技含量不断提高，隐蔽性不断增强。针对这种特点，《公约》要求各缔约国加强彼此执法机构之间的协调合作和人员交流及情报交换，同时鼓励缔约国建立联合侦查机制并在国内和国际一级使用控制下交付、电子监视、特工行动等特殊侦查手段并允许法庭采信由这些手段产生的证据。这些执法合作特殊机制的建立，将提高国际社会打击腐败犯罪的执法行动的有效性。

四、建立腐败犯罪所得资产追回与返还机制

正如安南秘书长2003年所指出的那样："《公约》实行了重大突破，要求会员国将腐败获取的资产归还给被偷窃的国家。"[2] 田立晓指出，《公约》所确立的资产追回机制在国际法上具有开创性的意义。这一机制所建立的法律

---

[1] 参见马德才：《〈联合国反腐败公约〉及其对国际法的发展》，载《安徽大学法律评论》，2007年第1期，第177—178页。

[2] 《联合国反腐败公约》"前言"。

框架，首次在国际上制定了为各国所普遍接受的关于腐败资产追回和返还的原则和规则，首次形成追回腐败犯罪资产的国际法原则和规则，填补了国际法在这一领域的空白。①

首先，《公约》正式将返还腐败资产确定为各缔约国必须遵守的一项基本原则，并要求各缔约国在这方面相互提供最广泛的合作和协助。《公约》将这一制度从国际司法协助的条款中独立出来用专章加以规定，反映出《公约》对这一问题的高度重视。同时《公约》关于资产追回机制的规定属于强制性的要求，为此相互提供合作和协助是缔约国必须遵守的一项国家义务。这说明，腐败资产必须追回的国际共识已经形成，腐败资产追回的国际法依据已经具备，"腐败官员今后藏匿非法所得的途径更少。这对许多发展中国家来说是一个特别重要的问题。因为在发展中国家，腐败的高级官员掠夺国家财富，而新政府急需资金以重建和恢复其社会"②。同时它对腐败犯罪还具有预防、威慑和惩治作用。各国在腐败资产追回上的国际合作，将大幅度减少腐败犯罪资产跨境转移和藏匿的机会和途径，同时腐败资产的顺利追回有利于有关国家启动侦查、起诉和审判程序追究腐败分子的刑事责任，客观上起到了预防、威慑和惩治腐败犯罪的作用。③

其次，《公约》还就预防和监测犯罪所得的转移作出了专门的规定，有助于各缔约国建立防范腐败犯罪资产跨境转移的国内防线。《公约》明确了金融机构的强化账户审查职责，规范了金融机构对账户实行强化审查的对象和范围，规定要保存审查对象的账户和交易记录资料，禁止设立非法金融机构，这些规定无疑有助于加强金融监管规范各缔约国金融管理秩序。《公约》还要求各缔约国建立公职人员财产申报制度和国外资产报告制度。《公约》并要求各缔约国建立金融情报机构，负责接收、分析和向主管机关转递可疑金融交

---

① 田立晓：《关于追回资产的国际立法问题》，载《公安学刊——浙江警察学院学报》，2009 年第 3 期，第 38 页。
② 《联合国反腐败公约》"前言"。
③ 徐汉明、阎利国：《〈联合国反腐败公约〉资产追回和返还机制与完善我国诉讼制度之探讨》，载《武汉大学学报》（哲学社会科学版），2007 年第 3 期，第 351 页。

易的情报。①

再次,《公约》为缔约国建立了一个切实可行的资产追回机制的法律框架,促进、便利和支持了腐败资产追回的国际合作。《公约》规定了两种腐败资产追回机制,即直接追回机制和通过没收的间接追回机制。直接追回是腐败资产来源国通过在资产流入国提起确权之诉或侵权赔偿诉讼等民事诉讼方式追回资产。直接追回机制的优点在于受害国可以将资产返还的主动权掌握在自己的手中,同时它所要求的举证责任较低。缺点是成本高,耗时长。通过刑事追回资产的间接追回途径是指当一缔约国依据本国法律或者执行另一缔约国发出的没收令,没收被转移到本国境内的腐败犯罪所得资产后,再返还给另一缔约国。② 相比而言,通过没收的间接追回机制是资产追回的主要途径。《公约》专门就没收事宜的国际合作作出了专门的规定。《公约》第五十六条还提出了特别合作条款,鼓励各缔约国无须对方事先请求而主动转发腐败犯罪所得的有关资料,从而便利对方启动或者实行侦查、起诉或者审判程序或者提出资产返还请求。

最后,《公约》确定了资产的返还和处分原则,便利了腐败资产的顺利追回。《公约》确立了资产返还请求国(资产流出国)和原合法所有人的原则。这是包括中国在内的广大发展中国家努力争取的结果,反映了大多数国家的共同愿望,充分照顾到了发展中国家的利益。《公约》同时还规定了资产返还中合理费用扣除问题,允许被请求国(资产流入国)在返还或者处分被没收的财产前扣除为此进行的侦查、起诉或者审判过程中发生的合理费用(第五十七条第四款)。这一规定兼顾到了作为资产流入国的被请求国的合理利益关切,有助于在资产追回中得到被请求国的积极合作实现资产的顺利追回。

《公约》第五章"资产追回"条款的总体实施情况尚不理想,需要进一步加大实施力度。总的来看,截止到 2009 年 6 月 8 日,提交自我评估报告的

---

① 参阅陈雷:《〈联合国反腐败公约〉与资产追回制度》,载《华东刑事司法评论》,2006 年第八卷,第 153—155 页。
② 陈正云:《〈联合国反腐败公约〉将对我国反腐产生积极影响》,见人民网: http://www.people.com.cn/GB/shizheng/1026/2171703.html(访问时间:2003 年 11 月 5 日)。

报告国有 56% 执行了《公约》第五章的所有条款，15% 报告部分遵守。报告国有 19% 没有执行第五章的条款，10% 未提供实施信息。对第五章一些主要条款的具体实施情况见表 3：

表 3　2009 年报告国执行《公约》第五章若干条款情况　　（%）

	完全执行	部分执行	未执行	未提供信息
预防和监测犯罪所得的转移（第五十二条）	62	18	10	10
直接追回财产的措施（第五十三条）	53	17	24	6
通过没收事宜的国际合作追回资产的机制（第五十四条）	58	13	18	11
没收事宜的国际合作（第五十五条）	52	14	24	10
资产的返还和处分（第五十七条）	48	12	28	12

说明：本表系笔者根据联合国毒品和犯罪问题办公室网站上数据制作而成。

从动态变化情况来看，各条具体实施进展很不相同。以第五十二条"预防和监测犯罪所得的转移"而论，从 2007 年 11 月 30 日至 2009 年 6 月 8 日，报告完全遵守该条要求的缔约国比例增加了一倍多，从 27% 上升至 62%；表示部分执行的国家的百分比从 71% 迅速下降到 18%；同时表示尚未执行的国家的比例从 0% 升至 10%。再以第五十三条"直接追回财产的措施"而言，自 2007 年 11 月 30 日至 2009 年 6 月 8 日，报告部分执行第五十三条的缔约国比例减少了半数以上，从 36% 降至 17%；而同期报告未执行第五十三条的缔约国比例大大上升，从 11% 上升到 24%。又以第五十四条"通过没收事宜的国际合作追回资产的机制"而言，在 2007 年 11 月 30 日至 2009 年 6 月 8 日期间，提交报告的缔约国中表示完全遵守的比例从 38% 大幅度升至 58%，而报告部分执行的缔约国比例则从 53% 降至 13%。再以第五十五条"没收事宜的国际合作"为例，在 2007 年 11 月 30 日至 2009 年 6 月 8 日期间，表示完全遵守《公约》第五十五条的缔约国比例从67%下降到52%，降低15%；表示未遵守的缔约国比例增加了一倍多，从11%升至24%。最后，再以第五十七条"资产的返还和处分"而论，自2007年11月30日至2009年6月8日，提交报告的缔约国中表示完全执行《公约》第五十七条的比例从44%升至48%。但在这一期间，报告未遵守该条的缔约国比例也增加了一倍多，从11%升至28%。[①] 由此可见，各条实施进展不一，有些条款实施进展较快，但也有些条款执行中出现了倒退的情况。

五、以技术援助与履约审议推动《公约》实施

《公约》是参与公约起草谈判的许多国家的集体智慧的结晶，吸收了国际社会预防和惩治腐败的许多成功做法和经验。推动更多的国家加入《公约》，督促缔约国认真充分地履行《公约》，对于国际社会更加有效地防止和控制腐败意义十分重大。《公约》本身的技术援助和信息交流条款，《公约》本身以自我评估和履约审议为核心的富有特色的实施监督机制，有助于吸引更多的国家加入公约和认真地执行公约的条款，从而推动着国际社会反腐败事业的向前发展。

《公约》用专章特别就技术援助和信息交流问题作出了规定，目的在于提高发展中国家和经济转型期国家预防和打击腐败的能力。《公约》要求缔约国建立自愿捐助机制向发展中国家和经济转型期国家提供财政捐助以资助向这些国家提供的技术援助、物质支持和培训方案。《公约》要求缔约国相互间直接或通过国际组织为彼此的反腐败计划和方案提供最广泛的技术援助特别是向发展中国家提供援助包括物质支持和培训，根据请求相互协助对本国腐败行为的类型、根源、影响和代价进行评价、分析和研究。《公约》还要求各缔约国通过国际和区域组织共享有关腐败和反腐败的统计数据、专门知识、最

---

① 以上实施评估部分所有数据均来自联合国毒品和犯罪问题办公室背景文件《遵守〈联合国反腐败公约〉的情况和执行〈公约〉所需的技术援助》（CACcosp/WG. 3/2009/2）。

佳做法和成功经验的资料,加强彼此之间的信息交流。①

《公约》建立了由缔约国会议负责监督公约履行的实施机制。《公约》对缔约国会议促进和审查公约实施的职责及缔约国相应的提供合作的义务作出了明确的规定。② 正如田立晓所指出的那样,《公约》所建立的这一履约监督机制介于强制性和灵活性之间。一方面,公约按照《联合国打击跨国有组织犯罪公约》(简称"TOC公约")所建立的履约监督机制的模式,将具体的履约监督问题交由公约缔约国会议集体决定而非专门的条约机构通过独立的评估来决定,从而使履约监督机制具有一定的灵活性。但另一方面,与"TOC公约"不同,《公约》为缔约国会议设定了义务,它规定缔约国会议必须审查接收缔约国提供的信息并就所接收的信息采取行动的有效方法,从而限制了缔约国与缔约国会议的自由决定权,具有一定的强制性。③

《公约》的实施机制在具体运行过程中不断趋于完善。缔约国会议正式运作后,建立了若干个不限成员名额政府间工作组,分别就腐败预防、刑事定罪与执法、国际合作、资产追回、技术援助、实施情况审议等问题为缔约国会议的专题会议准备背景文件、提供咨询和建议。联合国毒品和犯罪问题办公室也从秘书长手中接过了为缔约国会议提供秘书处服务的职能,有力地保证了缔约国会议高效率地开展工作。缔约国会议还改进了《公约》的实施评估方式。2010年前,由各缔约国根据缔约国会议提供的综合自我评估清单进行自我评估和提交自我评估报告,由缔约国会议直接对这些自我评估报告进行审查。这种实施评估方式更多地依靠缔约国自身的自觉性来履行《公约》和提交自评报告,强制性和约束力不够。由此导致提交自评报告比例不高,完全执行《公约》的比例在某些方面出现下降趋势等现象。以提交自我评估报告为例,截至2009年6月8日,136个缔约国中只有72个缔约国就本国的《公约》执行情况提交了自我评估报告,平均答复率仅为53%,其中亚洲和太平洋

---

① 《联合国反腐败公约》第六十条、六十一条、六十二条。
② 参见《联合国反腐败公约》第七章"实施机制"各条。
③ 田立晓:《〈联合国反腐败公约〉与中国刑事法治》,见中国刑事法律网:http://www.criminallaw.com.cn/xingfaxue/xingfaxue/jztian.htm。

国家组答复率为 42%，非洲国家组答复率为 34%，明显低于平均答复率。①

为了改进《公约》的实施情况，缔约国会议从 2010 年以来建立和完善了《公约》实施情况审议机制（简称"履约审议机制"）。按照新的审议机制的安排，建立了实施情况审议组，决定每一审议阶段由各为期五年的两个审议周期构成，每个周期的头四年中的每一年审议四分之一的缔约国，并决定在第一周期审议第三章"定罪和执法"和第四章"国际合作"，第二周期审议第二章"预防措施"和第五章"资产追回"。抽签选定当年受审议的缔约国，每个缔约国应当受到另外两个缔约国的审议。受审议缔约国必须提交对改进了的综合自我评估清单的完整、准确、最新和及时的答复。国别审议采用桌面审议、双方政府专家的建设性对话、国别访问等方式进行。审议结束后，审议缔约国向缔约国会议及其秘书处提交国别审议报告，受审议缔约国则应在下一个审议阶段介绍本国在落实前几份审议报告所提意见方面的进展。这种自我评估和外部评估以及督促整改相结合的实施评估新机制，目的在于通过差距分析发现受审议缔约国在履行公约方面所存在的差距并提出改进措施，同时收集和传播受审议缔约国在实施公约方面的良好做法和成功案例。② 2011 年已经开始了第一个审议周期第一年的国别审议工作。这种新的履约审议机制，增强了对缔约国的强制性和约束力，对推动《公约》的实施正在发挥着积极的作用。

2005 年以来，《公约》缔约国会议及其秘书处在查明有关缔约国实施《公约》中的技术援助需要并有针对性地提供技术援助方面取得了可喜的进展。2009 年技术援助问题政府间工作组利用 72 个缔约国提交的自我评估报告提供的技术援助需求，汇总整理出那些部分执行或未执行《公约》预防措施、刑事定罪和执法、资产追回三章主要条款的缔约国所提出的各类援助需求，在此基础上分析了全球技术援助需要。他们的统计分析发现，截止到 2009 年

---

① 以上实施评估数据来自联合国毒品和犯罪问题办公室背景文件《遵守〈联合国反腐败公约〉的情况和执行〈公约〉所需的技术援助》（CACcosp/WG. 3/2009/2）。
② 联合国毒品和犯罪问题办公室：《联合国反腐败公约》实施情况审议机制基本文件，维也纳，2010 年，见联合国毒品和犯罪问题办公室网站：http://www.unodc.org/unodc/en/treaties/CAC/IRG.html。

6月8日,在提交自评报告的72个缔约国中有68%为确保完全遵守《公约》中有关条款而请求各类技术援助,请求最多的三类援助是法律咨询(20%)、示范立法(19%)和起草立法(17%);余下依次是制定执行行动计划(12%)、其他援助(7%)。这些数据与2007年11月30日提交的自评报告的数据差别不大。① 这反映出缔约国根据《公约》制定、修改国内法或缔结双边或多边协定而产生的立法指导需求迫切需要得到满足。2011年3月21日,审议机制第一周期第一年被审议缔约国有22个填写了自评清单,其中16个报告了技术援助需求。缔约国会议秘书处提供的背景文件对《公约》第三章和第四章实施方面所需要的技术援助的类型和优先事项逐条逐地区进行了统计分析。他们分析的初步结论是,关于第三章和第四章的全球技术援助需要依优先顺序包括:(1)良好做法和经验教训摘要;(2)示范立法、条约、安排或协定;(3)反腐败专家或有关专家现场援助;(4)法律咨询;以及(5)制定实施方面的行动计划。报告有技术援助需要的缔约国要求提供援助次数最多的是提供关于如何实施所审议章节的实例(即良好做法和经验教训摘要)和示范,最好是结合一项长期战略(即实施方面的行动计划)提供有关顾问的指导意见和法律咨询。②《公约》缔约国会议及其秘书处为了满足这些查明的技术援助需求,组织核心专家组努力工作,向缔约国奉献了一系列高质量的预防和惩治腐败及其国际合作方面的知识产品,如《联合国反腐败公约实施立法指南》、《联合国反腐败公约技术指南》、《资产追回手册:从业人员指南》、《非定罪资产没收良好做法指南》、《收入和资产申报:各种工具及其利弊》等,开发了司法协助请求书撰写工具软件等一系列技术工具,建立了反腐败法律图书馆和反腐败综合知识门户网站(www.track.unodc.org)。《公约》缔约国会议还通过合作举办国际反腐败学院、派出专家顾问常驻有关国家现场指导、举办各种讲习班、举办或参加各种反腐败的国际或区域性研讨会等,

---

① 以上技术援助需求数据来自联合国毒品和犯罪问题办公室背景文件《遵守〈联合国反腐败公约〉的情况和执行〈公约〉所需的技术援助》(CACcosp/WG. 3/2009/2)。
② 这些数据来自联合国毒品和犯罪问题办公室:《技术援助纳入审议议程——秘书处的说明》(CACcosp/IRG/2011/2),见联合国毒品和犯罪问题办公室网站:http://www.unodc.org/unodc/en/treaties/CAC/IRG-session2-resumed.html。

积极传播各种反腐败的知识。这些生产和传播反腐败知识、开发反腐败技术工具的努力，为满足相关缔约国对预防和打击腐败的各种知识和技术工具的需求作出了重要贡献。

总之，2003年《联合国反腐败公约》的正式通过以及2005年以来缔约国会议及各缔约国为实施《公约》所作出的不懈努力表明，国际社会反腐败已经进入了一个新的阶段。这就是国际社会出现了决心防止和控制腐败的共同意志和国际合作行动。针对腐败的全球治理机制、区域治理机制和国内治理机制之间正在形成一种相互补充、相互增强的良性互动关系。这或许代表着国际社会反腐败的一种新的发展趋势。

（原文分两期刊载于《北京行政学院学报》，2012年第1期和第2期）

第三部分
腐败防治的中观研究

一　LN市腐败与治理状况的诊断性分析

二　LN市廉政风险的预警与防范

三　高校腐败及其治理状况的调查与研究

HZ 市腐败与治理状况的诊断性分析*

2009年7月7日到11日,笔者到HZ市进行了为期一周的个别访谈,先后与HZ市、区纪检监察系统和检察负责人(6人)、企业负责人(7人)和居民代表(7人)共20人围绕HZ市的腐败和反腐败问题进行了开放式的、深度的个别访谈。笔者还在HZ市纪委协助下发放了600份诊断性调查问卷①(居民调查问卷300份、企业调查问卷200份、公职人员调查问卷100份),回收的有效问卷为492份(其中居民调查问卷300份、企业94份、公职人员98份),回收率为82%。通过对个别访谈记录和调查问卷数据进行分析,笔者对HZ市腐败与治理状况进行了初步的测量、评估

---

* 这是HZ市2009年反腐倡廉建设重点课题"HZ市腐败与治理状况的测量、评估、诊断和预警"的最终研究报告。本课题得到了HZ市构建惩治和预防腐败体系工作领导小组支持。HZ市纪委监察局领导和市纪委研究室领导作为课题合作人和协调人给予本课题研究以直接的帮助。由于可以理解的原因,对该市为本项研究提供过热情帮助的同事的姓名无法道明,但对他们的帮助我始终铭记于心。我的同事陈雪莲、刘铎、郑州大学胡杨和孙远太、中国人民大学的王修晓博士等人为课题问卷设计、统计分析提供了热情的帮助。特此一并致谢。
① 这三类调查问卷的设计笔者参考和借鉴了世界银行对非洲和拉美一些国家进行腐败和治理状况诊断性调查的问卷,并结合中国和HZ市的实际进行了必要的调整。

和预警，对影响 HZ 市腐败防治成效的因素进行了诊断性分析，就 HZ 市下一步反腐败战略提出一些具体的建议。

一、HZ 市腐败与治理状况透视

（一）HZ 市腐败与治理状况总体测量和评估

天则研究所对全国省会城市展开的一项公共治理指数评价中，HZ 市居于全国第一的位置。总体来说，腐败问题在 HZ 市尚算不上一个严重的问题。在个别访谈中，受访者普遍认为，与全国其他许多地方相比，HZ 市党风廉政建设状况总体上比较好。问卷调查的结果进一步证实了上述结论。

在要求 HZ 市居民确认 21 个问题在 HZ 市的严重程度的调查中，"党风政风不正"的问题被排在第六位，排在前五位的问题依次是：就业难；房价高；医药收费高；收入差距大；生活费用高。"党风政风不正"问题在 HZ 市的严重程度尚未进入前五名。对企业的调查表明，认为 HZ 市公共部门腐败构成企业发展主要障碍和一般性障碍的比例分别为 9.7% 和 20.8%，认为"不构成障碍"和仅属于"微不足道的障碍"的比例分别为 35.4% 和 34.0%。这说明，在 HZ 市公共部门的腐败远未构成企业运营和成长的主要障碍。这些数据从一个侧面反映出 HZ 市党风廉政建设总体状况较好。

对 HZ 市委市政府反腐败的努力，认为缺乏坚定意志和决心的居民受访者比例为 39.9%，认为意志坚定决心很大的居民受访者比例则高达 41.5%，这说明 HZ 市反腐败的努力得到了多数居民的认可。对 HZ 市反腐败工作成效的居民调查发现，认为没有成效的为 31.5%，认为富有成效的比例为 34.3%，后者的比例高于前者。"同三年前相比，今天 HZ 市的腐败问题变得更糟或糟一些"的居民调查受访者的比例为 33.3%，而认为腐败问题变得要更好或好一些的居民受访者的比例为 35.4%，后者要高于前者。这些调查数据说明 HZ 市党风廉政建设富有成效。

与 HZ 市党风廉政建设富有成效相关联的是，居民认为自己生活水平同三年前相比要好一些和好得多的比例合计高达 58.9%，而认为自己生活水平同三年前相比变差的比例为 13.4%。这从一个侧面说明 HZ 市的公共治理质量较高，居民纵向对比对自己生活的满意度较高。企业受访者对 HZ 市各部门公共服务的总体质量的评价结果表明，认为各部门提供的各种服务的总体质量很差和较差人数两项比例合计没有超过 8% 的。这从一个侧面说明这些部门所提供的服务的总体质量较为令人满意。

但这次问卷调查也发现一些令人忧虑的现象。

一是"不花钱办不成事"有成为潜规则的趋势。对企业经营者的问卷调查表明，在问及对"在我这个行当的公司中要办事就得支付一些非正式开销，这已很常见"现象的评价时，回答"从来没有"、"几乎没有的比例"合计为 36.8%，而回答"有时有"、"常常有"和"始终如此"的比例合计高达 63.9%。在问及"当要求非正式支付时，更经常发生的是下列哪一种情况？"，受访企业经营者回答"政府官员暗示或索要"的比例仅为 7.2%，回答"企业自愿支付"比例为 65.2%，回答"事先知道付多少怎么付，无须讨论"比例为 27.5%。但公司按要求支付了非正式开支是否就能获得商量好的服务仍存在着很大的不确定性，认为"绝非如此"和"偶而如此"的比例合计高达 55.0%，而认为"有时如此"、"常常如此"和"始终如此"的比例合计仅为 44.9%。对居民的问卷调查也有近乎同样的发现。当问及"在大多数向官员行贿事例中这种非正式支付是在什么情况下发生的"时，选择"官员暗示或主动索要"的比例仅为 7.5%，选择"当事人主动自愿支付"（42.1%）和"支付多少和用什么形式支付在这里已成惯例，双方心知肚明"（50.4%）两项比例合计高达 92.5%。当问及提供非正式支付后获得相关服务的确定性有多大时，选择"完全无法确定"、"基本无法确定"和"不好说"三项的比例合计为 68.9%，选择"基本可以确定"（34.1%）和"完全可以确定"两项合计比例为 37.1%。这说明，"不花钱办不成事"已成为一种无可奈何的事实被很多人接受下来，但花了钱是否就能办成事则仍然存在着很大的不确定性，因此这已经不是一种互惠的权钱交易，居民和企业经营者是这种潜规则的受害者，官员则是受益者。

二是企业和居民到政府部门办事需要请客送礼花钱已经成为一种普遍现象，几乎没有哪一个部门能够成为例外。对企业经营者的一项调查中询问企业经营者在过去一年中同政府部门打交道过程中官员要求支付非正式开销的次数是多少，在涉及到的36个政府部门中无一幸免都曾有至少1次要求企业请客送礼等。每次请客送礼等花费的金额从100元到1000元直至3万元不等，其中以1000元到3000元居多。单从每次请客送礼来看花费似乎并不多，但累计起来每年用于请客送礼送钱等费用占公司收入的比例却不是一个小数字，有5.6%的受访者回答每年这项花费数量达到5万元，有2.6%的受访者回答这些费用占公司总收入比例高达50%。居民到政府部门办事次数和涉及部门相对少一些，但在被要求支付贿赂性开支的经历中，不少受访者回答每次要花费的大体数额在1000元到3000元之间。在要求居民估计在HZ市一个人每年到政府部门办事请客送礼疏通关系大概要花多少钱时，24.1%的居民受访者估计要花10000元，27%的人估计占其家庭总收入的比例为30%。企业和居民到政府部门办事每次请客送礼等花费数额不高，因此无论居民和企业经营者都未把腐败问题列为前五名严重的问题，企业经营者中只有9.7%的人把非正式支付列为同政府做生意的主要障碍（有22.6%的人将其列为不大的障碍），但由于所涉及到的公共服务机构和政府部门的普遍性，其总的数额和对企业和居民构成的负担仍不可轻视。

三是贿赂性收入已经成为相当一部分官员收入中一个重要的组成部分。问卷要求受访官员估计一下这种贿赂性收入在他所在机构的官员个人总收入中所占的比例，分别有14.1%和10.9%的人估计占其上级的收入的比例为10%和20%，9.5%和12.7%的人估计占其同事收入的比例5%和10%，11.7%的人估计占其下属的收入的比例为10%。问卷要求受访官员估计一下受访官员的同事的上司（不包括他的上级）、他的同级别的同事（不包括他）

和他的同事的下属（不包括他的下属）为获得自身的工作而进行的非正式支付占其工资收入的比例。19.0%和11.1%的人估计他的同事的上司为此进行的非正式支付占工资收入比例为10%、20%；19.0%和9.6%的人估计他的同级别的同事这项支付所占比例分别为10%和20%；9.0%和14.8%的人估计他的同事的下属这项支付所占比例分别为5%和10%。这说明贿赂性收入已经成为许多官员收入中一个重要组成部分，同时许多官员为获得现有的工作也付出了相当大比例的非正式支付。从这个意义上说，涉入其中的官员既是贿赂的受益者，同时也是贿赂的受害者。

（二）HZ市分领域、分部门清廉程度和公共服务质量测评和预警

在个别访谈中HZ市有四个领域的腐败问题或腐败风险被受访者谈到的次数最多。几乎所有的受访者都谈到目前工程建设领域的腐败风险最大。公共工程涉及金额庞大，为了赶工期迎国庆，实行特事特办快办和部门"联席单"制度，由于绕开了一些正常的监督和监管程序，因此腐败的风险大大增加。许多受访者对此表示强烈的担忧。许多受访者谈到政府采购中业主和中介代理公司合谋和利益共分的问题，公共采购成为HZ市腐败风险很高的一个领域。第三个领域是农村干部在土地征用款和新农村建设的国家投入中贪污私分挪用公款问题突出。第四个领域是国有企业董事长、总经理同时经办私营企业或入股私营企业，存在着利益冲突和资源输送的重大风险，值得引起高度关注。

1. 居民对HZ市公共机构的清廉程度和服务质量的评价

就HZ市50个公共机构和行动者的清廉程度的居民主观印象的调查数据分析，发现以下五个机构或行动者清廉程度排在前五名，以下机构和行动者在清廉程度方面排在后五名，他们分别是：

表1 HZ市清廉程度排名前五位和后五位的单位

清廉程度前五名	机构和行动者名称	清廉程度后五名	机构和行动者名称
1	信访局	1	党政领导干部
2	人口计生委	2	公安局
3	纪委	3	卫生局
4	政法委	4	规划局、人事局
5	统战部	5	人大代表、政协委员

而对居民实际接触HZ市公共服务机构的次数和他们的清廉程度进行评价的数据分析发现（这是一种亲身经历为依据的事实评价），以下公共服务机构在廉洁从政方面存在的问题较为突出：

表2 笔者根据当地居民亲身经历反映进行的清廉程度排名

部门名称	（1）过去12个月中您或您的家人为获取相应的公共服务而去下列部门办事的次数	（2）在这些办事次数中，有几次被要求支付贿赂性开支：1表示至少一次 1+ 表示不止一次	（3）平均每次办事请客送礼送钱打点关系的大体数额是多少元？
学校	40%的人1到2次	11.5%的人有1次	2.9%人2000元
医院	50%的人1到3次	9.9%的人有1次	5.2%的人1000元
地税局	7%的人1到3次	2.3%的人有1次	2.4%的人1000元
城管执法局	14%的人1到5次	2.0%的人1次	2.2%的人3000元
物价局	5%的人1次以上	2.3%的人1次	2.4%的人1000元
检察院	5%的人1次以上	4.6%的人1次以上	1000、1500元各2.4%

居民对HZ市各种公共服务提供者的质量进行评价的结果发现，服务质量评价"很好"的前五名和"很差"的前五名分别是：

表3 当地居民对公共服务质量评价排名前五位的情况

服务质量评价"很好"的前五名	服务名称	服务质量评价"很差"的前五名	服务名称
1	人口和计划生育	1	医院服务
2	社会保障服务	2	交通警察
3	园林绿化	3	城管执法
4	电力服务	4	电信服务
5	自来水服务	5	食品药品安全监管

将清廉程度排名和公共服务质量排名联系起来考察会发现，清廉程度排名靠后的一些机构往往同时又是公共服务质量较差的机构或部门，如卫生局和医院服务、公安局和交通警察服务、城管执法机构和城管执法服务等，而人口和计划生育部门清廉程度较高同时其所提供的服务质量评价也较高。这说明，公共服务机构的清廉程度和服务质量之间存在着密切的正相关性，他们都是公共治理质量的具体反映。

2. 企业对 HZ 市公共机构的清廉程度和服务质量的评价

征求企业经营者对 51 个公共机构和行动者的清廉程度主观印象评价，发现以下五个机构或行动者清廉程度排在前五名，以下机构和行动者在清廉程度方面排在后五名，他们分别是：

表4 企业对当地公共机构清廉程度和服务质量排名前五位的情况

"非常廉正"和"比较廉正"比例前五名	机构和行动者名称	"很不廉正"和"不太廉正"比例前五名	机构和行动者名称
1	劳动和社会保障局	1	公安局
2	市经委	2	电力局
3	组织部	3	工商局
4	发改委	4	城管执法局
5	纪委	5	国土资源局

说明：选择每次请客送礼开销100元以下的部门和选择100元的比例数字在这里都略去了，以使人们关注高腐败风险的部门及官员。

对企业经营者接触杭州市36个开通网上办事业务的政府部门及其官员的次数和要求支付非正式开销次数以及平均每次非正式开销大体数额的统计分析发现，下述机构在廉洁从政方面问题比较突出：

表5　企业经营者日常接触中感觉比较腐败的部门排序情况

	在接触这么多次中，官员要求您支付非正式开销的次数是多少？	平均每次非正式开销包括请客送礼等大体花费是多少？
发改委	48.5%　1次	11.8% 2000元（11.8%的人平均每次花费2000元，下同）
★市经委	47.1% 1次	16.7% 1000元，5.6% 4000元
★市建委	47.1% 1次	11.1% 5000元
★工商局	43.6% 1次，7.7% 2次以上	9.1% 1000元 4.5% 2000元 9.1% 3000元 4.5% 20000元
★国税局	48.8% 1次 4.9% 2次	1000元、2000元各4.2%，3000元12.5%，2万、3万各4.2%
★地税局	56%以上有1次以上	1000、1200、2000 各 3.8%，3000 元 11.8%，4000、1万、4万各3.8%
★法院	46.9% 1次，3.1%2次	12.5% 1000元
★检察院	48.4% 1次	13.3% 1000元
★公安局	47.1% 1次	11.8% 1000元，5000元、20000元各5.9%
★交通局	45.5% 1次	13.3% 1000元
★安监局	50% 1次，2.9% 2次	2000、5000元各6.3%
★国土资源局	45.5%1次	12.5% 1000元
★房管局	46.9% 1次	11.1%3000元
★劳动保障局	46.9% 1次	11.1% 3000元
★规划局	45.5% 1次	13.3% 1000元
★科技局	48.4% 1次	13.3% 1000元
★国资委	48.4% 1次	13.3% 1000元
★城管办	46.9% 1次	12.5% 1000元

说明：选择每次请客送礼开销100元以下的部门和选择100元的比例数字在这里都略去了，以使人们关注高腐败风险的部门及官员。

需要指出的是，在企业经营者对公共机构清廉程度主观印象评价和亲身经历评价之间出现了一些不一致现象，如劳动保障局、发改委、市经委在清廉程度主观印象评价中处于前五名，而在亲身经历调查中这三个机构属于廉洁从政方面问题比较突出的部门。亲身经历的事实评价对于主观印象评价具有证实或证伪的作用。就这三个部门而言，亲身经历的事实评价发挥着证伪的作用或矫正的作用。

尽管亲身经历的事实评价的调查数据未必完全反映这些机构的党风廉政建设实际状况，但这些机构已成为腐败风险很高的部门则是不争的事实。从腐败风险预警的角度来看需要高度关注这些机构的党风廉政建设。

对企业的调查问卷要求企业经营者对36个开通网上办事业务的公共机构的服务质量进行主观印象评价。其评价结果如下：

表6　企业经营者对公共服务机构服务质量评价前五名和后五名情况

服务质量评价"非常好"和"较好"的前五名	公共服务提供者名称	服务质量评价"很差"和"较差"的前五名	服务名称
1	市地税局	1	城管办
2	劳动保障局	2	国土资源局
3	国税局	3	公安局
4	环保局	4	安监局、环保局
5	工商局	5	食品药品监督局

在这36个机构中，企业曾投诉但反映"完全无效"的机构如下：

表7　企业投诉反映"完全无效"的单位的情况

公共机构名称	有投诉，但反映"完全无效"比例
市建委	22.2%
市经委	14.3%
国税局	12.5%
地税局	12.5%
公安局	12.5%
城管办	12.5%

反映投诉"完全无效"的事实，无疑从一个方面说明这些机构所提供的公共服务的质量有待于进一步提高。投诉率和投诉结果对主观印象评价结果也发挥着一种支持或矫正的作用。国税局和地税局较高比例的投诉"完全无效"修正着他们在服务质量评价中的高排名。投诉率和投诉结果也是衡量公共服务质量的一个重要预警指标。较高的投诉"完全无效"是一种警示信号，说明这些机构迫切需要改善公共服务的问责机制。

（三）HZ市腐败与治理状况的变化趋势

在对企业经营者个别访谈中，有一个开放式的问题，这就是HZ市过去3年的投资环境变化情况和未来3年的变化趋势。受访的7名企业经营者中有6人认为HZ市过去3年的投资经商环境变好了，并相信未来三年投资环境会更好。理由包括企业受重视；政府在改善投资环境方面有目标、有奖励措施；老百姓能参与决策，市抓"廉洁HZ市"建设使机关作风建设越来越深入；硬件建设比较到位；政策环境和服务环境在改善等。对企业的问卷调查进一步证实了上述结论。问卷曾设计了一个"为避免受到政府不公正的对待，贵公司是否曾向当地党政领导疏通关系寻求保护？"，首先询问过去12个月中是否疏通关系寻求保护，结果回答"是"的比例有13.5%；接着询问过去3年中是否疏通关系寻求保护，结果回答"是"的比例为19.4%。这表明过去3年以来为避免受到不公正对待而向当地党政领导疏通关系寻求保护的公司的比例从19.4%下降到13.5%，呈现明显的下降趋势。

在对居民的问卷调查中我们设计了两个有关腐败变化趋势的问题。一个是请居民评价今天在HZ市腐败问题的严重程度，另一个是请居民评价同3年前相比，今天HZ市的腐败问题变得是否更加严重。调查结果如下：

表8　居民对当地腐败情况变化趋势的评价

量表 问题	1 （非常严重 或更糟）	2	3	4	5 （毫不严重 或更好）
今天HZ市腐败问题严重程度	17.9	23.9	33.7	21.4	3.2
同3年前相比的变化趋势	16.3	17.0	31.3	25.7	9.7

如果只看第一个问题的数据，得出的结论可能是居民认为HZ市的腐败问题非常严重，但如果将两个问题的调查数据联系起来分析，就会发现过去3年来HZ市腐败状况总的趋势是变得更好而不是更糟。对居民的个别访谈证实了这一结论。问其原因，不少居民受访者认为HZ市开展的居民满意度评价发挥了重要作用。居民普遍反映办事比以前要更方便，居民办事难现象已很少。

公职人员调查问卷中我们设计了一组问题询问公职人员对HZ市非正式支付行为在HZ市公共服务和公共合同获得中所占比例或普遍性程度。调查结果如下：

表9　公职人员对当地腐败情况变化趋势的评价

公共部门	0%	1%—25%	25%—49%	50%	51%—75%	76%—99%	总能做到100%
1. 目前情形	9.6	24.5	8.5	20.2	9.6	21.3	6.4
2. 两年前	8.6	16.1	16.1	17.2	17.2	19.4	5.4
3. 展望两年后	19.1	22.3	8.5	12.8	8.5	20.2	8.5

有58%的受访公职人员认为两年前非正式支付行为在获得公共服务或共同合同中的所占比例低于50%（含50%），而认为目前非正式支付所占比例低于50%（含50%）的受访公职人员则达到62.8%，同时展望两年后非正式

支付比例低于50%（含50%）的受访公职人员比例为62.7%。这说明公职人员认为贿赂性支付在公共部门的普遍程度呈下降趋势。HZ市公职人员对两年前、目前情形、展望两年后请客送礼送钱等贿赂问题在HZ市本地企业、外资企业、中介机构和民间组织以及本人所在机构的严重程度的评价也表现出相同的倾向：这就是这个问题目前情形要好于两年前，展望两年后这个问题的严重程度会进一步下降。

这说明HZ市居民、企业和公职人员根据过去2到3年腐败与治理状况变化趋势的观察，对未来2到3年HZ市腐败与治理状况的变化趋势感到乐观。这从一个方面反映了各方面对HZ市党风廉政建设的信心在增强。

二、影响HZ市廉政与治理成效的因素分析

对个别访谈和调查问卷的深入分析，使我们发现了影响HZ市廉政建设与公共治理成效的重要因素。

（一）HZ市公职人员勤政廉政的激励机制存在不足

对HZ市公职人员对自己工资满意度的评价表明，对自己工资表示很满意和比较满意的受访者的比例合计仅有49%，51%的受访者在不同程度上表示不满意。原因之一是大多数公职人员每周下班后或周末仍需要在单位加班，只有24.5%的人加班工作时间为0小时，75.5%的人需要加班，加班时间从1小时到最长25小时不等，其中以加班1—2个小时的选择比例最高17.5%。对公职人员的问卷调查还表明，有11.1%的公务员由于在公共部门工资不足以维持生计而需要每周在私人部门兼职工作1小时或1小时以上。工资拖延支付现象仍有发生，分别有2.7%、1.3%和1.3%的受访公务员表示工资晚拿到过1、6、7次，分别有2.7%、1.35%和1.3%的人平均晚拿到工资1、6、7天。此外仍有35.9%的受访者认为由于工资增值而导致生活水平提高的可

能性低于50%（含50%）。有52.1%的受访者对自己得到的其他福利如养老金、医疗保健等非常满意或比较满意，但也有48%的受访者对自己得到的其他福利存在着不同程度的不满意。这表明对公职人员勤政廉政的物质激励存在着明显不足。

HZ市公职人员晋升方面的激励机制也存在一定的问题。有51.2%的受访公务员期望在公共部门一个职位任职时间不超过5年，有25.0%的人希望不超过3年。而对公务员最近一次晋升时间的调查表明，有18%的公务员上一次晋升是6年以前的事情，其中10%的上一次晋升是10年以前的事情。这表明相当一部分公务员晋升的实际年限与期望年限之间存在很大落差。

在一些单位涉及公务员晋升、增资、任职等人事管理决策中，受教育水平和专业的经验和业绩等因素之外的因素仍然发挥着重要的作用。请看下列调查统计数据。

您在多大程度上同意在过去两年（2007—2008）中您所在单位的人事管理决策（人员录用、任职、晋升、交流、增加工资等）是：

表10　公职人员对本单位人事决策主要依据的认知

在多大程度上人事决策是	从未做到0%	1%—25%	25%—49%	做到50%	51%—75%	76%—99%	总能做到100%
基于专业的经验和业绩		2.1	1.1	4.2	12.6	46.3	33.7
基于受教育水平		3.2	3.2	4.3	17.0	45.7	26.6
基于资历、年龄和性别	4.4	6.6	4.4	5.5	7.7	46.2	25.3
基于家庭关系、财富和地位	39.8	10.8	3.2	8.6	5.4	18.3	14.0
基于同乡关系	49.5	8.6	2.2	4.3	8.6	17.4	9.7
基于上级关照或压力	39.1	10.9	5.4	5.4	10.9	17.4	10.9

续表

在多大程度上人事决策是	从未做到 0%	1%—25%	25%—49%	做到50%	51%—75%	76%—99%	总能做到100%
基于单位内部的庇护关系	41.9	11.8	1.1	5.4	17.2	12.9	9.7
基于非正式的支付	58.1	6.5	2.2	5.4	3.2	15.1	9.7
基于党政领导的更迭	33.3	15.1	2.2	8.6	14.0	15.1	11.8
基于直接领导的更换	38.0	10.9	4.3	6.5	12.0	17.4	10.9

这些调查数据说明，影响公职人员所在单位人事决策的不仅包括能力和业绩等合理因素，非正式支付、与领导的关系亲疏、家庭关系、同乡关系、资历、年龄、性别等因素也在发挥着不可忽视的作用。这些因素发挥作用无疑直接影响着公职人员勤政廉政的积极性。

（二）决策权过于集中、自由裁量权过大等组织结构和规章制度上的缺陷为公职人员腐败行为提供了大量机会

决策权过于集中为掌握决策权的领导者提供了从事腐败行为的机会。我们的调查表明，在 HZ 市有 25.0% 的受访者认为本单位内部管理层级太多同时决策权高度集中，另有高达 42.0% 的受访者认为本单位内部管理层级太少同时决策权高度集中。无论是管理层级太多还是决策层级太少，只要决策权高度集中（在 HZ 市这两种情况合计比例高达 67.0%），实际决策者从事腐败行为的机会就会大大增加。

规章制度的规定不严密，缺乏必要的行为指南、操作手册等，都会导致一线管理人员拥有过大的自由裁量权，从而为他们提供了腐败的机会。对 HZ 市的调查表明，HZ 市公共机构管理中也存在着类似的问题。有 8.3% 的受访

者认为自己所在机构的人事管理的政策、指南和规章做到"规定严密,没有多种解释和自由裁量的空间"的程度要低于50%（含50%）,有7.2%的受访者认为做到"程序严密,没有附加多余的管理步骤"的程度要低于50%（含50%）。在财务和预算管理的政策、规章和指南方面,有8.1%的受访者认为做到"规定严密,没有多种解释和自由裁量的空间"的程度要低于50%（含50%）,有10.1%的受访者认为做到"程序严密,没有附加多余的管理步骤"的程度要低于50%（含50%）。在绩效管理的业绩目标和标准方面,有9.3%的受访者认为做到"规定严密,没有多种解释和自由裁量的空间"的程度要低于50%（含50%）,有10.2%的受访者认为做到"程序严密,没有附加多余的管理步骤"的程度要低于50%（含50%）。

在许多公共机构中操作手册、程序指南、技术培训手册、消费者关系手册等要么不存在,要么没有经常使用。

请说明在过去两年中您是否知道下列要素和是否在完成日常工作中频繁地使用他们,见表11:

表11 公职人员对操作手册等材料使用情况的评价

要素	不存在	0%	1%—25%	25%—49%	50%	51%—75%	76%—99%	100%
操作手册	1.1	2.2	9.9	7.7	9.9	19.8	25.3	24.2
程序指南	1.1	1.1	7.6	8.7	9.8	17.4	30.4	23.9
技术培训手册	2.2	2.2	13.5	6.7	11.2	18.0	24.7	21.3
业绩指标	1.1	1.1	3.3	5.4	9.8	22.8	30.4	26.1
消费者关系手册	6.6	16.5	5.5	4.4	12.1	18.7	22.0	14.3

这些调查数据说明,由于操作手册、程序指南、技术培训手册、消费者关系手册等要素要么不存在、要么没有得到频繁使用,决策者和一线管理人员掌握了很大的自由裁量权。

缺乏操作手册、行为指南或者政策规章指南不严密、自由裁量空间过大等都会导致一线管理人员自由裁量权过大,从而出现政策执行与政策规定严重偏离的现象。在调查中有9.1%的受访者认为本单位人事管理的政策做到"实施不打折扣，未被扭曲"的程度要低于50%（含50%），9.3%的受访者认为本单位财务和预算管理的政策做到"实施不打折扣，未被扭曲"的程度要低于50%（含50%），11.5%的受访者认为本单位业绩目标和标准"实施不打折扣，未被扭曲"的程度要低于50%（含50%）。

对于在日常工作中是否享受了过量的自由裁量权，公职人员自身评价并不一致。23.8%的受访者认可在完成日常工作中享受了过量的自由处置权的观点，另有43.8%的人则认可在完成日常工作中缺乏足够的自由裁量权的观点。当问及公职人员频繁地使用自由裁量的目的是什么时，选择比例最大的是为了"您和您的同事"，然后才是"雇员来监督您"，最后是"您来监督雇员"。

（三）发现和惩罚违规行为的比例偏低削弱了政策规章对公职人员行为的约束力

在邀请受访者评估一下他所在机构的人事管理的政策、指南和规章在多大程度上是"监督得力、违反者总能被发现"时，认为实际做到的程度低于50%（含50%）的受访者比例达14.3%；在评估人事管理的政策、指南和规章在多大程度上是"严格执行，违反者总能受到惩罚"时，认为实际做到的程度低于50%（含50%）的受访者比例达16.3%。

在邀请受访者评估一下他所在机构的财务和预算管理的政策、指南和规章在多大程度上是"监督得力、违反者总能被发现"时，认为实际做到的程度低于50%（含50%）的受访者比例达12.4%；在评估财务和预算管理的政策、指南和规章在多大程度上是"严格执行，违反者总能受到惩罚"时，认为实际做到的程度低于50%（含50%）的受访者比例达12.4%。

在邀请受访者评估一下他所在单位的业绩目标和标准的范围和质量在多大程度上是"监督得力、违反者总能被发现"时，认为实际做到的程度低于

50%（含50%）的受访者比例达11.4%；在评估财务和预算管理的政策、指南和规章在多大程度上是"严格执行，违反者总能受到惩罚"时，认为实际做到的程度低于50%（含50%）的受访者比例达14.8%。

影响监督是否得力的因素并不在于监督公职人员的上级的人数。我们的调查发现，监督公职人员工作的上级领导的人数并不少，见表12：

表12 监督您的工作的上级领导的人数

1人	5.3%	7人	6.7%	16人	1.3%		
2人	12.0%	8人	10.7%	17人	1.3%		
3人	14.7%	10人	5.3%	20人	2.7%		
4人	9.3%	11人	1.3%	30人	1.3%		
5人	18.7%	12人	2.7%	32人	1.3%		
6人	4.0%	15人	1.3%				

这个数据说明，监督公职人员工作的上级领导的人数并不少。

公职人员在从事贪污贿赂活动时与其上级或同事分享贪污贿赂所得的做法可以化解同级别的同事和其上级领导的监督所构成的威胁。

表13 官员索要或接受非正式支付时的分享比例

腐败的官员同谁分享他的贿赂收入	分享的比例
1. 他的上级	53.1%、14.1%、10.9%的人估计分享比例分别为0%、10%、20%
2. 他的同级	58.7%、9.5%、12.7%的人估计分享比例分别为0%、5%、10%
3. 他的下属	66.7%、11.7%的人估计分享比例分别为0%、10%

上下级和同僚之间这种由共同分享贿赂性收入（10%左右的分享比例）所结成的利益共同体导致监督不得力，降低了违规者受到发现和惩罚的比例，从而削弱了监督和惩治机制的约束力。

(四) 官僚机构的繁文缛节和缺乏内部竞争是企业经营者为加快办事速度而行贿的重要原因

对企业经营者的问卷调查说明官僚机构的繁文缛节和复杂程序是企业经营的主要障碍之一，为了绕开这些主要障碍加快办事速度成为企业行贿的主要动因。

在要求企业经营者评价同政府做生意的各种障碍的难易程度时，选择"程序太复杂"作为"主要的障碍"的比例达到29.1%，选择它作为"不大的障碍"的比例为36.6%，而认为它"没有障碍"和仅构成"微不足道的障碍"的比例合计为34.3%。这说明政府机构"程序太复杂"对企业经营构成一个重要障碍。

在询问今天在您的公司运营中，哪些方面的政府要求满足起来最为困难时，调查结果见表14：

表14 企业满足政府要求困难程度的比例

	劳务市场的规制	所有权规章	许可证方面的规制	财产购买和出售方面的限制	物价控制	税收、免税期、税收返还	报税	其他
比例	14.2%	4.7%	28.4%	8.8%	17.6%	16.9%	4.1%	5.4%

在询问企业经营者在过去5年中注册成立公司的过程花了多长时间时，调查结果见表15：

表15 企业经营者过去5年中注册公司所花费的2014年时间

周数	比例	周数	比例
1	11.8%	8	3.7%
2%	27.9%	10	1.5%

续表

周数	比例	周数	比例
3	17.6%	15	1.5%
4	23.5%	20	1.5%
5	3.7%	24	0.7%
6	2.2%	30	2.9%
7	0.7%	48	0.7%

这说明，仍然有19%以上的公司注册成立的过程花了5周以上时间，其中5.8%的公司注册成立过程花了20周以上的时间。

在询问企业经营者是否雇用专业人员如律师、税务顾问、代理人等协助应付政府规制的问题时，回答"是"的比例达38.8%；使用这些专业人员的年均开支超过5万元的企业比例达到36.3%，其中年均开支20万元以上企业达到10.9%。选择公司经理层每年有10%以上（含10%）的时间花在与政府官员打交道以弄清法律问题的比例达到了30%。

同时由于官僚机构内部缺乏管辖范围交叉重合而产生的竞争，遇到官员刁难时企业缺少其他选择。问卷设计了一个问题："如果政府职员不照章行事，我可以找另一个官员或他的上级而不用贿赂"，调查结果见表16：

表16　企业遇到政府官员刁难时选择贿赂以外其他选项的比例　　　　（%）

	绝非如此	偶尔如此	有时如此	常常如此	始终如此
比例	26.3	28.7	28.7	15.0	1.2

回答"绝非如此"和仅"偶尔如此"的比例高达55%，回答"常常如此"和"始终如此"的比例合计只有16.2%。这说明由于官僚机构内部缺乏竞争，企业经营者遇到刁难时贿赂以外的选择余地并不大，官僚机构的复杂程序和繁文缛节使得企业要找政府办事就得支付一些非正式开销变得较为常见（有关数据可参见第一部分）。

（五）公共服务机构的垄断地位和服务质量参差不齐使得企业和居民为了获得高质量的公共服务而不得不行贿

在为企业和居民提供各种公共服务方面，公共机构处于垄断地位，所提供的公共服务质量也存在很大的差异。这样，企业和居民为了获得高质量的公共服务，而不得不行贿，行贿由此成为一种潜规则而通行无阻。

企业调查问卷中有一个问题，询问企业经营者是否因资金以外的原因而改变了原计划在HZ市的投资想法，回答"是"的比例为12.9%。接着的问题是，如果"是"的话，原因是什么。令人吃惊的是基础设施差和公用事业差的比例在9个选项中竟处于前三名之列。

问卷曾询问公司一年之中受断电之苦的天数，调查结果见17：

表17　企业遭受断电之苦的天数　　　　　　　　　　　　（%）

天数	0	1	2	3	4	5	6	7	8	9	10	12	15	20	25	30
比例	27.7	8.0	9.5	8.0	2.9	9.5	2.9	3.6	1.5	0.7	15.3	0.7	1.5	6.6	0.7	0.7

问卷曾询问前几年中该公司是否曾因电力供应波动而遭受财政损失，回答"是"的比例为42.2%。问卷曾询问公司是否自备发电机，回答"是"的比例为29.2%，问其原因，选择"因为电力公司供电不可靠"的比例高达47.4%。公司自行发电花费在1万元以上的比例在32.5%以上。

问卷曾询问公司一年之中有多少天因固定电话故障遭受损失，回答结果见18：

表18　企业遭受固定电话故障的天数　　　　　　　　　　（%）

天数	0	1	2	3	4	5	10	20	30
比例	54.8	11.5	10.6	8.7	1.0	5.8	4.8	1.0	1.9

问卷曾询问受访者所在公司是否接入城市供水系统，回答"是"的比例

有 73.3%。接下来的问题是，如果回答"是"，那么请估计一下该公司一年之中有多少天受供水不足之苦，回答结果见表 19：

表 19 企业遭受供水不足的天数比例

天数	比例	天数	比例
0	53.6%	10	3.6%
1	13.1%	12	1.2%
2	8.3%	15	1.2%
3	3.6%	16	1.2%
4	1.2%	25	1.2%
5	7.1%	30	1.2%
7	1.2%	40	1.2%
8	1.2%		

问卷曾询问在 HZ 市运用法院维护自己权益最重要的障碍是什么，三个主要的障碍依次是：诉讼程序太复杂；诉讼耗时太长；司法判决得不到执行。这些障碍直接影响着司法服务的质量。下面一个问题证明了这个观点。这个问题是："过去 2 年中，贵公司是否曾觉得需要诉诸法律维护自己权益但最终又放弃？"，回答"是"的比例达到 32.9%。还有一个问题是："如果您的公司打赢了某个官司，法院判决能够得到执行吗？"，回答"否"的比例高达 44.0%。

这些调查数据说明，公共机构所提供的公共服务质量差直接影响到企业在 HZ 市增加投资，也影响到企业利用司法服务等公共服务的意愿。电力公司、供水公司、电信公司、法院等公共服务机构处于垄断地位，缺乏改善服务的足够动机，从而影响到基础设施和公用事业的服务质量。而在无法撤资的情况下，在杭企业只有通过请客送礼送钱等贿赂手段来获得必需的基础设施和公用事业服务，获得优质的公共服务。

对居民的问卷调查进一步证实了上述结论。以教育服务而论，受访居民中有 49.5% 的人有孩子在上学，其中公办学校的比例为 74.5%。选择孩子所上学校的总体教学质量较好和很好的比例合计为 68.8%。为了让孩子上这个学校回答有非正式开销的比例达到30.7%，此外还各有10%的居民回答孩子每年在这个学校的非正式开销有1000元、5000元。有66.3%的居民回答为了让孩子上好学校有正式开销的现象"有时有"、"时常见到"和"很常见"。关于非正式开销，回答"家长自愿支付"、"约定俗成，已成潜规则"的比例合计高达98.4%。

在医疗服务方面，有57.5%的受访居民回答过去12个月中曾去医院就医。在医院、社区卫生院、诊所、家庭诊所等各种医院中，选择"医院"的比例高达70.6%，在医院性质中选择公立医院的比例高达92.8%。在就医费用方面，选择1000元的人的比例最高，超过了15%，同时就医非正式开销包括红包和送礼等则高出一倍达到2000元。根据现有的医疗质量，觉得这个医院的服务收费"有点贵"和"很贵"的比例合计高达68.9%。

在司法服务方面，有22.7%的受访者回答本人或其家人在打官司的过程中曾有人表示只要支付额外的开销就可以获得对自己有利的判决。另有10.4%的人回答在过去2年中曾需要诉诸法律维护自己权益但最终放弃了。受访者认为在HZ市运用法院维护自己权益过程中的三个主要的障碍依次是：正式开销太大；诉讼耗时太长；诉讼程序太复杂；

在就业服务、保障性住房服务、公交服务、交通出行、低保和养老金等类型公共服务的水平或质量方面，居民的评价也比较低。在有过求职经历的人中，对HZ市职业介绍和就业服务评价为"很不满意"和"不太满意"的比例合计为38.0%。在有过申请保障性住房经历的人中，对HZ市保障性住房的申请条件和分配办法评价为"很不满意"和"不太满意"的比例合计达39.6%。对HZ市交通出行状况评价为"很拥堵"和"有些拥堵"的比例合计高达79.3%。在本人或其家人享受HZ市低保人群中，评价HZ市低保水平太低和较低的比例合计为48.1%。在本人或家人领取养老金的人群中，评价HZ市养老金水平太低和较低的比例合计高达55.3%。

教育、医疗、保障性住房等公共服务机构处于垄断地位缺乏内外部竞争，掌握优质公共服务资源的公共服务提供者成为居民竞相行贿的对象。在这种请客送礼等行贿竞争情形下,行贿受贿逐渐成为潜规则并有了一定的"市场行情"。因此,当问及在大多数行贿事例中这种非正式支付是在什么情况下发生时,有高达 92.5% 的人回答"当事人自愿支付"或者"支付多少和用什么形式支付在这里已成惯例,双方心知肚明"(50.4%)。

(六)居民、企业和普通公职人员在事关自身利益的重大决策过程中缺乏充分的知情权和发言权是这些利益相关者通过行贿影响政策执行的重要原因

政策制定过程中受决策影响的各利益相关方如果拥有充分的知情权和发言权,他们为避免对自己不利的政策的执行而向政策执行机构及其官员行贿的必要性就会大大降低。反之,如果决策过程中的参与程度严重不足,政策执行中受决策影响方的行贿动机就会十分强烈。

近年来 HZ 市政府开始在市政府常务会议上实行"开放式决策"。事关民生的重要决策事先发布告示,收集意见,常务会议邀请各方面代表参与,并通过网络视频进行直播鼓励网民提意见。这种透明和参与式的决策实践为利益相关方提供了知情和表达意见的渠道。但在对居民的调查问卷分析中我们发现,在有关您是否了解 HZ 市政府"开放式决策"做法的问题中,回答知道的比例只有 22.7%,在知道者中亲身参加过的比例为 9.6%。参与过开放式决策者认为这项实践"有意义"者比例为 34.2%,高于认为"纯属作秀"和"意义不大"的比例,后两项比例分别为 21.1% 和 15.8%。对"开放式决策"回答不知道者中无 HZ 市户籍者、低收入人群、受教育程度低人群的比例更高一些。在了解居民对 HZ 市委市政府反腐败战略部署熟悉程度问题中,回答很低和较低的比例合计为 39.9%,而回答很高和较高的比例合计仅为 34.3%。当问及居民有无参与过 HZ 市工程建设项目环境影响评价时,受访居民回答有的比例仅为 10.3%。随后问及参与者觉得自己在环境影响评价中的意见是否受到尊重和重视的问题时,回答"很受重视"和"受到重视"的比

例分别为 2.3% 和 16.3%，而回答"很不受重视"和"不受重视"的比例则分别为 9.3% 和 23.3%。这些都说明，HZ 市在进一步增加有关民生的各项决策的透明度和参与度方面还需要做更多的工作。

对企业的问卷调查表明，影响到企业的政策法规透明度和参与度都需要进一步提高。在问及"一般来说，影响到我的政策法规的信息"的可获得性问题时，尽管有 61.5% 的人认为"比较容易获得"，6.0% 的人认为"非常容易获得"，但也还有 6.0% 的人认为"很难获得"，26.4% 的人认为"获取信息有点困难"。个别访谈中不少受访者指出，在政府采购中由于信息发布不充分，导致企业竞争不充分。这从一个方面说明，企业的知情权在政府采购中尚未得到充分保证。在问及"HZ 市政府在作出影响到我公司经营的政策法规的重要变化时考虑到了我或我所在的商会所表达的意见和顾虑"时，回答"从来没有"、"几乎没有"或只是"有时有"的比例合计为 78.0%，而回答"常常有"和"始终如此"者比例合计仅为 22%。这说明，HZ 市在作出事关企业切身利益的决策时征求企业或商会意见的做法还没有固定下来形成为一种制度。对企业经营者的个别访谈发现，大型国有企业或大的私人企业的经营者往往担任市或区县人大代表，可以直接向分管的政府领导反映企业遇到的困难和问题，但一般的中小企业则缺乏这种与政府沟通的渠道，难以将自己的意见反映上去。

公职人员的调查问卷要求公职人员对本单位的信息管理作一评价。结果发现，有 6.8% 的人认为本单位的信息沟通渠道很少，有 13.3% 的人认为那些受决策影响的人是最后被告知的人，有 24.2% 的人认为管理层在作出决定时从来不或很少考虑下属的意见。这说明，在公共机构内部，普通公职人员的知情权和发言权也受到一定限制。对公共机构是否存在咨询用户了解他们的需求的机制的调查表明，选择"总能做到"的比例仅为 29.8%；对公共机构是否存在着用户投诉和处理的明确的机制的调查表明，选择"总能做到"的比例为 35.1%。这说明，在提供公共服务方面，如何保证用户对公共服务的数量、质量和收费等拥有充分的发言权，仍然是一个有待解决的问题。

受决策影响各方由于在决策过程中知情权和发言权的不足而在政策执行中靠行贿来改变于己不利的政策成为一种迫不得已的选择。

（七）干部考核机制方面的缺陷影响到了地方党政领导干部支持查处腐败案件特别是商业贿赂案件的积极性

在个别访谈中，有的受访者指出，干部考核机制的缺陷影响着区县党政领导查处腐败案件的积极性。对区县考核的满意度评价中，腐败案件查处得多，群众对廉政建设评价的满意度就低，年终考核中奖金乃至将来的晋升都会受到影响。查办案件损害干部的利益，所以区、县领导不愿意让查腐败案件。商业行贿是贿赂行为的重要源头。招商引资的业绩是考核区县领导的重要指标，地方税收主要来自当地企业，财税收入业绩也是考核区县领导的主要指标。查处本地企业的商业行贿案件，势必影响当地投资和税收，区县领导也没有积极性去支持商业贿赂案件的查处。

（八）现有的腐败举报制度的缺陷影响着反腐败的成效

现有的腐败举报制度存在着重大缺陷，如缺乏对举报人的有效保护措施，举报程序过于复杂冗长，举报之后对举报人的反馈不够等，都影响着社会各界利用举报制度同腐败作斗争的积极性，进而影响到反腐败的成效。这是个普遍性的问题，这个问题在 HZ 市也存在。

对居民的调查问卷曾要求受访居民对腐败举报制度加以评价。在问及居民是否知道举报腐败官员之后进入什么程序时，回答"是"的比例仅为17.8%，回答"否"的比例高达81.8%，这说明大部分居民并不知道举报之后的结果如何。当问及过去两年中是否见证过官员因涉及腐败被查处的案件时，仅有 0.7% 的人见证过。在询问有过举报经历的居民对举报腐败的过程评价时，认为举报程序很简便和比较简便的比例合计为 23.6%，而认为举报程序很不简便和不太简便的比例合计高达38.6%；认为举报者受到了很好的保护或较好的保护不会遭到打击报复的比例合计为37.5%，认为举报者没有受到很好的保护或没有受到较好的保护比例合计为28.6%。受访者的举报经历影响着他们对腐败举报过程有效性的评价。认为这个过程很有效和较有效的受访居民比例合计为23.6%，而认为这个过程完全无效和基本无效的比例合计高达30.9%。在询问居民不举报腐败的理由时，选择最多的三个主要理由依次是：案件线索不明，举报过程复杂、冗长，害怕受到打击报复。举报过程复杂、冗长和害怕受到打击报复直接影响着居民举报腐败案件的积极性。

对公职人员的调查也有类似的发现。当问及在过去两年中您是否曾考虑过举报腐败案件但最终却没有举报时，回答的比例为7.3%，可见仍有一小部分公务员最终因各种顾虑而放弃举报。在问及许多人对腐败行为知情但却放弃举报的原因时，没人能够提出有力证据来证明、没有给举报人提供保护以免受可能的报复、案件很轻微不值得去举报成为公务员不去举报腐败的三个主要理由。接下来的问题是要求受访公职人员对腐败举报程序加以评价，调查结果见表20：

表20　您怎么评价腐败举报的程序

	1	2	3	4	5	6	7	
冗长烦琐	10.6	4.7	8.2	20.0	17.6	14.1	24.7	很有效率
不安全	13.6	4.5	6.8	15.9	18.2	18.2	22.7	安全
举报后是否查处全是领导说了算	11.5	8.0	8.0	17.2	17.2	20.7	17.2	依法办事领导不干预
对从事权钱交易的官员和商人不构成威胁	8.2	5.9	8.2	18.8	16.5	15.3	27.1	对从事权钱交易的官员和商人构成威胁

这说明，即使在公职人员中仍有相当大比例人群对腐败举报程序的冗长繁琐和不安全有所顾虑，对举报之后的查处成效怀有疑虑。这些都直接影响

到知情的公职人员举报腐败案件的积极性。

（九）新闻媒体、互联网及网民、民间组织和企业在反腐败中的作用和效力尚未得到充分的发挥

反腐败并不只是各级党委和政府的事情，更不只是专门的反腐败机关的事情，反腐败需要社会各界的充分参与和共同发挥作用。新闻媒体、互联网、网民、民间组织和企业等行动者都可以在反腐败工作中发挥重要作用。但这次调查发现，对各类行动者在反腐败工作中的作用和效力的看法，公职人员和居民之间存在着一定的落差。

对公职人员的调查问卷曾询问对17类参与反腐败的机构的效力的评价，其有效性排名顺序如下：

表21　公职人员对参与反腐败斗争的机构的有效性评价

1. 纪检检察机关	7. 党政领导机关	13. 公共服务部门
2. 检察院	8. 财政、税务、海关	14. 国有企事业单位
3. 审计机关	9. 互联网	15. 新闻媒体
4. 公安局	10. 人民团体和群众组织	16. 民间组织
5. 法院	11. 科教文卫机构	17. 银行、证券机构
6. 人大、政协	12. 工商、银监会、证监会和安全监管部门	

在这17类机构行动者的有效性的评价中，处于前五名的依次是：纪检监察机关、检察院、审计机关、公安局和法院。处于后五名的是：公共服务部门、国有企事业单位、新闻媒体、民间组织和银行、证券机构。这反映了公职人员对各类机构行动者的地位、作用和效力的看法。同时值得注意的是，当问及谁应该承担反腐败斗争的领导责任的问题时，有高达67.3%的受访公职人员回答不知道。这说明公职人员对党政领导干部和党政领导机关在反腐败斗争中的实际作用的困惑。值得注意的是，受访的公职人员对新闻媒体、

互联网等机构和行动者的评价明显偏低。

对居民的问卷调查则表现出很大的差异。问卷要求居民对11类机构或行动者对HZ市反腐败工作有无帮助加以评价。调查结果发现，居民认为对HZ市反腐败工作很有帮助和有一些帮助的机构和行动者中排名前五位的依次是：网民；新闻媒体；检察院；纪检监察机关；法院。居民认为对HZ市反腐败工作没有帮助和帮助不大的机构和行动者中排名前五位的依次是：专家学者；企业；审计局；民间组织；信访局。当问及HZ市以外的新闻媒体和组织机构在协助HZ市反腐败工作方面的效果时，认为没有效果和效果不大的比例合计为25.2%，而认为很有效果和效果较大的比例合计则达44.1%，反映了居民对外地新闻媒体监督作用的高度认同。

需要指出的是，在居民的认识中也存在盲点。当问及腐败经久不衰应归咎于企业和居民时，认为应归咎于企业和居民的比例只有7.3%，认为完全或主要应归咎于党政领导和公务员的比例则高达70.1%。但在对居民的调查中却发现，当问及在大多数向官员行贿事例中这种非正式支付是在什么情况下发生时，选择"当事人自愿支付"的比例高达42.1%。对企业的调查也发现，当要求非正式支付时更经常发生的是哪一种情形，选择"企业自愿支付"的比例更高达65.2%。这说明，企业和居民的主动行贿行为实际上助长了腐败行为。因此，反腐败也需要企业和居民通过改变自己的行为方式来为反腐败作出贡献。居民的认识盲点导致他们在评价各类机构和行动者在HZ市反腐败工作中有无帮助时对企业和民间组织的作用评价过低，认识不到企业和民间组织包括居民在反腐败工作中所能发挥的重要作用。

总体来看，在HZ市无论是居民还是公职人员都没有充分认识到企业和民间组织在反腐败中的责任和作用。居民比起公职人员对网民和新闻媒体的地位和作用的看法要更为积极。这说明公职人员需要进一步提高对互联网和新闻媒体在反腐败工作中的地位和作用的看法，并为他们发挥作用创造更好的条件。居民对审计和信访机关在反腐败中的助益评价较低，反映出这两个机构在反腐败中的实际作用与居民的期望尚有一定的差距。

三、基于诊断性调查的反腐败建议

HZ 市反腐败工作如何深入开展，当地居民、企业经营者和官员最有发言权。在个别访谈和调查问卷中有一个开放式问题，询问居民、企业经营者和公职人员假如他们是 HZ 市的一把手，有机会领导 HZ 市的反腐败工作，他们最想做的一件或两件事情是什么并说明理由。其目的是将他们置于反腐败决策的主人翁地位，征求他们在反腐败方面的真知灼见，通过对这些个别访谈和调查问卷资料的认真分析和思考，笔者就 HZ 市下一步反腐败提出如下建议：

1. 抓住工程建设、土地征用、公共采购、党政领导干部等重点领域和重点人群进一步加大腐败案件查处力度，"以查促防"

在个别访谈和问卷调查中，居民、企业经营者和公职人员谈及如果有机会领导 HZ 市反腐败工作时最想做的事情是什么，回答"进一步加大反腐败力度特别是查处或打击力度"的比例最大。许多人表示要"不畏高官"、"不畏生死"，对贪污腐败官员一查到底，严肃惩处，绝不姑息，绝不手软。这是有道理的。把惩治和预防对立起来，将惩治腐败简单等同于治标，实际上会削弱查办的力度。而对腐败案件发现和制裁的比例过低实际上会纵容腐败。加大发现和惩处腐败的力度本身就有着威慑、警示他人不得效尤的约束作用，只有"以查促防"才能有效预防腐败。因此 HZ 市下一步反腐败应当顺应民意，继续将加大查处腐败案件力度作为第一要务。而根据上述民意调查的结果，工程建设、农村集体土地征用、公共采购是腐败的高危领域，也是群众最为关注的领域。党政领导干部特别是区县以上党政领导干部又是腐败的高危人群。前者涉案数量大，社会危害大，后者腐败容易造成群体腐败产生恶劣的示范效应。社会各界衡量党和政府是否真心实意反腐败，也主要是看是否敢于查处这三大领域和一个人群的腐败大案要案。因此，HZ 市加大反腐败力度的重点应当放在这三大领域和一个人群上。

2. 围绕财产申报、预算管理、工程项目、服务收费、审批程序等群众关心的热点问题做好公开透明工作，保证公民的知情权和信息权

在问及假如您有机会领导 HZ 市反腐败工作您最想做的事情时，各种回答中名列第二位的是增加透明度。一些受访者谈到，群众不知情，自然会有议论、有怨言。HZ 市对村级财务实行逐笔公开，"给群众一个明白，还干部一个清白"，通过公开透明，使群众对干部的贪与腐有了一笔明白账，从而增加了对干部的信任和支持。村级财务公开的双赢结果应该给我们很多启示。阳光是最好的杀毒剂。只有增加党和政府工作的公开性和透明度，保证公民的信息权和知情权，违法违规和暗箱操作行为才会大白于天下，腐败现象和腐败分子才会无藏身之地，人民群众对党和政府的监督和问责才不会流于形式，党和政府也才能真正赢得人民群众的信任和支持。公开透明千头万绪，需要抓住群众关心的热点问题予以重点推进。对 HZ 市各界的个别访谈和问卷调查结果表明，社会各界最关心的是五个方面的公开透明：一是公务员特别是党政领导干部的收入、住房、子女就业等廉洁从政情况的公开；二是重大工程建设项目的责任人、进度、费用和质量的公示；三是各级党委和政府、国有企事业单位的交际费、业务招待费、行政管理费等财务预算科目的透明；四是各项公共服务的价格和收费的公开；五是各种行政审批事项的审批依据、审批程序、审批时限和审批责任人的公开等。做好这五个方面的公开透明的工作，可以大大减少群众对党政领导干部与党委和政府工作的议论、猜疑和怨言，进一步密切党群关系、干群关系。

3. 扩大"开放式决策"的实践范围，保证受决策影响各方在决策过程中的参与权和发言权，减少靠行贿影响于己不利的政策执行的必要性

近年来 HZ 市政府常务会议涉及民生的决策开始实行"开放式决策"，拟讨论事项事先公布广泛征求社会各界意见，会议通过网络视频直播鼓励网民参与。这是透明式决策和参与式决策的重要实践，有效地保证了受决策影响各方在决策过程中的知情权和参与权，体现了科学决策与民主决策的原则要求。"开放式决策"有助于提高决策质量，对于减少决策执行环节的行贿动机、对于防止部门利益法制化都发挥着重要作用，它在决策体制改革方面在全国处于领先地位。这种"开放式决策"的实践应当向党委常委会决策延伸，向区县政府常务会议决策延伸。纪检监察机关应当充分认识到这项政府创新实践对于反腐败所具有的重要意义，满腔热情地支持这项改革创新实践的推广。除了"开放式决策"的实践外，诸如听证会、重大事项社会公示、公开咨询征求社会各界意见、专家论证会等科学决策、民主决策的实践都应该加以鼓励，同时对参与相关会议的利益相关方和专家的遴选权和会议主导权都应该从有直接利害关系的职能部门转往政府法制机构或人大相关委员会，避免部门利益主导下的操作使这些科学决策、民主决策的实践流于形式。应当指出的是，在公共机构内部，也需要增加信息沟通渠道，需要及时告知受决策影响各方有关决策的内容并在作决策时认真征求和考虑下属的意见，这是保证决策的专业水准和建立政策共识的重要步骤。

4. 进一步提高公共资源交易市场化程度和公共服务供给中的竞争程度，减少公共资源配置和公共服务提供过程中腐败的机会

凡是市场化程度高的领域和垄断程度低的部门，在资源配置和服务提供中创设租金寻求贿赂的机会就很少。公职人员的问卷调查中曾列了13项行政改革，了解公职人员对他们的态度。回答完全赞同"制定法律以规范公共资源交易行为"的比例高达68.4%，居于首位。可见在这个问题上公职人员有着较高的共识。在我们的个别访谈中有企业经营者反映，某个政府职能部门把原来实行拍卖等市场化配置公交线路运营权的做法改变为由本部门进行审批。这实际上是一种创设租金寻求贿赂的行为。优质公共服务资源配置不均衡导致一些公共服务提供者处于垄断地位，迫使人们为获得优质公共服务而不得不行贿。履行特定政府职能的部门内设机构和人员过于固定缺乏内部竞争也增加了腐败风险。促进优质公共服务资源配置的均衡化，引入内外部竞争，进一步提高公共资源交易的市场化程度并依法规范交易行为，建立公共服务质量的公开承诺和外部评价制度,应当成为 HZ 市下一步推进反腐败相关改革的一个重点。

5. 更好地发挥外部监督审计和社会监督审计的作用,以克服同体监督的天然不足并取信于民

党政系统内的专门监督机构对党政领导和同级职能部门的监督是一种典型的同体监督。监督机构与监督对象的上下级关系或互有需求的部门间关系,使他们之间存在着千丝万缕的利益关联,因此同体监督存在着天然的不足。只有将党政系统内的专门监督机关的监督同党政系统外的外部监督和社会监督结合起来,形成监督的合力,反腐败才能获得更可靠的保证。反腐败的社会参与、社会监督是民心所向,民意所在,善加利用,将会使党和政府赢得更多民众支持。问卷调查在问及居民和企业经营者如果能为清除党政部门腐败作出贡献的话,愿意拿出收入比例多大部分来支持反腐败事业时,得到的回答令人振奋。分别有 11.7%、10.3% 和 5% 的居民表示愿意拿出家庭收入的 1%、10% 和 5% 来支持反腐败事业。有 32% 的企业经营者表示愿意为清除腐败多交点税,税额占公司收入的比例从 0.01% 到 30% 不等。这说明,企业和公民在反腐败的社会参与和社会监督方面潜藏着巨大的热情。因此,HZ 市反腐败应当更好地发挥外部监督审计和社会监督审计的作用,以克服同体监督的内在不足。人大和政协的监督对党政部门来说具有一定的外部性。人大可以聘请私人公司对政府机构定期进行外部审计。政协对政府工作的评议监督可以公开进行,以提高监督质量和接受社会监督。印度的民间组织和乡村民众相结合对工程项目展开社会审计,收到了很好的效果,值得借鉴。一些发展中国家推行公民报告卡制度,由公民对公共服务的成本和收费进行核算,发现问题向媒体或专门监督机构报告,实现体制内外监督的联动,收到了很好的效果,值得学习。外地新闻媒体在 HZ 市的舆论监督中可以发挥重要作用,应予鼓励。公民通过互联网进行监督,可以发现腐败案件线索,可以给予反腐败机关克服阻力查办案件以有力的支持,网民监督和网络监督有着很大的潜力,应当进一步挖掘其潜力。

6. 简化行政程序，提高办事效率，减少为加快办事速度行贿的必要性

在个别访谈中，不少企业经营者提到，一些政府部门办事推诿，相互扯皮，行政程序复杂，办事周期太长，为了加快办事速度，不得不行贿。大型国有企业和私企可以靠市领导出面协调，中小企业则没有这么幸运，只好靠请客送礼来加快办事速度。公职人员问卷调查表明，在十三项行政改革措施中，简化行政程序这项改革的支持率居于第三位，说明公职人员对这项改革高度支持。从反腐败的角度讲，HZ 市仍有必要进一步清理地方政策法规，简化行政程序，取消不必要的行政审批事项，加强为企业服务的协调机制建设，提高政府工作效率，使企业和居民为加快办事速度而行贿的必要性降到最低限度。

7. 强化以能力和业绩为导向的公务员管理制度，完善公务员勤政廉政的激励机制

人员录用、任职、晋升、交流、增加工资等人事决策若不能建立在公职人员的能力和业绩基础上，势必会严重影响公务员的工作积极性。对公职人员的问卷调查表明，总体来说，HZ 市人事管理决策是透明的，能够做到公开宣布有关决定并开放内部竞争。但无可否认的是，在录用、晋升、增资等人事决策中能力和业绩以外的因素仍发挥着一定的作用。若能将单位内部竞争上岗等内部竞争扩大为外部竞争，鼓励外部人员与内部人员公平地竞争同一个职位，不拘一格地选拔人才，能力和业绩突出的人员才会有更多的机会走上更重要的岗位。在了解公职人员态度的十三项行政改革中，支持率排在第二位的是"明确服务绩效目标和标准"，这说明公职人员渴望实现绩效管理，渴望通过行政改革把服务绩效和自身晋升、增加工资挂起钩来。因此，在公务员管理中，需要对公务员的任务和责任进行清晰的界定，使他们清楚地知道组织或单位期望他们做什么并知道如何衡量他们的业绩，同时使他们知道业绩表现与奖惩任免之间的关系，从而激发他们的工作积极性。

8. 对关键岗位、重点部位人员实行轮岗、交流、解决职级待遇、廉洁测试，降低其腐败风险

那些拥有决策专断权和自由裁量权的人员，那些掌握人财物大权的人员，那些掌握执法权、司法权、监管权、资源分配权、监督权和机密信息的人员，无疑都属于关键岗位和重点部位人员。这些关键岗位、重点部位人员属于腐败高危人群，所在岗位和所处部位都属于腐败风险系数很高的岗位和部位。处于这些关键岗位和重点部位的人员若长期居于一个职位不动（长期这里指五年以上含五年），其工作积极性会迅速下降。若不能解决他们的职务晋升问题，则应考虑及时解决他们的职级待遇，使他们对未来有一个良好的预期，从而安心工作。对这些关键岗位和重点职位人员进行轮岗、交流，新任职者会把主要精力放在新环境提出的新挑战上，从而降低腐败的风险。廉洁测试是对拟任职者和处于这些重要职位人员进行电子监控下的行贿受贿现场测验。测验过关人员可继续留任，测验未通过者应及早采取处理措施。随机的、不定期的廉洁测试，会使这些重要职位的任职者行为更加谨慎，不敢轻易接受贿赂，因为他们不知道行贿者是否是对他们进行廉洁测试。纽约市警察局最先对交通警察实行廉洁测试，有效地遏制了交通警察中的腐败行为，后来廉洁测试在许多部门得到了推广。HZ市可以在这方面进行一些试验。

9. 以解决投诉和举报处理结果反馈为关键关节完善投诉和举报制度，保护公民参与反腐败斗争的积极性

投诉和举报制度是监督和问责机制的重要组成部分，是公民参与反腐败事业和改善公共治理质量的重要途径。目前的投诉和举报制度存在的缺陷妨碍了其作用的充分发挥。在投诉和举报制度所存在的众多缺陷中，投诉无效果，举报无反馈，是影响公民投诉和举报积极性的主要原因。HZ市可率先出台地方性的"举报投诉条例"，完善投诉和举报的相关制度。完善投诉和举报制度首先就需要解决投诉和举报处理结果的及时反馈问题，对于投诉和举报的处理结果没有及时反馈的部门的责任人要进行严肃认真的处理。其次要完

善对举报人的保护制度，做好举报人和举报事项的保密工作，对打击报复举报人的行为经认定无误后给予严肃处理，对受到人身威胁的举报人及其家属给予安全保护。要简化投诉和举报程序，鼓励公民进行网上投诉和网上举报、电话投诉和举报等，以节约举报人的成本，便利投诉和举报。可考虑设立举报奖励基金，对举报腐败大案要案有重大立功表现者给予一定的物质奖励。投诉和举报制度的完善对于调动公民参与反腐败斗争的积极性将会发挥重要的作用。

10. 增强反腐败机构的独立性、权威性和专业性，努力解决其人员、经费、设备不足问题，支持他们依法独立开展工作

增强反腐败机构特别是处于反腐败第一线的区县反腐败机构的独立性、权威性和专业性，对于反腐败工作具有事半功倍的效果。在个别访谈和问卷征求建议的过程中，许多人希望学习香港廉政公署的经验，成立一个集预防、调查和教育公关功能于一体的综合性的反腐败机构，依法独立开展反腐败工作。对于一个省会城市来说，尚不具备进行这种试验的条件。可行的措施是，积极考虑对区县反腐败机构的预算、编制实行单列，保证上级反腐败机构对下级反腐败机构领导人的人事任免同意权的行使。适当增加一线反腐败机构的人员、经费，更新其办公设备和装备。同时需要加强对反腐败机构的人员培训，使他们熟悉监督对象的专业知识，提高他们的专业能力和综合素质。

11. 加强对公务员群体的道德管理，解决干部作风中存在的亚健康问题

在个别访谈中一些受访者忧心地指出，干部作风中存在的亚健康问题不容忽视，这些亚健康问题包括公款消费、公车私用、公费旅游、接受影响公正履行职责的宴请、礼品、礼金、礼券，行为不检点，耍特权等。干部作风中存在的这些亚健康问题影响着党和政府在人民群众心目中的形象，使党群关系、干群关系从鱼水关系转变为油水关系甚至是水火关系。解决干部作风中存在的亚健康问题，需要加强对公务员群体的道德管理。道德管理是相对于法律管理而言的。道德管理需要明确专门的管理机构，需要制定防止可能出现的各种利益冲突情形的行为准则或指南，需要道德事务顾问和必要的纪律处分措施。HZ市可率先制定地方性的"防止公职人员利益冲突的行为守则"，就公职人员可能出现利益冲突的各种情形如接受宴请、礼品、礼金、礼券、离职后再就业、子女择业、投资理财，财产申报或廉情公示等重大问题制定标准清晰、操作可行的公务员行为准则。同时将纪检监察机关的工作重心从查处腐败案件进行法律管理转向道德管理，各派驻纪检监察机构更应担负起道德管理的主要职责。向各单位派驻的纪检监察机构应当负责受理礼品、礼金、礼券的登记上交和估价工作，受理并核查收入或财产申报情况，审核批准公职人员接受外部宴请，跟踪监督公职人员离职后再就业和子女择业和公职人员资产负债情况，对公职人员就可能出现的利益冲突的回避申请进行审查，为公职人员履行行为守则提供指导和建议等。只有制定专门的法规、明确专门的机构负责从事道德管理，守住第一道防线，消灭腐败的苗头，亚健康及时得到防治，才不会发展成为致命的疾病。

12. 进一步加强廉政教育和廉政文化建设，在全社会形成崇尚廉洁正直诚实守法等基本价值的良好氛围

行贿受贿的潜规则大行其道大家心照不宣，人们自愿进行非正式支付而无需官员暗示或索要，关系和关照在决策中的影响力与正式的规章制度相比不遑多让，访谈和调查中发现的这些现象令人深思。这些都反映出转型时期，社会的价值观、是非观、荣辱观发生了严重的错乱，许多人内心的道德防线崩塌，廉洁从政的社会基础薄弱。廉政教育和廉政文化建设是建立廉政大厦的基础性工程。廉洁正直诚实守法的基本价值被人们普遍内在化和廉洁光荣腐败可耻的社会氛围的形成，将为党风廉政建设打下牢固的社会基础。这些年来HZ市围绕"廉洁HZ市"这一目标，在廉政教育和廉政文化建设方面做了大量的工作，并创造性地开展了廉政风险点分析和岗位廉政教育，提高了廉政教育的针对性。廉政教育除了针对公务员群体进行外，如何结合学生、企业家、民间组织、工薪阶层等不同群体的特点进行廉洁教育，需要进一步探索。廉政教育千头万绪，普法教育是其中的关键环节，只有提高全民的规则意识、守法意识、依法办事意识，行贿受贿的社会土壤才会日益稀薄。互联网在廉政教育和廉政文化建设方面发挥着越来越重要的作用。HZ 市在探索利用互联网这个平台与网民互动过程中潜移默化地进行廉政教育和廉政文化建设，仍然有很大的创新空间。

运用标准化和结构化的调查问卷对 HZ 市的腐败与治理状况进行诊断性调查和分析，是一种定量化研究的新的尝试。虽然有开放式问题的个别访谈作为补充，但笔者仍然感到这次诊断性调查和分析还是初步的，问卷的设计和发放工作都需要进一步改进。诊断性调查所作出的分析和所提出的建议，难免会有不成熟、不周到的地方，这些分析和建议仅供 HZ 市反腐败的决策者参考。

附录一：HZ 市居民问卷调查

问卷编码：

调查日期：

调查员姓名：

（以上内容由调查员填写）

调查说明：本项调查受 HZ 市纪委监察局委托进行，目的在于了解您对 HZ 市党风廉政建设状况的评价。我们将对您的回答充分保密，您的名字将不会出现在任何论文、文件中。我们也不会出于税收目的使用您的信息。

我们的调查将采用五分制量表。1 到 5 分别表示从否定到肯定、从低到高的五个等级，如：1 表示完全不同意，2 表示基本不同意，3 表示没有明确意见，4 表示基本同意，5 表示完全同意等。

第一部分　对生活和环境状况评价

1.1 请仔细确认 HZ 市下列问题的严重程度。根据五分制量表来回答，1 表示问题很次要，5 表示问题很重要。

	很次要的问题	次要的问题	问题不重要	重要的问题	很重要的问题
1. 生活费用高	(1)	(2)	(3)	(4)	(5)
2. 就业难	(1)	(2)	(3)	(4)	(5)
3. 物价上涨	(1)	(2)	(3)	(4)	(5)
4. 缺乏安全感	(1)	(2)	(3)	(4)	(5)
5. 环境脏乱差	(1)	(2)	(3)	(4)	(5)
6. 社会不稳定	(1)	(2)	(3)	(4)	(5)
7. 党风政风不正	(1)	(2)	(3)	(4)	(5)
8. 社会风气不好	(1)	(2)	(3)	(4)	(5)
9. 教育质量差	(1)	(2)	(3)	(4)	(5)
10. 教育收费高	(1)	(2)	(3)	(4)	(5)
11. 医疗质量差	(1)	(2)	(3)	(4)	(5)
12. 医疗收费高	(1)	(2)	(3)	(4)	(5)
13. 房价高	(1)	(2)	(3)	(4)	(5)
14. 社保覆盖面小	(1)	(2)	(3)	(4)	(5)
15. 社保水平低	(1)	(2)	(3)	(4)	(5)
16. 工资拖欠	(1)	(2)	(3)	(4)	(5)
17. 税收太高	(1)	(2)	(3)	(4)	(5)
18. 收入差距大	(1)	(2)	(3)	(4)	(5)
19. 养老金太低	(1)	(2)	(3)	(4)	(5)
20. 受到他人歧视	(1)	(2)	(3)	(4)	(5)
21. 受到官员不公平对待	(1)	(2)	(3)	(4)	(5)

（1）HZ 市目前最严重的问题是什么？用 1 到 21 之间的序号来标明：__
_____ （22）

（2）试想如果您能为清除党政部门腐败作出贡献的话，您愿意拿出家庭收入的多大百分比来支持反腐败事业？____% 的家庭收入。 （23）

（如果访谈对象回答因为贫穷而无力作出贡献或贡献率为 0，则标为 -9）

1.2 （1）请问你如何评价自己现在的生活水平？用 1 到 5 的量表来回答，1 表示很差，5 表示很好： (24)

- ☐1. 很差
- ☐2. 较差
- ☐3. 一般
- ☐4. 较好
- ☐5. 很好

（2）同 3 年前相比情况如何？ (25)

- ☐1. 要差很多
- ☐2. 差一些
- ☐3. 没有变化
- ☐4. 好一些
- ☐5. 好得多

第二部分　公共服务提供者的质量和廉洁

2.1 我们将询问您关于各种公共服务提供者的质量和投诉的问题。请逐一回答表格中的所有问题。

	(a)	(b)
	请评估各种服务的总体质量。1 = 很差；5 = 很差；-9 = 不知道	（1）在过去一年中，您曾经出于某种原因而想投诉该项公共服务？是则转向（2），无则转向下一行的问题 （2）如果是，则您有无投诉？有则转向（3），无则转向下一行的问题 （3）如果有，则投诉效果如何？1 = 完全无效；5 = 很有效果

续表

	（a）	（b）
1. 医院服务	1 2 3 4 5 -9 （26）	（1）是 否 （27） （2）有 无 （28） （3）1 2 3 4 5 （29）
2. 学校教学质量	1 2 3 4 5 -9 （30）	（1）是 否 （31） （2）有 无 （32） （3）1 2 3 4 5 （33）
3. 户籍管理	1 2 3 4 5 -9 （34）	（1）是 否 （35） （2）有 无 （36） （3）1 2 3 4 5 （37）
4. 暂住证管理	1 2 3 4 5 -9 （38）	（1）是 否 （39） （2）有 无 （40） （3）1 2 3 4 5 （41）
5. 人口和计划生育管理	1 2 3 4 5 -9 （42）	（1）是 否 （43） （2）有 无 （44） （3）1 2 3 4 5 （45）
6. 交通警察	1 2 3 4 5 -9 （46）	（1）是 否 （47） （2）有 无 （48） （3）1 2 3 4 5 （49）
7. 交警以外其他警察	1 2 3 4 5 -9 （50）	（1）是 否 （51） （2）有 无 （52） （3）1 2 3 4 5 （53）
8. 工商	1 2 3 4 5 -9 （54）	（1）是 否 （55） （2）有 无 （55） （3）1 2 3 4 5 （56）
9. 税务	1 2 3 4 5 -9 （57）	（1）是 否 （58） （2）有 无 （59） （3）1 2 3 4 5 （60）
10. 生产安全监管	1 2 3 4 5 -9 （61）	（1）是 否 （62） （2）有 无 （63） （3）1 2 3 4 5 （64）
11. 食品药品安全监管	1 2 3 4 5 -9 （65）	（1）是 否 （66） （2）有 无 （67） （3）1 2 3 4 5 （68）
12. 质量检验监督	1 2 3 4 5 -9 （69）	（1）是 否 （70） （2）有 无 （71） （3）1 2 3 4 5 （72）
13. 城管执法	1 2 3 4 5 -9 （73）	（1）是 否 （74） （2）有 无 （75） （3）1 2 3 4 5 （76）
14. 市政管理	1 2 3 4 5 -9 （77）	（1）是 否 （78） （2）有 无 （79） （3）1 2 3 4 5 （80）

续表

	(a)	(b)
15. 园林绿化	1 2 3 4 5 -9 (81)	(1) 是 否 　　(82) (2) 有 无 　　(83) (3) 1 2 3 4 5 (84)
16. 环境保护与管理	1 2 3 4 5 -9 (85)	(1) 是 否 　　(86) (2) 有 无 　　(87) (3) 1 2 3 4 5 (88)
17. 电信服务	1 2 3 4 5 -9 (89)	(1) 是 否 (90) (2) 有 无 (91) (3) 1 2 3 4 5 (92)
18. 互联网服务与管理	1 2 3 4 5 -9 (93)	(1) 是 否 (94) (2) 有 无 (95) (3) 1 2 3 4 5 (96)
19. 电力服务	1 2 3 4 5 -9 (97)	(1) 是 否 (98) (2) 有 无 (99) (3) 1 2 3 4 5 (100)
20. 自来水服务	1 2 3 4 5 -9 (101)	(1) 是 否 (102) (2) 有 无 (103) (3) 1 2 3 4 5 (104)
21. 燃气服务	1 2 3 4 5 -9 (105)	(1) 是 否 (106) (2) 有 无 (107) (3) 1 2 3 4 5 (108)
22. 社会保障服务	1 2 3 4 5 -9 (109)	(1) 是 否 (110) (2) 有 无 (111) (3) 1 2 3 4 5 (112)
23. 公交服务	1 2 3 4 5 -9 (113)	(1) 是 否 (114) (2) 有 无 (115) (3) 1 2 3 4 5 (116)

第三部分　司法系统

3.1　a. 您或您的家人过去 3 年中是否打过官司？

☐1. 是

☐2. 否⇒若无则直接转向 3.2

过去 3 年中您和您的家人打过几次官司？＿＿＿＿＿次　　　　　　(117)

b. 您或您的家人平均每次打官司的下列开销是多少？其中非正式的私下开销是多少？

	支付给每种官员的总开销	总开销中私下支付的数量是多少
警察	_____元	_____元
检察官	_____元	_____元
法官	_____元	_____元
律师	_____元	_____元
中间人	_____元	_____元

c. 平均每次官司到结束要花多长时间？____年____月　　　　（128）

d. 您或您的家人在打官司的过程中是否曾有人表示表示只要支付额外的开销就可以获得对自己有利的裁决或判决？　　　　　　（129）

☐1. 有

☐2. 无

3.2

a. 在 HZ 市运用法院维护自己权益过程中最重要的三个障碍是什么？

	最重要的障碍（限选一项）（130）	第二位重要的障碍（131）	第三位重要的障碍（132）
1. 正式开销太大	☐	☐	☐
2. 非正式开销太大	☐	☐	☐
3. 腐败左右司法判决	☐	☐	☐
4. 法官不胜任	☐	☐	☐
5. 诉讼耗时太长	☐	☐	☐
6. 诉讼程序太复杂	☐	☐	☐
7. 司法判决得不到执行	☐	☐	☐
8. 法院位置太远	☐	☐	☐
9. 其他，请注明_____（133）	☐	☐	☐

b. 过去 2 年中,您或您的家人是否曾觉得需要诉诸法律维护自己权益但最终又放弃了? (134)

☐1. 是

☐2. 否

c. 如果最终决定放弃,那么原因是什么? _____

3.3

a. 在过去 2 年中,您或您的家人是否不用走上法庭而通过调解等方式解决了重要的争端? (135)

☐1. 是

☐2. 否⇒请跳过下面问题直接转到 4.1。

b. 如果选是,那么请回答您选择了下面那种方法:

ⅰ 律师调解_____ ☐1. 是 ☐2. 否 (136)

ⅱ 朋友调解_____ ☐1. 是 ☐2. 否 (137)

ⅲ 家人或亲戚调解_____ ☐1. 是 ☐2. 否 (138)

ⅳ 司法调解_____ ☐1. 是 ☐2. 否 (139)

ⅴ 领导调解_____ ☐1. 是 ☐2. 否 (140)

ⅵ 保险公司调解_____ ☐1. 是 ☐2. 否 (141)

ⅶ 政府职能部门调处_____ ☐1. 是 ☐2. 否 (142)

ⅷ 社会贤达调解_____ ☐1. 是 ☐2. 否 (143)

ⅸ 群团或社团调解_____ ☐1. 是 ☐2. 否 (144)

ⅹ 其他,请注明_____ (145)

第四部分 教育

4.1 您家有孩子在上学吗?

☐1. 有 (146)

☐2. 无⇒转向 5.1

4.2 我们将问您几个关于孩子所在的学校的问题。

a. 学校的类型是： (147)
☐ 1. 小学
☐ 2. 初中
☐ 3. 高中
☐ 4. 大学
☐ 5. 职高
☐ 6. 中专
☐ 7. 大专

b. 学校性质： (148)
☐ 1. 民办
☐ 2. 公办

c. 孩子所上学校的总体教学质量 (149)
☐ 1. 很差
☐ 2. 较差
☐ 3. 既不好也不坏
☐ 4. 较好
☐ 5. 很好

d. 过去 3 年来，这类学校的教学质量总的来说变得 (150)
☐ 1. 更差了
☐ 2. 差一些
☐ 3. 既没有变好也没有变坏
☐ 4. 好一些
☐ 5. 更好了

e. 孩子在这个学校每年的正式开销是_____元 (151)

f. 孩子在这个学校每年非正式的开销是_____元 (152)

g. 根据学校现有的教学质量，您觉得您的孩子上学开销： (153)

☐1. 很便宜

☐2. 比较便宜

☐3. 不便宜也不贵

☐4. 比较贵

☐5. 很贵

h. 为了让孩子上这个学校您或您的家人有非正式的开销吗？　　　（156）

☐1. 有

☐2. 无

i. 父母为了让孩子上好学校有非正式开销的现象很常见吗？

☐1. 几乎没有

☐2. 偶尔见到

☐3. 有时有

☐4. 时常见到

☐5. 很常见

j. 关于非正式的开销，那一种情形更经常发生？

☐1. 校领导暗示或主动索要

☐2. 家长自愿支付

☐3. 约定俗成，已成潜规则

第五部分　医疗卫生

5.1 过去 12 个月中您或您的家人去公立医院、卫生院或诊所就医或预防接种过吗？　　　（157）

☐1. 是

☐2. 否⇒转向 5.3

5.2 我们将问您几个关于这个医院的问题。

（1）医院的类型：　　　（158）

☐1. 医院

□2. 社区卫生院

□3. 诊所

□4. 家庭诊所

(2) 医院的性质： (159)

□1. 公立医院

□2. 民办医院

(3) 住院天数：_____天 (160)

(4) 具体费用：

ⅰ 正式开销：_____元 (161)

ⅱ 非正式开销包括红包或送礼等：_____元 (162)

(5) 医院服务质量

	服务质量　1=很糟　5=很好	
医生护士服务质量	1　2　3　4　5-9	(163)
医疗设施质量	1　2　3　4　5-9	(164)

(6) 在过去三年中，这类医院的总体质量变得： (165)

□1. 更差

□2. 差一些

□3. 既没有变好也没有变坏

□4. 好一些

□5. 更好

(7) 根据现有的医疗质量，您觉得这个医院服务收费： (166)

□1. 很便宜

□2. 还算便宜

□3. 不算便宜但也不贵

□4. 有点贵

□5. 很贵

5.3 社区卫生服务

（1） 过去3年来社区卫生服务机构（社区卫生服务中心、卫生服务站、卫生院）的服务质量是提高了还是下降了？　　　　　　　　　　（167）

☐1. 更差

☐2. 差一些

☐3. 既没有变好也没有变坏

☐4. 好一些

☐5. 更好

（2） 您认为改善社区卫生服务系统最有效的措施是什么？（168）

第六部分　其他类型公共服务

6.1 您或您的家人最近3年在 HZ 市有无求职经历：　　　　（169）

☐1. 有

☐2. 无⇒转向 6.2

通过这次求职经历，您对 HZ 市职业介绍和就业服务工作如何评价？

（170）

☐1. 很不满意

☐2. 不太满意

☐3. 一般

☐4. 比较满意

☐5. 很满意

6.2 您或您的家人是否申请过 HZ 市的廉租房、经济租赁房或经济适用房等保障性住房？　　　　　　　　　　　　　　　　　　　　　（171）

☐1. 是

☐2. 否⇒转向 6.3

通过这次申请经历,您对 HZ 市保障性住房的申请条件和分配办法如何评价? (172)

□1. 很不满意

□2. 不太满意

□3. 一般

□4. 比较满意

□5. 很满意

6.3 您对 HZ 市公交服务如何评价? (173)

□1. 很不满意

□2. 不太满意

□3. 一般

□4. 比较满意

□5. 很满意

6.4 您对 HZ 市交通出行状况如何评价? (174)

□1. 很拥堵

□2. 有些拥堵

□3. 一般

□4. 还算畅通

□5. 很畅通

6.5 您或您的家人是否享受 HZ 市低保? (175)

□1. 是

□2. 否⇒转向 6.6

您对 HZ 市最低生活保障水平如何评价? (176)

□1. 低保水平太低

□2. 低保水平较低

□3. 低保水平适中

□4. 低保水平偏高

□5. 保障水平太高

6.6 您或您的家人有无领取养老金？ （177）

□1. 有

□2. 无⇒转向 6.7

您对 HZ 市目前的养老金水平如何评价？ （178）

□1. 养老金水平太低

□2. 养老金水平较低

□3. 养老金水平适中

□4. 养老金水平偏高

□5. 养老金水平太高

6.7 您有无参与过 HZ 市工程建设项目环境影响评价？ （179）

□1. 有

□2. 无⇒跳过

您觉得自己在环境影响评价中的意见受到尊重和重视吗？ （180）

□1. 很不受重视

□2. 不受重视

□3. 一般

□4. 受到重视

□5. 很受重视

第七部分 公共组织的治理和廉洁

7.1

（1）您是否知道 HZ 市政府的"开放式决策"做法？ （181）

□1. 知道

□2. 不知道⇒转向 7.2

（2）您是否亲身参与过 HZ 市政府的"开放式决策"实践？ （182）

☐1. 是

☐2. 否⇒转向 7.2

（3）通过您的亲身参与经历，您如何评价 HZ 市政府"开放式决策"？

（183）

☐1. 纯属作秀

☐2. 意义不大

☐3. 说不清

☐4. 有意义

☐5. 很有意义

7.2 下面请您对您接触 HZ 市各个公共服务机构和部门的次数和对他们的廉洁度进行评价。

部门名称	（1）过去 12 个月中您或您的家人为获取相应的公共服务而去下列部门办事的次数	（2）在这些办事次数中，有几次被要求支付贿赂性开支：1 表示至少一次；1+ 表示不止一次	（3）平均每次办事请客送礼送钱打点关系的大体数额是多少元？
1. 学校	_____次（184）	_____次（185）	_____元（186）
2. 医院	_____次（187）	_____次（188）	_____元（189）
3. 民政局	_____次（190）	_____次（191）	_____元（192）
4. 劳动保障局	_____次（193）	_____次（194）	_____元（195）
5. 人口和计划生育委员会	_____次（193）	_____次（194）	_____元（195）
6. 教育局	_____次（196）	_____次（197）	_____元（198）
7. 文化广播新闻出版局	_____次（199）	_____次（200）	_____元（201）

续表

部门名称	（1）过去12个月中您或您的家人为获取相应的公共服务而去下列部门办事的次数	（2）在这些办事次数中，有几次被要求支付贿赂性开支：1表示至少一次；1+表示不止一次	（3）平均每次办事请客送礼送钱打点关系的大体数额是多少元？
8. 民族宗教事务局	_____次（202）	_____次（203）	_____元（204）
9. 卫生局	_____次（205）	_____次（206）	_____元（207）
10. 房管局	_____次（208）	_____次（209）	_____元（210）
11. 人事局	_____次（211）	_____次（212）	_____元（213）
12. 公安局	_____次（214）	_____次（215）	_____元（216）
13. 交警队	_____次（217）	_____次（218）	_____元（219）
14. 车管所	_____次（220）	_____次（221）	_____元（222）
15. 地税局	_____次（223）	_____次（224）	_____元（225）
16. 城管执法局	_____次（226）	_____次（227）	_____元（228）
17. 电力局	_____次（229）	_____次（230）	_____元（231）
18. 物价局	_____次（232）	_____次（233）	_____元（234）
19. 检察院	_____次（235）	_____次（236）	_____元（237）
20. 法院	_____次（238）	_____次（239）	_____元（240）
21. 规划局	_____次（241）	_____次（242）	_____元（243）
22. 市建委	_____次（244）	_____次（245）	_____元（246）
23. 司法局	_____次（247）	_____次（248）	_____元（249）

7.3 在目前情况下,许多人认为向官员行贿是办事成功的必要条件。您估计在本地,一个人每年到政府部门办事请客送礼疏通关系大概要花多少钱?

(1) 数额:_____元　　　　　　　　　　　　　　　(250)

(2) 占其家庭总收入比例:____%　　　　　　　　　　(251)

7.4 在大多数向官员行贿事例中这种非正式支付是在什么情况下发生的?　　　　　　　　　　　　　　　　　　　　　　　　　(252)

☐1. 官员暗示或主动索要

☐2. 当事人主动自愿支付

☐3. 支付多少和用什么形式支付在这里已成惯例,双方心知肚明

7.5 如果一个人为了获得某项服务或解决某个问题而提供了非正式支付,他能够获得这项服务或解决问题的确定性有多大:　　　　(253)

☐1. 完全无法确定

☐2. 基本无法确定

☐3. 不好说

☐4. 基本可以确定

☐5. 完全可以确定

7.6 请评价以下几个关于 HZ 市腐败问题的相互对立的观点。

(1) 今天在 HZ 市腐败问题:

☐1　　☐2　　☐3　　☐4　　☐5　　(254)

非常严重_____毫不严重

(2) 同 3 年前相比,今天 HZ 市的腐败问题变得:

☐1　　☐2　　☐3　　☐4　　☐5　　(255)

更糟_____更好

(3) 如何看待身边的腐败:

☐1　　☐2　　☐3　　☐4　　☐5　　(256)

很自然,无须大惊小怪_____公害,不能容忍

(4) 如何看待 HZ 市反腐败努力

☐1　　　☐2　　　☐3　　　☐4　　　☐5　　　（257）

缺乏坚定意志和决心_____意志坚定决心很大

(5) HZ 市居民对 HZ 市委市政府反腐败战略部署的熟悉程度

☐1　　　☐2　　　☐3　　　☐4　　　☐5　　　（258）

很低_____很高

(6) HZ 市反腐败工作的成效

☐1　　　☐2　　　☐3　　　☐4　　　☐5　　　（259）

没有成效_____很有成效

(7) 腐败经久不衰应归咎于

☐1　　　☐2　　　☐3　　　☐4　　　☐5　　　（260）

居民和企业_____党政领导和公务员

(8) HZ 市以外的新闻媒体和组织机构在协助 HZ 市反腐败工作方面

☐1　　　☐2　　　☐3　　　☐4　　　☐5　　　（261）

没有效果_____很有效果

7.7　我们将询问您一些有关 HZ 市公共机构和行动者清廉程度的问题。请按 1 到 5 的量表回答问题，1 对应的是很不廉正，5 对应的是非常廉正。

	机构或行动者 的清廉/正直 1 = 很不廉正 2 = 不太廉正 3 = 居于廉和不廉之间 4 = 比较廉正 5 = 非常廉正 −9 = 不知道						
1. 党政领导干部	1	2	3	4	5	−9	（262）
2. 人大代表、政协委员	1	2	3	4	5	−9	（263）
3. 组织部	1	2	3	4	5	−9	（264）
4. 宣传部	1	2	3	4	5	−9	（265）
5. 纪委	1	2	3	4	5	−9	（266）

续表

	机构或行动者 的清廉/正直　　　　　　　　　　　　　　　　　1 = 很不廉正　　　　　　　　　　　　　　　　　2 = 不太廉正　　　　　　　　　　　　　　　　　3 = 居于廉和不廉之间　　　　　　　　　　　　　　　　　4 = 比较廉正　　　　　　　　　　　　　　　　　5 = 非常廉正　　　　　　　　　　　　　　　　　-9 = 不知道						
6. 统战部	1	2	3	4	5	-9	(267)
7. 政法委	1	2	3	4	5	-9	(268)
8. 政研室	1	2	3	4	5	-9	(269)
9. 发改委	1	2	3	4	5	-9	(270)
10. 科技局	1	2	3	4	5	-9	(271)
11. 市经委	1	2	3	4	5	-9	(272)
12. 市外经贸局	1	2	3	4	5	-9	(273)
13. 文广新闻局	1	2	3	4	5	-9	(274)
14. 贸易局（粮食局）	1	2	3	4	5	-9	(275)
15. 民族宗教局	1	2	3	4	5	-9	(276)
16. 公安局	1	2	3	4	5	-9	(277)
17. 卫生局	1	2	3	4	5	-9	(278)
18. 监察局	1	2	3	4	5	-9	(279)
19. 人口计生委	1	2	3	4	5	-9	(280)
20. 审计局	1	2	3	4	5	-9	(281)
21. 司法局	1	2	3	4	5	-9	(282)
22. 统计局	1	2	3	4	5	-9	(283)
23. 财政（地税）局	1	2	3	4	5	-9	(284)
24. 人事局	1	2	3	4	5	-9	(285)
25. 工商局	1	2	3	4	5	-9	(286)
26. 劳动保障局	1	2	3	4	5	-9	(287)
27. 质监局	1	2	3	4	5	-9	(288)
28. 食品药品监管局	1	2	3	4	5	-9	(289)
29. 规划局	1	2	3	4	5	-9	(290)
30. 城管执法局	1	2	3	4	5	-9	(291)

续表

	机构或行动者 的清廉/正直 1 = 很不廉正 2 = 不太廉正 3 = 居于廉和不廉之间 4 = 比较廉正 5 = 非常廉正 −9 = 不知道	
31. 市建委	1　2　3　4　5　−9	(292)
32. 市园文局	1　2　3　4　5　−9	(293)
33. 市外办	1　2　3　4　5　−9	(294)
34. 市侨办	1　2　3　4　5　−9	(295)
34. 农业局	1　2　3　4　5　−9	(296)
35. 法制办	1　2　3　4　5　−9	(297)
36. 林水局	1　2　3　4　5　−9	(298)
37. 国资委	1　2　3　4　5　−9	(299)
38. 信访局	1　2　3　4　5　−9	(300)
39. 物价局	1　2　3　4　5　−9	(301)
40. 电力局	1　2　3　4　5　−9	(302)
41. 国税局	1　2　3　4　5　−9	(303)
42. 法院	1　2　3　4　5　−9	(304)
43. 检察院	1　2　3　4　5　−9	(305)
44. 国有企业	1　2　3　4　5　−9	(306)
45. 事业单位	1　2　3　4　5　−9	(307)
46. 银行	1　2　3　4　5　−9	(308)
47. 证券机构	1　2　3　4　5　−9	(309)
48. 保险机构	1　2　3　4　5　−9	(310)
49. 新闻媒体	1　2　3　4　5　−9	(311)
50. 民间组织	1　2　3　4　5　−9	(312)
选择两个最不廉正的机构或行动者，用1到50之间的数字来表示	最不廉正者_____ 第二位最不廉正者_____	(313) (314)

7.8 我将读出一些机构或行动者的名称。请告诉我这些机构或行动者对 HZ 市反腐败工作有无帮助。用 1 到 5 的量表来排序。1 表示没有什么帮助，5 表示帮助很大。

（1）纪检监察机关：□1　　□2　　□3　　□4　　□5
　　　　　　　　　　　　　　　　　　　　　　　　（315）
（2）检察院：□1　　□2　　□3　　□4　　□5　（316）
（3）审计局：□1　　□2　　□3　　□4　　□5　（317）
（4）法院：□1　　□2　　□3　　□4　　□5　　（318）
（5）人大代表、政协委员：□1　　□2　　□3　　□4　　□5
　　　　　　　　　　　　　　　　　　　　　　　　（319）
（6）新闻媒体：□1　　□2　　□3　　□4　　□5　（320）
（7）网民：□1　　□2　　□3　　□4　　□5　　（321）
（8）信访局：□1　　□2　　□3　　□4　　□5　（322）
（9）民间组织：□1　　□2　　□3　　□4　　□5　（323）
（10）企业：□1　　□2　　□3　　□4　　□5　　（324）
（11）专家学者：□1　　□2　　□3　　□4　　□5　（325）

7.9 腐败举报制度

（1）您知道举报腐败官员之后进入什么程序吗？
　　□1. 是　　　□2. 否　　　　　　　　　　　　（326）
（2）过去两年中您是否见证过官员涉及腐败被查处的案件？
　　□1. 是　　　□2. 否　　　　　　　　　　　　（327）
（3）过去两年中您或您的家人是否举报过官员腐败的案件？
　　□1. 是　　　□2. 否⇒转向（5）　　　　　　　（328）
（4）您如何评价举报腐败的过程？用 1 到 5 的量表回答下列问题。1 表示完全同意，5 表示完全不同意。

　　Ⅰ这个过程很有效：□1　　□2　　□3　　□4　　□5（329）
　　Ⅱ举报程序很简便：□1　　□2　　□3　　□4　　□5（330）

Ⅲ举报者受到了很好的保护不会遭到打击报复：

□1　　□2　　□3　　□4　　□5　　　　　　　　　　（331）

（5）您不举报腐败的三个主要理由是什么？

	最重要的理由打√（332）	第二重要的理由打√（332）	第三重要的理由打√（332）
1. 我不知道到哪里去举报	———	———	———
2. 案件线索不明	———	———	———
3. 举报过程复杂、冗长	———	———	———
4. 腐败司空见惯	———	———	———
5. 在目前经济形势下贿赂有其合理性	———	———	———
6. 举报了也不会开展调查	———	———	———
7. 即使有政策规定也不会执行	———	———	———
8. 我害怕受到打击报复	———	———	———

第八部分　家庭和受访者基本情况

（本处从略）

附录二：HZ 市企业调查问卷

问卷编码：|_|_|_|_|_| [1]

调查日期：2009 年＿＿月＿＿日 [2]

调查员姓名：＿＿＿＿ [3]

（以上内容由调查员填写）

调查说明：本项调查受 HZ 市纪委监察局委托进行，目的在于了解您对 HZ 市党风廉政建设状况的评价。我们将对您的回答充分保密，您的名字将不会出现在任何论文、文件中。我们也不会出于税收目的使用您的信息。

我们的调查将采用五分制量表。1 到 5 分别表示从否定到肯定、从低到高的五个等级，如：1 表示完全不同意，2 表示基本不同意，3 表示没有明确意见，4 表示基本同意，5 表示完全同意等。

第一部分 采购和销售

1.1 贵公司采购来源(设备、原材料等,包括出口转内销的商品)构成?

  (1) 产自国内 88%企业 100%国内   [4]

  (2) 国外进口 40%企业 10%以上进口 [5]

如果贵公司没有进口业务,则转向1.2。

  (3) 如果有进口业务,请问您的货物从到港到出关通常需要_____5%企业1天以上? [6]

  (4) 进口货物从提交货物到最终放行前的交货前检查过程需要_____42.9%企业需要____天? [7]

  (5) 您的进口货物总费用中正式费用(包括关税、检查费、报关费等)所占比例_____%,非正式费用所占比例_____% [8]

1.2 您的货物在装运过程中由损坏或偷窃所造成的损失的比例:____%

  [9]

1.3 您的公司有出口业务吗?

  (1) 3年前

   ☐1. 有。请说明占销售额的比例:_____% [10]

   ☐1. 无。(记录的比例为0%)

  (2) 今天(2009年)

   ☐1. 有。请说明占销售额的比例:_____% [11]

   ☐1. 无。(记录的比例为0%)

第二部分 公共服务的质量

2.1 请对下列公共机构的总体质量和投诉过程进行排名。

	请评估各种服务的总体质量。1 = 很差；5 = 非常好；−9 = 不知道	(1) 过去一年中，您是否曾出于某种原因而想投诉该项公共服务？"是"则转向（2），无则转向下一问题 (2) 如果是，则您有无投诉？有则转向（3），无则转向下一的问题 (3) 如果有，投诉效果如何？请打分 1 = 完全无效；5 = 很有效果
1. 发改委 [12] [13] [14] [15]	1 2 3 4 5 −9	(1) 是 否； (2) 有 无； (3) 1 2 3 4 5
2. 市经委 [16] [17] [18] [19]	1 2 3 4 5 −9	(1) 是 否； (2) 有 无； (3) 1 2 3 4 5
3. 市建委 [20] [21] [22] [23]	1 2 3 4 5 −9	(1) 是 否； (2) 有 无； (3) 1 2 3 4 5
4. 工商局 [24] [25] [26] [27]	1 2 3 4 5 −9	(1) 是 否； (2) 有 无； (3) 1 2 3 4 5
5. 国税局 [28] [29] [30] [31]	1 2 3 4 5 −9	(1) 是 否； (2) 有 无； (3) 1 2 3 4 5
6. 市地税局 [32] [33] [34] [35]	1 2 3 4 5 −9	(1) 是 否； (2) 有 无； (3) 1 2 3 4 5
7. 法院 [36] [37] [38] [39]	1 2 3 4 5 −9	(1) 是 否； (2) 有 无； (3) 1 2 3 4 5
8. 检察院 [40] [41] [42] [43]	1 2 3 4 5 −9	(1) 是 否； (2) 有 无； (3) 1 2 3 4 5
9. 公安局 [44] [45] [46] [47]	1 2 3 4 5 −9	(1) 是 否； (2) 有 无； (3) 1 2 3 4 5

续表

	请评估各种服务的总体质量。1 = 很差；5 = 非常好；-9 = 不知道	(1) 过去一年中，您是否曾出于某种原因而想投诉该项公共服务？"是"则转向（2），无则转向下一问题 (2) 如果是，则您有无投诉？有则转向（3），无则转向下一的问题 (3) 如果有，投诉效果如何？请打分 1 = 完全无效；5 = 很有效果
10. 交通局 [48] [49] [50] [51]	1 2 3 4 5 -9	(1) 是 否； (2) 有 无； (3) 1 2 3 4 5
11. 食品药品监管局 [52] [53] [54] [55]	1 2 3 4 5 -9	(1) 是 否； (2) 有 无； (3) 1 2 3 4 5
12. 质监局 [56] [57] [58] [59]	1 2 3 4 5 -9	(1) 是 否； (2) 有 无； (3) 1 2 3 4 5
13. 安监局 [60] [61] [62] [63]	1 2 3 4 5 -9	(1) 是 否； (2) 有 无； (3) 1 2 3 4 5
14. 环保局 [64] [65] [66] [67]	1 2 3 4 5 -9	(1) 是 否； (2) 有 无； (3) 1 2 3 4 5
15. 国土资源局 [68] [69] [70] [71]	1 2 3 4 5 -9	(1) 是 否； (2) 有 无； (3) 1 2 3 4 5
16. 卫生局 [72] [73] [74] [75]	1 2 3 4 5 -9	(1) 是 否； (2) 有 无； (3) 1 2 3 4 5
17. 气象局 [76] [77] [78] [79]	1 2 3 4 5 -9	(1) 是 否； (2) 有 无； (3) 1 2 3 4 5
18. 烟草局 [80] [81] [82] [83]	1 2 3 4 5 -9	(1) 是 否； (2) 有 无； (3) 1 2 3 4 5
19. 人事局 [84] [85] [86] [87]	1 2 3 4 5 -9	(1) 是 否； (2) 有 无； (3) 1 2 3 4 5)
20. 体育局 [88] [89] [90] [91]	1 2 3 4 5 -9	(1) 是 否； (2) 有 无； (3) 1 2 3 4 5

续表

	请评估各种服务的总体质量。1 = 很差；5 = 非常好；−9 = 不知道	(1) 过去一年中，您是否曾出于某种原因而想投诉该项公共服务？"是"则转向（2），无则转向下一问题 (2) 如果是，则您有无投诉？有则转向（3），无则转向下一的问题 (3) 如果有，投诉效果如何？请打分 1 = 完全无效；5 = 很有效果
21. 文广新局 ［92］［93］［94］［95］	1 2 3 4 5 −9	(1) 是 否； (2) 有 无； (3) 1 2 3 4 5
22. 房管局 ［96］［97］［98］［99］	1 2 3 4 5 −9	(1) 是 否； (2) 有 无； (3) 1 2 3 4 5
23. 劳动保障局 ［100］［101］［102］［103］	1 2 3 4 5 −9	(1) 是 否； (2) 有 无； (3) 1 2 3 4 5
24. 规划局 ［104］［105］［106］［107］	1 2 3 4 5 −9	(1) 是 否； (2) 有 无； (3) 1 2 3 4 5
25. 科技局 ［108］［109］［110］［111］	1 2 3 4 5 −9	(1) 是 否； (2) 有 无； (3) 1 2 3 4 5
26. 农业局 ［112］［113］［114］［115］	1 2 3 4 5 −9	(1) 是 否； (2) 有 无； (3) 1 2 3 4 5
27. 统计局 ［116］［117］［118］［119］	1 2 3 4 5 −9	(1) 是 否； (2) 有 无； (3) 1 2 3 4 5
28. 市经合办 ［120］［121］［122］［123］	1 2 3 4 5 −9	(1) 是 否； (2) 有 无； (3) 1 2 3 4 5
29. 国资委 ［124］［125］［126］［127］	1 2 3 4 5 −9	(1) 是 否； (2) 有 无； (3) 1 2 3 4 5
30. 城管办 ［128］［129］［130］［131］	1 2 3 4 5 −9	(1) 是 否； (2) 有 无； (3) 1 2 3 4 5
31. 民政局 ［132］［133］［134］［135］	1 2 3 4 5 −9	(1) 是 否； (2) 有 无； (3) 1 2 3 4 5

续表

	请评估各种服务的总体质量。1＝很差；5＝非常好；−9＝不知道	(1) 过去一年中，您是否曾出于某种原因而想投诉该项公共服务？"是"则转向（2），无则转向下一问题 (2) 如果是，则您有无投诉？有则转向（3），无则转向下一问题 (3) 如果有，投诉效果如何？请打分 1＝完全无效；5＝很有效果
32. 市台办 ［136］［137］［138］［139］	1　2　3　4　5　−9	(1) 是　否； (2) 有　无； (3) 1　2　3　4　5
33. 市侨办 ［140］［141］［142］［143］	1　2　3　4　5　−9	(1) 是　否； (2) 有　无； (3) 1　2　3　4　5
34. 市残联 ［144］［145］［146］［147］	1　2　3　4　5　−9	(1) 是　否； (2) 有　无； (3) 1　2　3　4　5
35. 人口计生委 ［148］［149］［150］［151］	1　2　3　4　5　−9	(1) 是　否； (2) 有　无； (3) 1　2　3　4　5
36. 档案局 ［152］［153］［154］［155］	1　2　3　4　5　−9	(1) 是　否； (2) 有　无； (3) 1　2　3　4　5

2.2 （1）您的公司一年之中受断电之苦的平均天数是多少？_____

天/年　　　　　　　　　　　　　　　　　　　　　　　　　　　［156］

（2）您的公司自备发电机吗？　　　　　　　　　　　　　　　［157］

□1．是

□2．否⇒转向2.3

如果是，为什么：

1 因为它更便宜

2 因为电力公司供电不可靠

3 因为电力公司供电价格波动大

4 其他。请说明_____

（3）过去一年中您的公司自行发电花了多少钱？_____元　　［158］

（4）在前几年中您的公司曾因电力供应波动而遭受财政损失吗？

□1. 是　　□2. 否

2.3　（1）您的公司安装固定电话了吗？　　　　　　　　　　　　［159］

□1. 是

□2. 否⇒转向（3）

（2）如果是的话，一年之中有多少天因电话故障遭受损失？_____天/年

［160］

（3）您的公司使用移动电话吗？　　　　　　　　　　　　　　　　［161］

□1. 是

□2. 否⇒转向（5）

（4）如果您的公司使用移动电话，那么主要原因什么呢？

□1. 固话服务没有保障

□2. 比固定电话要方便

□3. 比固定电话要可靠

□4. 其他。请说明_____

（5）您的公司接入互联网了吗？　　　　　　　　　　　　　　　　［162］

□1. 是

□2. 否

2.4　您的公司接入城市供水系统了吗？　　　　　　　　　　　　　［163］

□1. 是

□2. 否⇒跳过

如果是，估计您的公司一年之中有多少天受供水不足之苦？_____天/年

［164］

第三部分 规章与监管

3.1 "一般来说,影响到我的公司的政策法规的信息"　　　[165]
- □1. 很难获得
- □2. 获取信息有点困难
- □3. 比较容易获得
- □4. 非常容易获得

3.2 "一般来说,影响到我的公司的政策法规及其解释是"　　[166]
- □1. 很不一致
- □2. 不太一致
- □3. 还算一致
- □4. 非常一致

3.3 (1) 影响到您的公司的政策法规的变动是?　　　　　[167]
- □1. 完全无法预期的
- □2. 相当难以预期的
- □3. 基本可以预期的
- □4. 完全可以预期的

(2) "HZ 市政府在做出影响到我公司经营的政策法规的重要变化时考虑到了我或者我所在的商会所表达的意见和顾虑"。　　　[168]
- □1. 从来没有
- □2. 几乎没有
- □3. 有时有
- □4. 常常有
- □5. 始终如此

(3) 在过去 3 年中,HZ 市经商的政策法规规章变得　　　　[169]
- □1. 更难预期

☐2. 不好预期
☐3. 没有变化
☐4. 好预期了
☐5. 更好预期了

第四部分　司法系统

4.1　（1）您的公司过去 3 年中是否打过官司？　　　　　[170]
☐1. 是
☐2. 否⇒若无则直接转向 4.2

（2）如果您的公司过去 3 年中打过官司，那么有多少次官司是：
☐1. 审判前解决？　　　　　　　　　　　　　　　　　[171]
☐2. 审判后判决前解决？　　　　　　　　　　　　　　[172]
☐3. 胜诉？　　　　　　　　　　　　　　　　　　　　[173]
☐4. 败诉？　　　　　　　　　　　　　　　　　　　　[174]
☐5. 有多少案子仍在审理中？　　　　　　　　　　　　[175]

（3）如果您的官司打赢了某个官司，法院判决能够得到执行吗？　[176]
☐1. 能
☐2. 否

（4）您的公司平均每次打官司的下列开销是多少？其中非正式的私下开销是多少？

	支付给每种官员的总开销	总开销中私下支付的数量是多少	
法警或执行庭官员	_____元	_____元	[**177**] [178]
法官	_____元	_____元	[**178**] [179]

续表

	支付给每种官员的总开销	总开销中私下支付的数量是多少	
上级领导	_____元	_____元	[180] [181]
律师	_____元	_____元	[182] [183]
中间人	_____元	_____元	[184] [185]

（5）平均每次官司到结束要花多长时间？_____年____月　[186]

（6）费时最长的官司花了多长时间？_____年____月　[187]

如果最坏的官司仍在审理中，那么已经审理了_____年____月　[188]

（7）您或您的公司中任何人是否曾接到过暗示只要支付额外的开销（给涉足案件的法官、检察官、执行法警或其他任何相关官员）就可以获得有利的裁决或判决？　[189]

☐1．是

☐2．否

（8）根据您与法院打交道的经验，您遇到纠纷还有可能再向法院求助吗？

[190]

☐1．更有可能

☐2．更不可能

4.2　（1）在 HZ 市运用法院维护自己权益过程中最重要的三个障碍是什么？

	最重要的障碍（限选一项）[191]	第二位重要的障碍 [192]	第三位重要的障碍 [193]
1．正式开销太大	☐	☐	☐
2．非正式开销太大	☐	☐	☐
3．腐败左右司法判决	☐	☐	☐
4．法官不胜任	☐	☐	☐

续表

	最重要的障碍 （限选一项）[191]	第二位重要 的障碍 [192]	第三位重要 的障碍 [193]
5. 诉讼耗时太长	□	□	□
6. 诉讼程序太复杂	□	□	□
7. 司法判决得不到执行	□	□	□
8. 法院位置太远	□	□	□
9. 其他，请注明_____[194]			

（2）过去 2 年中，贵公司是否曾觉得需要诉诸法律维护自己权益但最终又放弃？　　　　　　　　　　　　　　　　　　　　　　　　　[195]

□1．是

□2．否

4.3

（1）在过去 2 年中，贵公司是否不通过法庭而用调解等方式解决了重要纠纷？　　　　　　　　　　　　　　　　　　　　　　　　　　[196]

□1．是

□2．否⇒请跳过下面问题直接转到 5.1

（2）如果选是，那么请回答您选择了下面那种方法：

ⅰ 律师调解　□1．是　□2．否　　　　　　　　　　　　　　[197]

ⅱ 正式的调解或仲裁　□1．是　□2．否　　　　　　　　　　[198]

ⅲ 朋友/家人调解　□1．是　□2．否　　　　　　　　　　　　[199]

ⅳ 司法调解　□1．是　□2．否　　　　　　　　　　　　　　[200]

ⅴ 官员调解　□1．是　□2．否　　　　　　　　　　　　　　[201]

ⅵ 保险公司调解　□1．是　□2．否　　　　　　　　　　　　[202]

ⅶ 商会或行业协会调解　□1．是　□2．否　　　　　　　　　[203]

ⅷ 社会贤达调解　□1．是　□2．否　　　　　　　　　　　　[204]

ⅸ 商界名流调解　□1．是　□2．否　　　　　　　　　　　　[205]

x 其他，请注明_____ [206]

第五部分　金融部门服务和公司治理

5.1　从下列几个来源中选择贵公司去年的3个主要资金来源及相应比例。
（1）第一大资金来源：_____，_____%　　[207]
（2）第二大资金来源：_____，_____%　　[208]
（3）第二大资金来源：_____，_____%　　[209]

1. 内部基金／销售所得
2. 自有资金
3. 当地商业银行
4. 外国银行
5. 非银行金融机构
6. 家人／朋友
7. 放贷者，传统的或非正式的
8. 租赁安排
9. 公共优惠
10. 供方信贷
11. 无固定利益股票，股市出售
12. 投资基金／特别发展融资
13. 其他。请说明_____

_____

5.2（1）您的公司经常使用银行账号（而不是现金）进行商业交易吗？
[210]
☐1. 从不使用
☐2. 偶尔使用
☐3. 有时使用

□4. 经常使用

□5. 总是使用

（2）通过银行系统给客户转钱要花多长时间？

	现在	3年前
Ⅰ 国内客户	_____天	_____天
	[211]	[212]
Ⅱ 国外客户	_____天	_____天
	[213]	[214]

5.3 （1）您是否给您的顾客贷款？

□1. 是

□2. 否⇒转向5.4

（2）如果是的话，在什么条件下提供？

Ⅰ 数额相当于购买额的百分比_____%　　　　　　　　[215]

Ⅱ 贷款期限_____天　　　　　　　　　　　　　　　　[216]

Ⅲ 您收利息吗？　　　　　　　　　　　　　　　　　　[217]

□1. 是

□2. 否

Ⅳ 您要求抵押品吗？　　　　　　　　　　　　　　　　[218]

□1. 是

□2. 否

（3）您给您本人并不熟识的新客户提供信贷吗？　　　[219]

□1. 是

□2. 否

（4）去年（2008年）您的销售收入中信贷收入占多大比例？_____%

[220]

（5）平均起来您的销售信贷收入中到期未付款占多大比例？_____%

[221]

5.4 您的公司使用国际财务标准吗？　　　　　　　　　　［222］
　　□1. 是
　　□2. 否

5.5 您的公司是否向股东提供外部审计机构审查过的年度财务报表？
　　　　　　　　　　　　　　　　　　　　　　　　　　　　［223］
　　□1. 是
　　□2. 否

5.6 您的产品在 **HZ** 市场上所占的比例是多少？＿＿＿＿％　［224］

5.7 下列机构哪个是您的主要竞争者？　　　　　　　　　　［225］
　　□1. 省内中小企业
　　□2. 省内大的私人企业
　　□3. 在浙江生产的跨国公司
　　□4. 国有企业
　　□5. 非正规部门的小企业
　　□6. 合法的进口货
　　□7. 走私货
　　□8. 我的公司没有竞争对手

第六部分　官僚的繁文缛节

6.1 如果您在过去 5 年中注册成立公司，那么这个过程共花了多长时间？＿＿＿＿周　　　　　　　　　　　　　　　　　　　　［226］

6.2 今天在您的公司运营中，哪些方面的政府要求满足起来最为困难？
　　　　　　　　　　　　　　　　　　　　　　　　　　　　［227］
　　□1. 劳务市场的规制
　　□2. 所有权规章
　　□3. 许可证方面的规制

☐4. 财产购买和出售方面的限制

☐5. 物价控制

☐6. 税收、免税期、税收返还

☐7. 报税

☐8. 其他。请说明_____

6.3 （1）您雇用任何专业人员如会计、律师、税务顾问、代理人等协助应付政府规制吗？　　　　　　　　　　　　　　　　　[228]

☐1. 是

☐2. 否⇒转向6.4

（2）如果是的话，使用这些专业辅助人员的年均开支是多少？_____元

[229]

6.4 公司经理层每年有多少时间花在与政府官员打交道以弄清法律问题？_____%　　　　　　　　　　　　　　　　　　　　　　　[230]

6.5 您的公司在过去一年中花在保安方面的平均开支是多少？_____元　　　　　　　　　　　　　　　　　　　　　　　　　　[231]

6.6 （1）在过去2年中，您是否因资金以外的原因而改变了原计划在HZ市的投资想法？　　　　　　　　　　　　　　　　　　[232]

☐1. 是　　☐2. 否

（2）如果是的话，原因是什么（可多选）：

☐1. 劳务市场的规制

☐2. 所有权的规定

☐3. 许可证方面的规制

☐4. 财产购买和出售方面的限制

☐5. 物价控制

☐6．税收

☐7．基础设施差

☐8．公用事业差

☐9．政治氛围

☐10．其他。请说明_____

_____

6.7 "在我这个行当的公司中要办事就得支付一些非正式开销，这已经很常见"。　　　　　　　　　　　　　　　　　　　　　　　[233]

☐1．从来没有

☐2．几乎没有

☐3．有时有

☐4．常常有

☐5．始终如此

6.8 "我这个行当的公司通常事先知道'非正式的开销'是多少"。

[234]

☐1．绝非如此

☐2．偶尔如此

☐3．有时如此

☐4．常常如此

☐5．始终如此

6.9 "如果一个公司按要求支付了非正式开支通常就能获得商量好的服务"。　　　　　　　　　　　　　　　　　　　　　　　[235]

☐1．绝非如此

☐2．偶尔如此

☐3．有时如此

☐4．常常如此

☐5．始终如此

6.10 "如果政府职员不照章行事，我可以找另一个官员或他的上级而不用贿赂。" [236]

☐1．绝非如此

☐2．偶尔如此

☐3．有时如此

☐4．常常如此

☐5．始终如此

6.11 当要求非正式支付时，更经常发生的是下列那一种情况？ [237]

☐1．政府官员暗示或索要

☐2．企业自愿支付

☐3．事先知道付多少怎么付，无须讨论

6.12 请标明在过去一年中您在下列情景中同政府部门打交道的情况。

	（1）在过去一年中同这个部门或其官员接触的次数：1=少于五次；2=少于五次	（2）在接触这么多次中，官员要求您支付非正式开销的次数是多少？1=至少一次；2=多于一次	（3）平均每次非正式开销包括请客送礼等大体花费是多少？	
1. 发改委	_____次	_____	_____元	[238] [239] [240]
2. 市经委	_____次	_____	_____元	[241] [242] [243]
3. 市建委	_____次	_____	_____元	[244] [245] [246]
4. 工商局	_____次	_____	_____元	[247] [248] [249]
5. 国税局	_____次	_____	_____元	[250] [251] [252]
6. 地税局	_____次	_____	_____元	[253] [254] [255]
7. 法院	_____次	_____	_____元	[256] [257] [258]
8. 检察院	_____次	_____	_____元	[259] [260] [261]

续表

	（1）在过去一年中同这个部门或其官员接触的次数：1 = 少于五次；2 = 少于五次	（2）在接触这么多次中，官员要求您支付非正式开销的次数是多少？1 = 至少一次；2 = 多于一次	（3）平均每次非正式开销包括请客送礼等大体花费是多少？	
9. 公安局	_____次	_____	_____元	[262] [263] [264]
10. 交通局	_____次	_____	_____元	[265] [266] [267]
11. 食品药品监管局	_____次	_____	_____元	[268] [269] [270]
12. 质监局	_____次	_____	_____元	[271] [272] [273]
13. 安监局	_____次	_____	_____元	[274] [275] [276]
14. 环保局	_____次	_____	_____元	[277] [278] [279]
15. 国土资源局	_____次	_____	_____元	[280] [281] [282]
16. 卫生局	_____次	_____	_____元	[283] [284] [285]
17. 气象局	_____次	_____	_____元	[286] [287] [288]
18. 烟草局	_____次	_____	_____元	[289] [290] [291]
19. 人事局	_____次	_____	_____元	[292] [293] [294]
20. 体育局	_____次	_____	_____元	[295] [296] [297]
21. 文广新局	_____次	_____	_____元	[298] [299] [300]
22. 房管局	_____次	_____	_____元	[301] [302] [303]
23. 劳动保障局	_____次	_____	_____元	[304] [305] [306]
24. 规划局	_____次	_____	_____元	[307] [308] [309]
25. 科技局	_____次	_____	_____元	[310] [311] [312]
26. 农业局	_____次	_____	_____元	[313] [314] [315]
27. 统计局	_____次	_____	_____元	[316] [317] [318]

续表

	（1）在过去一年中同这个部门或其官员接触的次数：1 = 少于五次；2 = 少于五次	（2）在接触这么多次中，官员要求您支付非正式开销的次数是多少？1 = 至少一次；2 = 多于一次	（3）平均每次非正式开销包括请客送礼等大体花费是多少？	
28. 市经合办	____次	____	____元	[319] [320] [321]
29. 国资委	____次	____	____元	[322] [323] [324]
30. 城管办	____次	____	____元	[325] [326] [327]
31. 民政局	____次	____	____元	[328] [329] [330]
32. 市台办	____次	____	____元	[331] [332] [333]
33. 市侨办	____次	____	____元	[334] [335] [336]
34. 市残联	____次	____	____元	[337] [338] [339]
35. 人口计生委	____次	____	____元	[340] [341] [342]
36. 档案局	____次		____元	

6.13 你们这类公司支付给官员的平均非正式支付：

（1）数量_____元 [343]

（2）占公司总收入的比例_____% [344]

6.14 政府采购合同是以清晰的和高效的方式签订的。 [345]

☐1. 从未如此

☐2. 偶尔如此

☐3. 有时如此

☐4. 常常如此

☐5. 从来如此

6.15 过去 2 年中您的公司向国有部门销售产品或服务吗？

☐1. 是，请说明占总销售收入比例_____% [346]

□2. 否

6.16 无论您现在是否同政府做生意,都请您评论同政府做生意的下列障碍的难易程度:

	没有障碍	微不足道的障碍	不大的障碍	主要的障碍	
程序太复杂	1	2	3	4	［347］
竞争太多	1	2	3	4	［348］
要求非正式支付	1	2	3	4	［349］

其他,请说明:＿＿ ［350］

6.17 在您所在行业的公司与政府发生经济往来时,

（1）涉及非正式支付的合同在全部合同中的比例?＿＿＿＿％ ［351］

（2）为了获得合同必须非额外支或非正式支付付占合同总值的比例?＿＿＿＿％ ［352］

（3）在许多地方下列现象很普遍即公司为了收到货款而在开发票过程中给予

对方非正式支付。这类非正式支付在开发票中占多大比例?＿＿＿＿％ ［353］

（4）为了收到货款公司须遭受的发票价值损失比例有多大?＿＿＿＿％ ［354］

6.18 为避免受到政府不公正的对待,贵公司曾向当地党政领导疏通关系寻求保护? ［355］

（1）在过去 12 个月中, ［356］

□1. 是

□2. 否

（2）在过去 3 年中, ［357］

□1. 是

☐2. 否

6.19 您是否愿意为清除腐败多交点税，税额可占公司收入的比例？

_____％ [358]

6.20 我们将征求您对于各个公共机构廉洁的评价。

评价对象	1 = 很不廉正；2 = 不太廉正；3 = 居于廉和不廉之间；4 = 比较廉正；5 = 非常廉正；-9 = 不知道	
1. 党政领导干部	1　2　3　4　5　-9	[359]
2. 人大代表、政协委员	1　2　3　4　5　-9	[360]
3. 组织部	1　2　3　4　5　-9	[361]
4. 宣传部	1　2　3　4　5　-9	[362]
5. 纪委	1　2　3　4　5　-9	[363]
6. 统战部	1　2　3　4　5　-9	[364]
7. 政法委	1　2　3　4　5　-9	[365]
8. 民政局	1　2　3　4　5　-9	[366]
9. 发改委	1　2　3　4　5　-9	[367]
10. 科技局	1　2　3　4　5　-9	[368]
11. 市经委	1　2　3　4　5　-9	[369]
12. 市外经贸局	1　2　3　4　5　-9	[370]
13. 文广新局	1　2　3　4　5　-9	[371]
14. 环保局	1　2　3　4　5　-9	[372]
15. 交通局	1　2　3　4　5　-9	[373]
16. 公安局	1　2　3　4　5　-9	[374]
17. 卫生局	1　2　3　4　5　-9	[375]
18. 安监局	1　2　3　4　5　-9	[376]
19. 人口计生委	1　2　3　4　5　-9	[377]
20. 房管局	1　2　3　4　5　-9	[378]
21. 档案局	1　2　3　4　5　-9	[379]
22. 国土资源局	1　2　3　4　5　-9	[380]

续表

评价对象	1 = 很不廉正；2 = 不太廉正；3 = 居于廉和不廉之间；4 = 比较廉正；5 = 非常廉正；-9 = 不知道						
23. 地税局	1	2	3	4	5	-9	[381]
24. 人事局	1	2	3	4	5	-9	[382]
25. 工商局	1	2	3	4	5	-9	[383]
26. 劳动保障局	1	2	3	4	5	-9	[384]
27. 质监局	1	2	3	4	5	-9	[385]
28. 食品药品监管局	1	2	3	4	5	-9	[386]
29. 规划局	1	2	3	4	5	-9	[387]
30. 城管执法局	1	2	3	4	5	-9	[388]
31. 市建委	1	2	3	4	5	-9	[389]
32. 市残联	1	2	3	4	5	-9	[390]
33. 市外办	1	2	3	4	5	-9	[391]
34. 市侨办	1	2	3	4	5	-9	[392]
35. 农业局	1	2	3	4	5	-9	[393]
36. 市经合办	1	2	3	4	5	-9	[394]
37. 烟草局	1	2	3	4	5	-9	[395]
38. 国资委	1	2	3	4	5	-9	[396]
39. 气象局	1	2	3	4	5	-9	[397]
40. 体育局	1	2	3	4	5	-9	[398]
41. 电力局	1	2	3	4	5	-9	[399]
42. 国税局	1	2	3	4	5	-9	[400]
43. 法院	1	2	3	4	5	-9	[401]
44. 检察院	1	2	3	4	5	-9	[402]
45. 国有企业	1	2	3	4	5	-9	[403]
46. 事业单位	1	2	3	4	5	-9	[404]
47. 银行	1	2	3	4	5	-9	[405]
48. 证券机构	1	2	3	4	5	-9	[406]

续表

评价对象	1＝很不廉正；2＝不太廉正； 3＝居于廉和不廉之间；4＝比较廉正； 5＝非常廉正；-9＝不知道	
49. 保险机构	1　2　3　4　5　-9	［407］
50. 新闻媒体	1　2　3　4　5　-9	［408］
51. 民间组织	1　2　3　4　5　-9	［409］
选择两个最不廉正的机构或行动者，用 1 到 50 之间的数字来表示		
最不廉正者＿＿＿＿＿＿		［410］
第二位最不廉正者＿＿＿＿＿＿		［411］

第七部分　总结性问题

7.1　请判断下列因素对您的公司的运营和成长的负面影响（主要障碍不超过 4 个）。

	不构成障碍	微不足道的障碍	一般性障碍	主要的障碍	
1. 融资	1	2	3	4	［412］
2. 基础设施（电力、供水、道路、电话等）	1	2	3	4	［413］
3. 投入品的易得性和价格（原材料，设备、机器备件等）	1	2	3	4	［414］
4. 熟练工人和职业经理的易得性	1	2	3	4	［415］
5. 劳动力成本	1	2	3	4	［416］
6. 需求的不旺盛和不稳定	1	2	3	4	［417］
7. 税收和监管	1	2	3	4	［418］

续表

	不构成障碍	微不足道的障碍	一般性障碍	主要的障碍	
8. 政治的不确定性 和不稳定	1	2	3	4	[419]
9. 通货膨胀	1	2	3	4	[420]
10. 汇率	1	2	3	4	[421]
11. 司法机能	1	2	3	4	[422]
12. 公共部门腐败	1	2	3	4	[423]
13. 私人部门腐败	1	2	3	4	[424]
14. 犯罪、偷盗和混乱	1	2	3	4	[425]
15. 其他。请说明_____					[426]
从上述 1 到 15 选择两个最重要的障碍					
最重要的障碍					[427]
第二位重要的障碍					[428]

第八部分 基本情况

8.1 您的公司是 HZ 市本地企业还是来杭投资经商的企业? [429]

☐1. 本地企业

☐2. 外来企业

8.2 公司规模:

	现在	3 年前
专职雇员数量	[430]	[431]
兼职雇员数量	[432]	[433]

8.3 开业的年份_____年 [434]

8.4 产业属性 [435]

制造业

☐1. 如果是制造业，制衣业？

☐2. 如果是制造业，农产品加工？

☐3. 如果是制造业，重工业（机器制造、化工、汽车）。

☐4. 如果是制造业，其他制造业。

服务业

☐5. 如果是服务业，旅游、宾馆、饭店？

☐6. 如果是服务业，物流（运输）和储藏？

☐7. 如果是服务业，通讯。

☐8. 如果是服务业，金融机构。

其他

☐9. 商业（零售／批发）

☐10. 农业、狩猎、渔业、林业

☐11. 采矿、冶炼

☐12. 电力、天然气、水

☐13. 建筑

☐14. 其他_____

8.5 您的公司位于 HZ 市哪个区_____ [436]

8.6 请估计一下您的公司在过去 3 年中销售额的年均增长率_____%

[437]

（如果增长率下降的话，请标为负数）

8.7 请预测一下您的公司未来 3 年销售额的增长率 _____% [438]

（如果预测增长率下降的话，请标为负数）

8.8 （1）在上一财政年度中，您的公司总的销售价值_____元 [439]

（2）您的公司目前固定资产价值（包括土地、建筑和设备）_____元

[440]

（3）您的公司总负债价值_____元　　　　　　　　［441］

8.9 有没有党政机关或官员个人在您的公司拥有股份？

□1. 有。说明所占股份比例_____%　　　　　　　［442］

□2. 无。

8.10 您的公司股权中是否有外资或外商股份？　　　［443］

□1. 有。说明所占股份比例_____%　　　　　　　［444］

□2. 无。标记应为0%。

8.11 如果贵公司有多个股东，三个最大股东直接或间接所占股份比例_____%　　　　　　　　　　　　　　　　　　　　　［445］

8.12 您的公司的法人地位是：　　　　　　　　　　　［446］

□1. 独资企业

□2. 合伙制

□3. 私人有限责任公司

□4. 公共上市公司

□5. 合作经营

□6. 其他。请说明_____　　　　　　　　［447］

8.13 下列哪个观点最恰当地描述了贵公司的控制权状况，控制权是指有权制定影响公司发展方向的主要决策。　　　［448］［449］

我的公司的控制权是	今天（单项选择）	3年前（单项选择）
个人所有者	□	□
一个家族	□	□
国内公司集团	□	□
外国公司或集团	□	□
投资基金或互助基金	□	□
银行	□	□
董事会或监事会	□	□
经理	□	□
工人	□	□
政府	□	□

8.14　您的公司在海外有投资或分支机构吗？　　　　　　［450］
☐1. 是
☐2. 否

8.15　您的公司是怎么建立起来的？（单项选择）　　　　［451］
☐1. 原来就是私有公司
☐2. 国有企业私有化
☐3. 前国有企业的私人子公司
☐4. 合资企业，国内或外国的私人所有者

8.16　您在公司的职务是？　　　　　　　　　　　　　　［452］
☐1. 首席执行官或总经理
☐2. 理事长
☐3. 所有者／业主
☐4. 董事长
☐5. 总经理
☐6. 经理
☐7. 财务总监／会计
其他。请说明＿＿＿＿＿＿＿＿＿＿＿＿＿＿＿＿＿＿＿＿＿

［453］

8.17　我们将问几个有关公司最高领导的问题。　　　　　［454］
（1）他或她的最高学历
☐1. 小学
☐2. 中学
☐3. 大学
☐4. 研究生
☐5. 其他。请说明＿＿＿＿＿＿＿＿＿＿＿＿＿＿＿＿＿＿＿

［455］

（2）他或她曾在政府部门工作过吗？ ［456］

☐1. 是

☐2. 否

（3）性别 ［457］

☐1. 男

☐2. 女

谢谢您参与这次调查！

访谈后信息（请调查员填写）：

调查完成时间：_____时_____分 ［458］

总体来看，您觉得受访者对这次调查的态度是积极的吗？ ［459］

1 = 非常消极　　5 = 非常积极

☐1　☐2　☐3　☐4　☐5

总体来看，您觉得受访者的回答是真诚的吗？ ［460］

1 = 很不真诚　　5 = 非常真诚

☐1　☐2　☐3　☐4　☐5

附录三：HZ 市公职人员调查问卷

问卷编码：＿｜＿｜＿｜＿｜＿｜　［1］

调查日期：2009 年＿＿月＿＿日　［2］

调查员姓名：＿＿＿＿　［3］

（以上内容由调查员填写）

调查说明：本项调查受 HZ 市纪委监察局委托进行，目的在于了解您对 HZ 市党风廉政建设状况的评价。我们将对您的回答充分保密，您的名字将不会出现在任何论文、文件中。我们也不会出于税收目的使用您的信息。

我们的调查将采用七分制量表。1 到 7 分别表示从否定到肯定、从低到高的七个等级，如：1 表示完全不同意，7 表示完全同意等。

第一部分 受访者所在单位的人事管理

1.1 人事管理的政策／指南／规章

（1）请您评估一下您所在机构的人事管理的政策／指南／规章在多大程度上是

人事管理的政策／指南／规章是	从来没有做到	1%—25%	25%—49%	做到50%	51%—75%	76%—99%	总能做到100%	选项	编码
1. 正式的（书面的）	1	2	3	4	5	6	7	____	[4]
2. 简单、明了、易懂	1	2	3	4	5	6	7	____	[5]
3. 规定严密，没有多种解释和自由裁量的空间	1	2	3	4	5	6	7	____	[6]
4. 程序严密，没有附加多余的管理步骤	1	2	3	4	5	6	7	____	[7]
5. 界定良好，如没有夸大决策涉及的部门的数量	1	2	3	4	5	6	7	____	[8]
6. 决策过程和服务提供过程没有耗费太多时间	1	2	3	4	5	6	7	____	[9]
7. 规则保持稳定	1	2	3	4	5	6	7	____	[10]
8. 监督得力，违反者总能被发现	1	2	3	4	5	6	7	____	[11]

续表

人事管理的政策/指南/规章是	从来没有做到	1%—25%	25%—49%	做到50%	51%—75%	76%—99%	总能做到100%	选项	编码
9. 严格执行，违反者总能受到惩罚	1	2	3	4	5	6	7	____	[12]
10. 实施不打折扣，未被扭曲	1	2	3	4	5	6	7	____	[13]
11. 规定良善，能很好地为机构服务	1	2	3	4	5	6	7	____	[14]

（2）您在多大程度上同意在过去 2 年（2007—2008）中您所在单位的人事管理决策（人员录用、任职、晋升、交流、增加工资等）是：

在多大程度上人事决策是	从未做到	1%—25%	25%—49%	做到50%	51%—75%	76%—99%	总能做到100%	选项	编码
1. 决策透明（我们了解有关决策并知道原因）	1	2	3	4	5	6	7	____	[15]
2. 公开宣布并开放内部竞争（如果许可也鼓励外部竞争）	1	2	3	4	5	6	7	____	[16]
3. 对提高机构效率有帮助	1	2	3	4	5	6	7	____	[17]
4. 对改善民生有帮助	1	2	3	4	5	6	7	____	[18]

续表

在多大程度上人事决策是	从未做到	1%—25%	25%—49%	做到50%	51%—75%	76%—99%	总能做到100%	选项	编码
5. 接受内部监督机构定期审计	1	2	3	4	5	6	7	____	[19]
6. 接受外部私人公司定期审计	1	2	3	4	5	6	7	____	[20]
7. 不受可用的申诉程序所左右	1	2	3	4	5	6	7	____	[21]
8. 建立在书面的政策、指南或规章所规定的标准之上（而不是惯例性的、不成文的或非正式的规则）	1	2	3	4	5	6	7	____	[22]
9. 按照政策、指南或规章规定程序进行	1	2	3	4	5	6	7	____	[23]
10. 建立在一线管理人员的评估之上	1	2	3	4	5	6	7	____	[24]
11. 基于专业的经验和业绩	1	2	3	4	5	6	7	____	[25]
12. 基于受教育水平	1	2	3	4	5	6	7	____	[26]
13. 基于资历、年龄和性别	1	2	3	4	5	6	7	____	[27]
14. 基于家庭关系、财富和地位	1	2	3	4	5	6	7	____	[28]

续表

在多大程度上人事决策是	从未做到	1%—25%	25%—49%	做到50%	51%—75%	76%—99%	总能做到100%	选项	编码
15. 基于同乡关系	1	2	3	4	5	6	7	____	[29]
16. 基于上级关照或压力	1	2	3	4	5	6	7	____	[30]
17. 基于单位内部的庇护关系	1	2	3	4	5	6	7	____	[31]
18. 基于非正式的支付（花钱买职位或晋升）	1	2	3	4	5	6	7	____	[32]
19. 基于党政领导的更迭	1	2	3	4	5	6	7	____	[33]
20. 基于直接领导的更换	1	2	3	4	5	6	7	____	[34]
21. 其他	1	2	3	4	5	6	7	____	[35]

1.2 对自身工作的总体满意度，请说明您或您的同事在多大程度上同意下列观点

	从未做到	1%—25%	25%—49%	做到50%	51%—75%	76%—99%	总能做到100%	选项	编码
1. 在公共部门工作比在私人部门工作更好	1	2	3	4	5	6	7	____	[36]
2. 我对自己工资很满意	1	2	3	4	5	6	7	____	[37]

续表

	从未做到	1%—25%	25%—49%	做到50%	51%—75%	76%—99%	总能做到100%	选项	编码
3. 我得到的其他福利如养老金、保健等非常令人满意	1	2	3	4	5	6	7	___	[38]
4. 由于工资增值我的生活水平（经济地位）提高了	1	2	3	4	5	6	7	___	[39]

1.3 按照您的看法，您进入现有机构工作在多大程度上是出于下列原因？

进入所在机构工作的原因	从未做到	1%—25%	25%—49%	做到50%	51%—75%	76%—99%	总能做到100%	选项	编码
1. 工作稳定，收入有保障	1	2	3	4	5	6	7	___	[40]
2. 工作时间安排比较灵活	1	2	3	4	5	6	7	___	[41]
3. 能够进一步学习提高	1	2	3	4	5	6	7	___	[42]
4. 通过自身工作献身于公共服务个人有一种满足感	1	2	3	4	5	6	7	___	[43]
5. 社会地位高	1	2	3	4	5	6	7	___	[44]
6. 对家人朋友的生意有帮助	1	2	3	4	5	6	7	___	[45]

续表

进入所在机构工作的原因	从未做到	1%—25%	25%—49%	做到50%	51%—75%	76%—99%	总能做到100%	选项	编码
7. 为了获得自己所希望得到的非正式支付	1	2	3	4	5	6	7	___	[46]
8. 为了它所提供的将来在私人部门工作的关系和经验	1	2	3	4	5	6	7	___	[47]
9. 因为公共部门以外的机会有限	1	2	3	4	5	6	7	___	[48]
10. 建立在一线管理人员的评估之上	1	2	3	4	5	6	7	___	[49]
11. 其他。请说明_____	1	2	3	4	5	6	7	___	[50]

2.1 机构内的调动

（1）请评估一下您所在的单位的领导变动的频繁性。

	从未做到	1%—25%	25%—49%	做到50%	51%—75%	76%—99%	总能做到100%	选项	编码
1. 任期内	1	2	3	4	5	6	7	___	[51]
2. 任期届满	1	2	3	4	5	6	7	___	[52]

2.2 请评估一下您的单位领导变动后下列职位人员变动的频繁性

	从未做到	1%—25%	25%—49%	做到50%	51%—75%	76%—99%	总能做到100%	选项	编码
1. 副职领导和秘书长等	1	2	3	4	5	6	7	____	[53]
2. 办公厅/室领导	1	2	3	4	5	6	7	____	[54]
3. 业务部门领导	1	2	3	4	5	6	7	____	[55]
4. 人事部门领导	1	2	3	4	5	6	7	____	[56]
5. 财务部门领导	1	2	3	4	5	6	7	____	[57]
6. 基层重要部门领导	1	2	3	4	5	6	7	____	[58]
7. 秘书等助手	1	2	3	4	5	6	7	____	[59]
8. 内部监督机构领导	1	2	3	4	5	6	7	____	[60]

2.3 您怎么看待本单位人员更换工作和从公共部门转到私人部门工作的倾向？

从公共部门到私人部门或者相反的流动很常见	1	2	3	4	5	6	7	从公共部门到私人部门或者相反的流动并不常见	____	[61]

2.4 培训方面，请使用下列量表，为你们单位所提供的培训机会对改善工作表现的实际效果进行打分

完全无用	1	2	3	4	5	6	7	极为有用	____	[62]

2.5 工资支付方面,在过去 2 年(2007—2008)中您有多少次工资被拖延发放?平均要等待多长时间?

(1)我晚拿到工资的次数:_____次   [63]

(2)我平均晚拿到工资的天数:_____天   [64]

第二部分 财务和预算管理

2.1 财务和预算管理的政策、指南和规章

(1)请评估一下您在多大程度上同意您所在单位的财务政策、指南和规章是

财经管理的政策/指南/规章是	从未做到	1%—25%	25%—49%	做到50%	51%—75%	76%—99%	总能做到100%	选项	编码
1. 正式的(书面的)	1	2	3	4	5	6	7	____	[65]
2. 简单、明了、易懂	1	2	3	4	5	6	7	____	[66]
3. 规定严密,没有多种解释和自由裁量的空间	1	2	3	4	5	6	7	____	[67]
4. 程序严密,没有附加多余的管理步骤	1	2	3	4	5	6	7	____	[68]
5. 界定良好,如没有夸大决策涉及的部门的数量	1	2	3	4	5	6	7	____	[69]
6. 决策过程和服务提供过程没有耗费太多时间	1	2	3	4	5	6	7	____	[70]
7. 规则保持稳定	1	2	3	4	5	6	7	____	[71]

续表

财经管理的政策/指南/规章是	从未做到	1%—25%	25%—49%	做到50%	51%—75%	76%—99%	总能做到100%	选项	编码
8. 监督得力，违反者总能被发现	1	2	3	4	5	6	7	____	[72]
9. 严格执行，违反者总能受到惩罚	1	2	3	4	5	6	7	____	[73]
10. 实施不打折扣，未被扭曲	1	2	3	4	5	6	7	____	[74]
11. 规定良善，能很好地为机构服务	1	2	3	4	5	6	7	____	[75]

（2）您在多大程度上同意在过去2年中您所在单位的预算管理决策（预算资金分配决策质量、完成的项目或提供的服务的数量、收到预算分配的群体）是

在多大程度上预算决策是	从未做到	1%—25%	25%—49%	做到50%	51%—75%	76%—99%	总能做到100%	选项	编码
1. 决策透明（我们知道谁得到和为什么得到）	1	2	3	4	5	6	7	____	[76]
2. 公开宣布并开放内部竞争（如果可行也鼓励外部竞争）	1	2	3	4	5	6	7	____	[77]
3. 对改善机构工作业绩有帮助	1	2	3	4	5	6	7	____	[78]

续表

在多大程度上预算决策是	从未做到	1%—25%	25%—49%	做到50%	51%—75%	76%—99%	总能做到100%	选项	编码
4. 对改善民生减少贫困有帮助	1	2	3	4	5	6	7	____	[79]
5. 接受内部监督机构定期审计	1	2	3	4	5	6	7	____	[80]
6. 接受外部私人公司定期审计	1	2	3	4	5	6	7	____	[81]
7. 不受可用的申诉程序所左右	1	2	3	4	5	6	7	____	[82]
8. 受机构内部的物质投入的约束	1	2	3	4	5	6	7	____	[83]
9. 建立在书面的政策、指南或规章所规定的标准之上（而不是惯例性的、不成文的或非正式的规则）	1	2	3	4	5	6	7	____	[84]
10. 按照政策、指南或规章规定的程序进行	1	2	3	4	5	6	7	____	[85]
10. 建立在一线管理人员的评估之上	1	2	3	4	5	6	7	____	[86]
11. 基于专业的经验和业绩	1	2	3	4	5	6	7	____	[87]
12. 基于受教育水平	1	2	3	4	5	6	7	____	[88]

续表

在多大程度上预算决策是	从未做到	1%—25%	25%—49%	做到50%	51%—75%	76%—99%	总能做到100%	选项	编码
13. 基于地域关系	1	2	3	4	5	6	7	____	[89]
14. 基于机构内部关系	1	2	3	4	5	6	7	____	[90]
15. 基于上级关照或压力	1	2	3	4	5	6	7	____	[91]
16. 基于非正式的支付（花钱买职位或晋升）	1	2	3	4	5	6	7	____	[92]
17. 基于党政领导的更迭	1	2	3	4	5	6	7	____	[93]
18. 基于直接领导的更换	1	2	3	4	5	6	7	____	[94]
19. 基于客户的抱怨	1	2	3	4	5	6	7	____	[95]
20. 其他_____	1	2	3	4	5	6	7	____	[96]

（3）您或您的同事在多大程度上同意下列观点？

	从未做到	1%—25%	25%—49%	做到50%	51%—75%	76%—99%	总能做到100%	选项	编码
1. 在决定我们可获得的资金数量方面我们的投入相当大	1	2	3	4	5	6	7	____	[97]

续表

	从未做到	1%—25%	25%—49%	做到50%	51%—75%	76%—99%	总能做到100%	选项	编码
2. 我们清楚地知道我们必须在预算限度内计划我们的活动	1	2	3	4	5	6	7	____	[98]

2.2 对机构的资源需求的评价

请评估一下下列资源是否充分地满足了您和您的同事履行职责的需要

资源	从未做到	1%—25%	25%—49%	做到50%	51%—75%	76%—99%	总能做到100%	选项	编码
1. 资源的数量	1	2	3	4	5	6	7	____	[99]
2. 资源的质量	1	2	3	4	5	6	7	____	[100]
3. 人事与培训	1	2	3	4	5	6	7	____	[101]
4. 办公设备与电脑	1	2	3	4	5	6	7	____	[102]
5. 办公空间或办公室数量	1	2	3	4	5	6	7	____	[103]

6. 其他。请说明_____

第三部分　工作业绩与服务供应

3.1 业绩目标与标准

（1）请您评价您在多大程度上认为所在单位的业绩目标和标准的范围和质量是

业绩的目标和标准是	从未做到	1%—25%	25%—49%	做到50%	51%—75%	76%—99%	总能做到100%	选项	编码
1. 正式的（书面的）	1	2	3	4	5	6	7	____	[103]
2. 简单、明了、易懂	1	2	3	4	5	6	7	____	[104]
3. 规定严密，没有多种解释和自由裁量的空间	1	2	3	4	5	6	7	____	[105]
4. 程序严密，没有强加多余的管理步骤	1	2	3	4	5	6	7	____	[106]
5. 界定良好，如没有夸大决策涉及的部门的数量	1	2	3	4	5	6	7	____	[107]
6. 规定良好，涉足决策过程的机构的数量没有被夸大	1	2	3	4	5	6	7	____	[108]
7. 决策过程和服务提供过程没有耗费太多时间	1	2	3	4	5	6	7	____	[109]
8. 规则保持稳定	1	2	3	4	5	6	7	____	[110]
9. 监督得力，违反者总能被发现	1	2	3	4	5	6	7	____	[111]
10. 严格执行，违反者总能受到惩罚	1	2	3	4	5	6	7	____	[112]

续表

业绩的目标和标准是	从未做到	1%—25%	25%—49%	做到50%	51%—75%	76%—99%	总能做到100%	选项	编码
11. 实施不打折扣，未被扭曲	1	2	3	4	5	6	7	____	[113]
12. 规定良善，能很好地为机构服务	1	2	3	4	5	6	7	____	[114]

3.2 您在多大程度上同意下述观点

	从未做到	1%—25%	25%—49%	做到50%	51%—75%	76%—99%	总能做到100%	选项	编码
1. 对我们的任务和责任有着清晰的界定	1	2	3	4	5	6	7	____	[115]
2. 我和我的同事清楚地感知组织期望我们做什么并因此知道如何衡量我们的业绩	1	2	3	4	5	6	7	____	[116]

3.3 对政策、指南和规程的实施的感知

提供服务和完成日常任务的决策是	从未做到	1%—25%	25%—49%	做到50%	51%—75%	76%—99%	总能做到100%	选项	编码
1. 决策透明（我们知道谁得到什么和为什么得到）	1	2	3	4	5	6	7	____	[117]

续表

提供服务和完成日常任务的决策是	从未做到	1%—25%	25%—49%	做到50%	51%—75%	76%—99%	总能做到100%	选项	编码
2. 公开宣布并开放内部竞争（如果可行也鼓励外部竞争）	1	2	3	4	5	6	7	____	[118]
3. 对改善机构工作业绩有帮助	1	2	3	4	5	6	7	____	[119]
4. 对改善民生减少贫困有帮助	1	2	3	4	5	6	7	____	[120]
5. 接受内部监督机构定期审计	1	2	3	4	5	6	7	____	[121]
6. 接受外部私人公司定期审计	1	2	3	4	5	6	7	____	[122]
7. 不受可用的申诉程序所左右	1	2	3	4	5	6	7	____	[123]
8. 建立在书面的政策、指南或规章所规定的标准之上（而不是惯例性的、不成文的或非正式的规则）	1	2	3	4	5	6	7	____	[124]
9. 按照政策、指南或规章规定的程序进行	1	2	3	4	5	6	7	____	[125]
10. 建立在一线管理人员的评估之上	1	2	3	4	5	6	7	____	[126]

续表

提供服务和完成日常任务的决策是	从未做到	1%—25%	25%—49%	做到50%	51%—75%	76%—99%	总能做到100%	选项	编码
11. 基于专业的经验和业绩	1	2	3	4	5	6	7	____	[127]
12. 基于资历和年龄	1	2	3	4	5	6	7	____	[128]
13. 基于家庭关系、财富和地位	1	2	3	4	5	6	7	____	[129]
14. 基于地域同乡关系（地方主义）	1	2	3	4	5	6	7	____	[130]
15. 基于机构内部关系	1	2	3	4	5	6	7	____	[131]
16. 基于上级关照或压力	1	2	3	4	5	6	7	____	[132]
17. 基于非正式的支付（花钱买职位或晋升）	1	2	3	4	5	6	7	____	[133]
18. 基于党政领导的更迭	1	2	3	4	5	6	7	____	[134]
19. 基于直接领导的更换	1	2	3	4	5	6	7	____	[135]
20. 基于客户的抱怨	1	2	3	4	5	6	7	____	[136]
21. 其他	1	2	3	4	5	6	7	____	[137]

3.4 您或您的同事在多大程度上同意下述观点

	从未做到	1%—25%	25%—49%	做到50%	51%—75%	76%—99%	总能做到100%	选项	编码
1. 存在着咨询用户了解他们的需求的明确的机制	1	2	3	4	5	6	7	____	[138]
2. 存在着用户投诉和处理的明确的机制	1	2	3	4	5	6	7	____	[139]

3.5 请您评价一下在多大程度上你们同意贵单位提供的服务是

您所在单位的服务供给	从未做到	1%—25%	25%—49%	做到50%	51%—75%	76%—99%	总能做到100%	选项	编码
1. 是高质量的	1	2	3	4	5	6	7	____	[140]
2. 是按照非正式的、不成文的规则提供的	1	2	3	4	5	6	7	____	[141]
3. 私人部门提供的服务也不会更好	1	2	3	4	5	6	7	____	[142]
4. 成本效益比合理	1	2	3	4	5	6	7	____	[143]
5. 满足了公民的总量需求	1	2	3	4	5	6	7	____	[144]
6. 穷人可以享用	1	2	3	4	5	6	7	____	[145]
7. 有助于减少贫困	1	2	3	4	5	6	7	____	[146]

3.6 请评价下列群体不用自由裁量而遵循监督的程序完成任务的频率

频繁使用自由裁量是为了	0%	1%—25%	25%—49%	50%	51%—75%	76%—99%	100%	选项	编码
1. 您来监督雇员	1	2	3	4	5	6	7	____	[147]
2. 雇员来监督您	1	2	3	4	5	6	7	____	[148]
3. 您和您的同事	1	2	3	4	5	6	7	____	[149]

3.7 请说明一下您最同意下列哪个观点

我辈中人在完成日常工作中享受了过量的自由处置权	1	2	3	4	5	6	7	我辈中人在完成日常工作中缺乏足够的自由处置权	____	[150]

3.8 请说明在过去 2 年中您是否知道下列要素和是否在完成日常工作中频繁地使用他们

理由	不存在	不知道	0%	1%—25%	25%—49%	50%	51%—75%	76%—99%	100%	选项	编码
1. 操作手册			1	2	3	4	5	6	7	____	[151]
2. 程序指南			1	2	3	4	5	6	7	____	[152]
3. 您的上级的口头指导			1	2	3	4	5	6	7	____	[153]
4. 自我发起			1	2	3	4	5	6	7	____	[154]
5. 技术培训手册			1	2	3	4	5	6	7	____	[155]
6. 业绩指标			1	2	3	4	5	6	7	____	[156]
7. 消费者关系手册			1	2	3	4	5	6	7	____	[157]

第四部分 受访者所在单位的制度结构

4.1 请说明您和您的同事在多大程度上同意下列观点：

在我们所工作的单位中	0%	1%—25%	25%—49%	50%	51%—75%	76%—99%	总能做到100%	选项	编码
1. 每个人都对组织的目标和战略有清晰的了解	1	2	3	4	5	6	7	____	[158]
2. 大家都相信改善民生是公职人员的一项重要任务	1	2	3	4	5	6	7	____	[159]
3. 大家都认可公民或用户就是我们的最大客户	1	2	3	4	5	6	7	____	[160]
4. 人人都感到自己认同并参与到组织的目标和战略中去	1	2	3	4	5	6	7	____	[161]
5. 确实有动机提供更好的公共服务	1	2	3	4	5	6	7	____	[162]

4.2 对所在机构的制度和决策结构的感知

（1）目前您的下属有多少人？

在您管辖下的下属的人数_____人　　　　　　　　[163]

（2）目前监督您的工作的上级领导有多少人？

监督您的工作的上级领导的人数_____人 [164]

（3）请说明一下您最认同下列哪个观点？

我们单位中管理层级太多同时决策权高度集中损害了组织效率	1	2	3	4	5	6	7	我们单位中管理层级太少且决策权高度集中损害了组织效率	____	[165]

4.3　对时间管理的感知

（1）您觉得像您这样的公务员由于在公共部门工资不足以维持生计而需要每周在私人部门兼职工作几个小时？

小时数_____小时 [166]

（2）每周下班后或周末您要在单位加班工作几个小时？

小时数_____小时 [167]

第五部分　信息管理

请您对您的工作单位的信息管理作一评价。您可选择一个数字表示您对下列观点的认可程度，1表示完全同意，7表示完全不同意。

信息沟通渠道很少	1	2	3	4	5	6	7	信息沟通渠道很多	____	[168]
那些受决策影响的人是最后被告之的人	1	2	3	4	5	6	7	那些受决策影响的人是最后被告之的人	____	[169]
管理层在作出决定时从来不考虑下属的意见	1	2	3	4	5	6	7	管理层在作出决定时总是会考虑到下属的意见	____	[170]

第六部分 行政改革

6.1 请说明您在多大程度上赞同下列行政改革

具体改革	完全反对						完全赞同	选项	编码
1. 公务员制度改革，保证公务员工资增加和职务晋升建立在业绩指标基础上	1	2	3	4	5	6	7	____	[171]
2. 如果增加工资和福利的话，就要减少公务员数量	1	2	3	4	5	6	7	____	[172]
3. 实行行政性分权，上级政府下放给市政府更多的操作性职能	1	2	3	4	5	6	7	____	[173]
4. 公众和民间组织对公共部门的活动给予更多的监督	1	2	3	4	5	6	7	____	[174]
5. 预算超支部分合理化	1	2	3	4	5	6	7	____	[175]
6. 公共服务的私有化	1	2	3	4	5	6	7	____	[176]
7. 制定信息自由法，保证公民可以自由获得政府掌握的信息	1	2	3	4	5	6	7	____	[177]
8. 制定法律以规范公共资源交易行为	1	2	3	4	5	6	7	____	[178]
9. 设立专门的机构来负责管理公务员完成任务情况的奖惩	1	2	3	4	5	6	7	____	[179]
10. 减少管理层级	1	2	3	4	5	6	7	____	[180]
11. 赋予一线管理人员更多的权力	1	2	3	4	5	6	7	____	[181]

续表

具体改革	完全反对						完全赞同	选项	编码
12. 简化行政程序	1	2	3	4	5	6	7	____	[182]
13. 明确服务绩效目标和标准	1	2	3	4	5	6	7	____	[183]

第七部分　治　理

7.1　（1）在许多地方，为了获得公共服务或公共合同而请客送礼送钱等贿赂行为十分常见。请您估计一下这种非正式支付行为在 HZ 市的公共服务和公共合同获得中所占的比例或普遍性程度。

公共部门	0%	1%—25%	25%—49%	50%	51%—75%	76%—99%	总能做到100%	选项	编码
1. 目前情形	1	2	3	4	5	6	7	____	[184]
2. 两年前	1	2	3	4	5	6	7	____	[185]
3. 展望两年后	1	2	3	4	5	6	7	____	[186]

（2）请您估计一下这个问题在 HZ 市本地企业中的严重程度

本地企业	0%	1%—25%	25%—49%	50%	51%—75%	76%—99%	总能做到100%	选项	编码
1. 目前情形	1	2	3	4	5	6	7	____	[187]
2. 两年前	1	2	3	4	5	6	7	____	[188]
3. 展望两年后	1	2	3	4	5	6	7	____	[189]

(3) 请您估计一下这个问题在外资企业中的严重程度

外资企业	0%	1%—25%	25%—49%	50%	51%—75%	76%—99%	总能做到100%	选项	编码
1. 目前情形	1	2	3	4	5	6	7	____	[190]
2. 两年前	1	2	3	4	5	6	7	____	[191]
3. 展望两年后	1	2	3	4	5	6	7	____	[192]

(4) 请您估计一下这个问题在中介机构和民间组织中的严重程度

中介机构	0%	1%—25%	25%—49%	50%	51%—75%	76%—99%	总能做到100%	选项	编码
1. 目前情形	1	2	3	4	5	6	7	____	[193]
2. 两年前	1	2	3	4	5	6	7	____	[194]
3. 展望两年后	1	2	3	4	5	6	7	____	[195]

(5) 现在请您估计一下这个问题在您所在的单位的普遍性有多大？

中介机构	0%	1%—25%	25%—49%	50%	51%—75%	76%—99%	总能做到100%	选项	编码
1. 目前情形	1	2	3	4	5	6	7	____	[196]
2. 两年前	1	2	3	4	5	6	7	____	[197]
3. 展望两年后	1	2	3	4	5	6	7	____	[198]

7.2　对腐败的机制的感知

（1）假设有一个用户或当地或外资企业贿赂您所在单位的公职人员。请问您认为下列哪一种情况会更为频繁地出现（从下列选项中择一）

1. 官员会暗示需要支付贿赂

2. 用户将会提供贿赂
3. 一般来说双方都知道这个过程怎样进行和该支付多少

用户	1	2	3	_____	[198]
当地企业	1	2	3	_____	[199]
外资企业	1	2	3	_____	[200]

（2）假设您单位一个同事索要或接受非正式支付，请问他或她会同下列人员分享的比例是多少？

腐败的官员同谁分享他的贿赂收入？	分享的比例	编码
1. 他的上级	_____%	[201]
2. 他的同僚	_____%	[202]
3. 他的下属	_____%	[203]

（3）请您估计一下这种贿赂性收入在您所在机构的官员的个人总收入中所占的比例

对象	占总收入的比例	编码
1. 上级	_____%	[204]
2. 同级	_____%	[205]
3. 下级	_____%	[206]

（4）请您估计一下下列人群为获得他们的工作进行的非正式支付占他们的工资收入的比例

对象	占工资收入的比例	编码
1. 您的同事的上司（不包括您的上级）	_____%	[207]
2. 您的同级别的同事（不包括您）	_____%	[208]
3. 您的同事的下属（不包括您的下属）	_____%	[209]

7.3 对腐败的举报机制的感知

（1）在过去两年（2007—2008年）中您是否曾考虑过举报一个腐败案件但最终却没有举报？_____ [210]

☐1. 是　　　　☐2. 否

（2）很多人对腐败行为知情但却最终选择放弃举报。如果您或您的同事决定不去举报，原因是什么？请从下列因素中作出选择。

不去揭发腐败案件是因为	完全不相干						非常重要	选项	编码
1. 没人知道如何去举报	1	2	3	4	5	6	7	____	[211]
2. 没人能够提出有力证据来证明	1	2	3	4	5	6	7	____	[212]
3. 没人举报是因为举报的案件从来不会得到查处	1	2	3	4	5	6	7	____	[213]
4. 在目前的经济形势下获得某些非正式支付有其合理性	1	2	3	4	5	6	7	____	[214]
5. 在其他地方被看作是腐败的行为在HZ市或浙江文化中被作为正常行为来接受	1	2	3	4	5	6	7	____	[215]
6. 没有给举报人提供保护以免受可能遭受的报复	1	2	3	4	5	6	7	____	[216]
7. 案件很轻微不值得费神去举报	1	2	3	4	5	6	7	____	[217]
8. 人们认识到揭发官员腐败意味着对同事的出卖	1	2	3	4	5	6	7	____	[218]
9. 其他。请说明_____									[219]

（3）您怎么评价案件举报的程序？

冗长烦琐	1	2	3	4	5	6	7	很有效率	____	[220]
不安全	1	2	3	4	5	6	7	安全	____	[221]
举报后是否查处全是领导说了算	1	2	3	4	5	6	7	依法办事领导不干预	____	[222]
对从事权钱交易的官员和商人不构成威胁	1	2	3	4	5	6	7	对从事权钱交易的官员和商人构成威胁	____	[223]

7.4 假设由于管理疏忽，在月底的时候您的同事被多发了一倍的工资，其他人都没有注意到工资收据方面的问题，在您看来在下列情况下您的同事退回钱的可能性有多大？

在我们所工作的单位中	0%	1%—25%	25%—49%	50%	51%—75%	76%—99%	100%	选项	编码
1. 官员是你的一起工作的同事并且有100%的把握不被抓住	1	2	3	4	5	6	7	____	[224]
2. 官员是你的一起工作的同事并且不被抓住的概率为50%	1	2	3	4	5	6	7	____	[225]
3. 官员是你的一起工作的同事并且有100%的把握不被抓住，他们知道自己的上级也在做同样的事情而不会被抓住	1	2	3	4	5	6	7	____	[226]
4. 官员是你的一起工作的同事并且不被抓住的概率为50%，他们知道自己的上级也在做同样的事情而不会被抓住	1	2	3	4	5	6	7	____	[227]

续表

在我们所工作的单位中	0%	1%—25%	25%—49%	50%	51%—75%	76%—99%	100%	选项	编码
5. 这个官员是你的单位以外的公共部门的官员并且有100%的把握不被抓住	1	2	3	4	5	6	7	____	[228]
6. 这个官员是你的单位以外的公共部门的官员并且有50%的机会不被抓住	1	2	3	4	5	6	7	____	[229]
7. 这个官员是你的单位以外的公共部门的官员并且有100%的把握不被抓住，他们知道自己的上级也在做同样的事情而不会被抓住	1	2	3	4	5	6	7	____	[230]
8. 这个官员是你的单位以外的公共部门的官员并且有50%的机会不被抓住，他们知道自己的上级也在做同样的事情而不会被抓住	1	2	3	4	5	6	7	____	[231]

7.5 （1）请评估一下在过去两年（2007—2008年）中安排给您和你的同事的预算金额和他们的实际花费之间是否存在差额，这种差额可归咎于欺诈、违规挪用和其他公权力的滥用。

安排的预算金额和实际预算花费差额不能归咎于违规行为								安排的预算金额和实际预算花费差额可归咎于资金处理中的违规行为		
	1	2	3	4	5	6	7		——	[232]

（2）在您看来，过去 2 年中您单位由于欺诈、违规挪用资金和其他公权力的滥用而导致的预算资金滥用的比例_____% [233]

7.6 对政府采购的感知

（1）请粗略估计一下在 HZ 市公共采购合同中有多大比例是用来支付额外的开销以赢得合同的？_____% [234]

（2）平均来说为了赢得采购合同非正式支付可以占到合同价值的多大比例？_____% [235]

第八部分　请识别出反腐败方面最有准备的机构

8.1　（1）您是怎样看待下列机构的廉正程度的。

参与反腐败斗争的机构	不知道=0	完全无效					完全有效	选项	编码
1. 纪检监察机关	0	1	2	3	4	5	6	7	____	[236]
2. 检察院	0	1	2	3	4	5	6	7	____	[237]
3. 公安局	0	1	2	3	4	5	6	7	____	[238]
4. 法院	0	1	2	3	4	5	6	7	____	[239]
5. 审计机关	0	1	2	3	4	5	6	7	____	[240]
6. 财政、税务、海关	0	1	2	3	4	5	6	7	____	[241]
7. 人大、政协	0	1	2	3	4	5	6	7	____	[242]
8. 党政领导机关	0	1	2	3	4	5	6	7	____	[243]
9. 工商、银监会、证监会、安全监管部门	0	1	2	3	4	5	6	7	____	[244]
10. 银行、证券机构	0	1	2	3	4	5	6	7	____	[245]
11. 公共服务部门	0	1	2	3	4	5	6	7	____	[246]
12. 科教文卫机构	0	1	2	3	4	5	6	7	____	[247]

续表

参与反腐败斗争的机构	不知道=0	完全无效					完全有效	选项	编码
13. 国有企事业单位	0	1	2	3	4	5	6	7	___	[248]
14. 人民团体和群众组织	0	1	2	3	4	5	6	7	___	[249]
15. 新闻媒体	0	1	2	3	4	5	6	7	___	[250]
16. 民间组织	0	1	2	3	4	5	6	7	___	[251]
17. 互联网	0	1	2	3	4	5	6	7	___	[252]
18. 其他。	0	1	2	3	4	5	6	7	___	[253]

（2）按照您的判断，谁应该承担反腐败斗争的领导责任？

政治人物_____   [254]

（3）请说明您最认可下面哪个观点。选择一个数字。

目前政府内部没有同腐败做斗争的真情实感	1	2	3	4	5	6	7	目前政府的反腐败斗争是真心实意的	___	[255]

第九部分　最后的评论

9.1 如果您担任了领导职务，为改善您单位内部的服务质量您将采取的第一个措施是什么： [256]

_____

_____

_____

9.2 如果您有机会担任领导，为了减少 HZ 市的腐败您将采取的第一个措施是什么： ［257］

_____

_____

_____

第十部分　受访者的基本情况

10.1　您什么时候进入公共部门工作的：_____年____月　　［258］

10.2　您在目前的职位上工作多长时间了：_____年____月　　［259］

10.3　您在单位目前职位的主要职责是_____年____月　　　［260］

☐1. 单位主要领导

☐2. 单位中层领导

☐3. 基层领导，负责日常管理

☐4. 具体办事人员，直接对外提供服务或处理个案

10.4　您最近一次晋升是什么时候的事情？_____年____月　　［261］

10.5　您期望您什么时候获得下一次晋升？_____年____月　　［262］

10.6　您最近一次涨工资是什么时候的事情？_____年____月　　［263］

10.7　您期望您什么时候再涨工资？_____年____月　　　　　［264］

10.8　您期望您在公共部门一个职位上任职不超过多长时间：　［265］

☐1. 2 年

☐2. 3 年

☐3. 4 年

☐4. 5 年

☐5. 其他。请说明_____年

10.9　在公共部门任职前您的职业是？　　　　　　　　　　　　　　［266］

□1．私营商业

□2．农业

□3．工业

□4．新闻媒体

□5．民间组织

□6．学生

□7．待业

10.10　2009 年您的月工资水平是多少？　　　　　　　　　　　　［267］

□1．1000 元以下

□2．2000 元以下

□3．3000 元以下

□4．5000 元以下

□5．7000 元以下

□6．9000 元以下

□7．10000 元以上

10.11　您的年龄_____　　　　　　　　　　　　　　　　　　［268］

□1．20 岁以下

□2．30 岁以下

□3．40 岁以下

□4．50 岁以下

□5．59 岁以下

□6．60 岁以上

10.12　您的最高学历是什么？_____　　　　　　　　　　　　［269］

□1．初中或小学

□2．高中

□3．职业高中

☐4. 大学，肄业

☐5. 大学毕业，学士

☐6. 研究生，硕士

☐7. 研究生，博士

10.13　（1）您是否在国外学习或培训过？＿＿＿＿

☐1. 是　☐2. 否　　　　　　　　　　　　　　　　　[270]

（2）您在哪个国家或地区学习或培训：＿＿＿＿　　　[271]

☐1. 美国

☐2. 欧洲国家

☐3. 新加坡

☐4. 日本。

☐5. 其他。请说明＿＿＿＿＿＿＿＿＿＿＿＿＿＿＿＿＿

10.14　您或您的同事是否熟悉您单位日常任务管理或服务提供的程序、规章和指南？＿＿＿＿　　　　　　　　　　　　　　　　　[272]

☐1. 熟悉

☐2. 一般

☐3. 不熟悉

☐4. 没有这类规定

10.15　您是否熟悉您单位人事管理的程序、规章和指南？＿＿＿＿

[273]

☐1. 熟悉

☐2. 一般

☐3. 不熟悉

☐4. 没有这类规定

10.16　您或您的同事是否熟悉您单位预算管理的程序、规章和指南？＿＿＿＿　　　　　　　　　　　　　　　　　　　　　　　　[274]

☐1. 熟悉

☐2. 一般

☐3. 不熟悉

☐4. 没有这类规定

10.17 您是否曾接受过某种形式的培训以改善您的工作业绩？＿＿＿＿

[275]

☐1. 是　　　　☐2. 否

10.18 您的单位是否有评估员工工作业绩的程序？＿＿＿＿　　[276]

☐1. 有　　　　☐2. 无　　　　☐3. 不知道

10.19 如果有的话，最近一次评估的时间＿＿＿年＿＿月　　[277]

谢谢您参与这次调查！

访谈后信息（请调查员填写）：

调查完成时间：＿＿＿＿时＿＿＿＿分　　　　　　　　　　　[278]

总体来看，您觉得受访者对这次调查的态度是积极的吗？　　[279]

1＝非常消极　　5＝非常积极

☐1　　☐2　　☐3　　☐4　　☐5

总体来看，您觉得受访者的回答是真诚的吗？　　　　　　　[280]

1＝很不真诚　　5＝非常真诚

☐1　　☐2　　☐3　　☐4　　☐5

HZ 市廉政风险的预警与防范*

HZ 市纪委自 2000 年以来，连续 10 年开展了党风廉政建设问卷调查。从 2006 年开始，他们对公务员、商务人员和社会公众分别展开调查，调查的问题也有所调整。这些调查问卷数据构成本研究的基础。本项研究依据上述调查问卷数据，作出廉政风险预警分析并提出防范建议。

一、HZ 市廉政风险状况总体评估

对 HZ 市廉政风险状况的总体评估，可在考察社会各界对腐败与廉政建设问题的关注程度、遏制腐败成效的社会评价、对反腐败工作的满意度、权力监督效果的社会评价、公众对未来反腐败斗争的信心指数、腐败现象演变趋势的社会预期等六项指标基础上作出。

---

* 这是 HZ 市纪委 2010 年委托课题"HZ 市党风廉政风险预警分析"的最终研究成果。HZ 市纪委领导对本项研究给予了大力支持，HZ 市纪委研究室工作人员协助提供了 2000 年以来该市历年来党风廉政建设调查问卷数据，笔者在此特向他们表示衷心的感谢。

（一）HZ 市公众对廉政建设和反腐败的关注程度及其变化

HZ 市党风廉政建设调查问卷中有一个问题询问社会公众对各种社会热点问题的关注程度。其中廉政建设和反腐败问题的公众关注程度排名结果见表1：

表1　廉政问题在公众关注问题中的排名

年份	2000	2001	2002	2003	2004	2005	2008	2009
排名	2	3	4	6	5	5	6	6

资料来源：笔者根据历年问卷数据自己制作。

说明：2006、2007 年由于设计的问题中取消了该问题，故缺少相关数据。2009 年社会公众关注程度与商务人员关注程度排序有差异，商务人员对该问题的关注程度从第六位上升到第五位。

2008 年以来，HZ 市社会公众所关注的社会热点问题中廉政建设和反腐败居于第六位，这与 2000 年处于第二位的高关注度相比，表明 HZ 市廉政风险相对较低。

（二）HZ 市公众对近年来党和政府开展的党风廉政建设和反腐败斗争成效的满意度及其变化

对该问题的调查数据见表2：

表2　公众近年来对 HZ 市党风廉政建设满意度　　　　　　　　（%）

满意度/年份	2000	2001	2002	2003	2004	2005	2008	2009
满意	18	12	9.02	23.83	17.87	14.9	24.9	23.2
较满意	33.33	29.67	32.26	33.33	40.82	35.14	40.2	42.5
一般	32.33	35.67	38.88	24.67	27.16	32.12	27.1	23.6
不太满意	10.33	11	11.82	7.83	7.72	9.85	4.0	5.5

续表

满意度/年份	2000	2001	2002	2003	2004	2005	2008	2009
不满意	2	7.33	4.61	4.33	2.86	3.34	1.0	1.6
不了解	3	2.67	2.81	3.83	3.5	4.65	2.8	3.7

资料来源：笔者根据历年问卷数据自己制作。

说明：2006、2007年由于设计的问题中取消了该问题，故缺少相关数据。

上表显示，HZ市公众对党和政府反腐败和廉政建设成效满意度的评价经历了一个比较明显的从高到低再逐步升高的变化过程，2000年选择"满意"和"较满意"两项的受访者比例合计为52.33%，2002年降低为41.28%，2003年是一个由谷底回升的转折点，2009年则升为65.7%，这对于HZ市廉政风险预警总体来说是一个好消息。

（三）HZ市公众对近年来党和政府纠正损害群众利益的不正之风工作的满意度及其变化

对该问题的调查数据见表3：

表3　公众近年来对纠风工作的满意度　　（%）

满意度/年份	2000	2001	2002	2003	2004	2005	2008	2009
满意	10.33	8.67	3.81		12.22	10.63	17.4	14.6
较满意	36.33	36.67	39.68		43.53	45.23	41.0	48.4
一般					30.95	32.11	32.8	29.4
不太满意	39	32.67	38.48		5.22	5	2.8	1.8
不满意	5.33	11	8.42		2.93	2.58	4.3	5.5
不了解	7.67	10	9.02		5.15	4.45	1.9	0.3

资料来源：笔者根据历年问卷数据自己制作。

说明：2006、2007年由于设计的问题中取消了该问题，故缺少相关数据。2003年数据缺。

上表显示，HZ市公众对党和政府纠正损害群众利益的不正之风工作满意度的评价同样经历了一个从高到低再逐步升高的变化过程,2000年选择"满意"和"较满意"两项的受访者比例合计为46.66%,2002年降低为43.49%,2009年则升为63%,这对于HZ市廉政风险预警总体来说同样是一个好消息。

(四) HZ市公众对近年来通过开展反腐败斗争党政机关和干部队伍中消极腐败现象是否得到遏制的评价及其变化

对该问题的调查数据见表4：

表4　公众对消极腐败现象是否得到遏制的历年评价　　　　　　　　（%）

	2000	2001	2002	2003	2004	2005	2008	2009
得到有效遏制	10.67	8.67	8.62	23	12.65	15.53	24.6	22.7
在一定范围内得到遏制	65	66	64.93	51.33	65.62	67.39	65.8	64.2
没有遏制住	12.33	12	14.43	10.25	10.29	8	4.5	7.8
更加严重	2	4	2.4	1.5	1.65	1.55	0.4	0.5
不了解	9	8.33	8.42	11.08	9.58	7.53	4.7	4.8

资料来源：笔者根据历年问卷数据自己制作。
说明：2006、2007年设计的问题中取消了该问题,故缺少相关数据。

上述数据表明,公众对腐败现象是否得到遏制的评价在10年间呈现出先降后升的趋势,在2008年达到了峰值即90.4%的高位。这无疑反映出HZ市公众对党和政府历年来反腐败斗争成效的认可,同时也表明这10年来廉政风险有所降低。但2009年的情况发生了重要的变化,认为腐败现象没有遏制住的受访者比例提高了3.3%,而认为腐败现象得到有效遏制和在一定范围内得到遏制的受访者比例共下降了3.5%,这说明2009年HZ市廉政风险比2008年明显升高。

(五) HZ 市公众对通过反腐败斗争逐步克服和遏制腐败现象的信心指数及其变化

表 5　公众对本市未来反腐败的信心指数及其变化情况　　　　（%）

信心指数/年份	2000	2001	2002	2003	2004	2005	2008	2009
有信心	40.67	36	29.26	40.25	30.38	22.17	27.0	29.2
较有信心	28	31.33	39.68	30.08	37.17	40.17	46.6	45.0
信心不大	24	23	24.45	20.25	25.52	28.85	19.0	19.0
没有信心	3	5	4.01	3.08	3.07	4.8	2.9	3.0
不了解	3.67	4.33	1.4	3.75	3.43	4.01	4.5	3.8

资料来源：笔者根据历年问卷数据自己制作。
说明：2006、2007 年设计的问题中取消了该问题，故缺少相关数据。

上表显示，公众对未来反腐败的信心指数经历了一个上下波动的曲折过程，但总体趋势仍是信心指数在增强，从 2000 年的 68.67% 上升为 2009 年的 74.2%（选择"有信心"、"较有信心"两项的合计比例），提高了 5.53%。公众信心指数提升说明公众看好 HZ 市廉政建设未来走势。

(六) HZ 市公众对今后一段时期发生在领导干部中的腐败现象的变化趋势的预期及其变化

表 6　公众对未来腐败频率的预期指数及其变化　　　　（%）

变化趋势/年份	2000	2001	2002	2003	2004	2005	2008	2009
大幅度增加	2	3	1.2	2.92	1.93	4.36	3.9	4.1
有所增加	13.33	8.33	10.02	7.5	8.86	15.95	15.9	21.4
没有变化	9	8.33	9.82	8.67	9.22	10.35	11.0	10.0
有所减少	33.67	37.67	38.68	32.83	36.96	31.36	37.7	31.9
大幅度减少	3	4.67	2.61	11.42	6.79	3.04	6.9	7.4
难以预料	36.33	36	37.07	32.17	35.74	34.94	24.7	25.2

资料来源：笔者根据历年问卷数据自己制作。
说明：2006、2007 年设计的问题中取消了该问题，故缺少相关数据。

上述数据显示，HZ 市公众对今后一段时期领导干部中腐败发生频率的预期经历了一个曲折波动的过程，受访者认为领导干部中腐败频率今后一段时期会"大幅度增加"和"有所增加"的人数所占的比例从 2000 年的 15.33% 曾降低到 2003 年的 10.42% 但随后又逐步上升，2009 年升到 25.5%。同期认为会"有所减少"和"大幅度减少"的人数所占的比例从 2000 年的 36.67% 曾升到 2003 年的 44.25% 和 2008 年的 44.6%，但 2009 年又回落到 39.3%。这对 HZ 市廉政风险状况来说是个警讯。

如果将廉政风险状况评级定为高、较高、中等、较低和低五个等级的话，综合上述六项指标来看，HZ 市廉政风险总体状况处于"较低"这个等级。从 10 年来 HZ 市廉政风险状况指标的演变情况来看，HZ 市廉政风险状况处于持续的改善之中，总体向好。但 2009 年以来 HZ 市的廉政风险特别是领导干部中的廉政风险明显增加，需要引起有关方面的高度警惕。

二、HZ 市当前廉政风险预警分析

我们重点根据 2009 年 HZ 市党风廉政建设问卷调查数据对该市当前的廉政风险作一预警分析。

（一）HZ 市廉政风险较高的领域

对 2009 年调查问卷中"您认为当前下列哪些领域存在的不正之风和腐败问题比较突出？"问题，HZ 市社会公众、商务人员两类人群选择最多的八大领域见表 7：

表 7　公众对廉政风险较高领域和部门的认知

领域分布/受访者类别	社会公众	商务人员
1	工程建设	工程建设
2	土地批租	土地批租

续表

领域分布/受访者类别	社会公众	商务人员
3	选人用人	选人用人
4	行政审批	行政审批
5	财政拨款	财政拨款
6	融资贷款	融资贷款
7	国有企业	产权交易
8	产权交易	国有企业

资料来源：笔者根据2009年HZ市党风廉政建设调查问卷数据制作。

上表显示，HZ市社会公众和商务人员对廉政风险较高的领域分布的认识惊人的一致，只有在涉及国有企业和产权交易两项第七和第八位的排序上略有差别。由此可知，当前HZ市廉政风险较高的八大领域是：工程建设、土地批租、选人用人、行政审批、财政拨款、融资贷款、国有企业和产权交易。

（二）HZ市廉政风险较高的部门

对2009年调查问卷中"您认为当前下列哪些部门存在的不正之风和腐败问题比较突出？"问题，HZ市社会公众、商务人员两类人群选择最多的八大部门见表8：

表8　公众和经营者对不正之风和廉政风险较高部门的选择

部门分布/受访者类别	社会公众	商务人员
1	国土资源管理	国土资源管理
2	医院	医院
3	城市规划	城市规划
4	组织人事	组织人事、公安并列
5	环保	交通
6	公安	环保、税务并列

续表

部门分布/受访者类别	社会公众	商务人员
7	交通	城市管理
8	学校	学校

资料来源：笔者根据2009年HZ市党风廉政建设调查问卷数据制作。

综合分析，HZ市当前廉政风险较高的部门共有10个，他们是：国土资源、医院、城市规划、组织人事、公安、环保、税务、交通、城市管理、学校。

（三）HZ市廉政风险较高的中介机构

对2009年调查问卷中"您认为当前下列哪些中介机构存在的不正之风和腐败问题比较突出？"问题，HZ市社会公众、商务人员两类人群选择最多的八大类机构见表9：

表9 公众对不正之风突出的中介机构的选择

中介机构/受访者类别	社会公众	商务人员
1	房地产评估机构	房地产评估机构
2	建筑监理公司	建筑监理公司
3	资产评估机构	资产评估机构
4	律师事务所	司法鉴定机构、律师事务所
5	会计师事务所	环境监测机构
6	税务师事务所	税务师事务所
7	质量技术检测机构	质量技术检测机构
8	环境检测机构	会计师事务所

资料来源：笔者根据2009年HZ市党风廉政建设调查问卷数据制作。

综合分析，HZ市当前廉政风险较高的中介机构有九大类，他们是：房地产评估机构、建筑监理公司、资产评估机构、律师事务所、司法鉴定机构、环境监测机构、会计师事务所、税务师事务所、质量技术监测机构。

（四）HZ 市廉政风险较高的人群

对 2009 年调查问卷中"您认为发生在哪一级领导干部中的腐败问题多一些？"问题，HZ 市社会公众、商务人员两类人群选择最多的五类人群见表 10：

表 10 公众和商务人员选择的廉政风险最高的五类人群

中介机构/受访者类别	社会公众	商务人员
1	县处级	县处级
2	乡科级	乡科级
3	地厅级	地厅级
4	省部级	省部级
5	股级	股级

资料来源：笔者根据 2009 年 HZ 市党风廉政建设调查问卷数据制作。

上表显示，当前 HZ 市廉政风险最高的人群是县处级领导干部，随后依次是乡科级、地厅级、省部级和股级领导干部。

（五）HZ 市农村干部廉政风险点分析

对 2009 年调查问卷中"您认为当前农村在党风廉政方面存在的突出问题主要是什么？"问题，HZ 市社会公众选择最多的八大问题见表 11：

表 11 公众识别出的农村廉政建设面临的突出问题

问题排序	问题类别
1	村级选举中的贿赂、拉票等行为
2	财政管理混乱
3	村干部公款吃喝玩乐

续表

问题排序	问题类别
4	村干部办事不公
5	工作不负责任
6	乱收费、乱集资、乱摊派
7	村干部贪占
8	村干部赌博

资料来源：笔者根据2009年HZ市党风廉政建设调查问卷数据制作。

这八大问题构成当前HZ市农村地区的八大廉政风险点。

（六）HZ市国有企业领导干部廉政风险点分析

对2009年调查问卷中"您认为当前国有企业领导人员中在党风廉政方面存在的突出问题主要是什么？"问题，HZ市社会公众选择最多的八大问题见表12：

表12 公众识别出的国企领导干部中突出的廉政方面问题

问题序号	问题类别
1	利用职权为本人、配偶、子女和特定关系人谋取利益
2	侵吞国有资产、收受现金和有价证券
3	用公款进行高消费娱乐活动或报销个人费用
4	独断专行、不按民主程序决策
5	利用职权个人或与人合伙办企业
6	弄虚作假、工作不负责任
7	违反规定自定薪酬、兼职取酬、滥发补贴和奖金
8	道德败坏、生活糜烂

资料来源：笔者根据2009年HZ市党风廉政建设调查问卷数据制作。

以上这八大问题构成当前HZ市国有企业领导干部群体的八大廉政风险点。

(七) HZ 市干部作风方面的廉政风险点分析

对 2009 年调查问卷中"您认为当前干部作风方面存在的突出问题是什么?"问题,HZ 市社会公众、商务人员、公务员选择最多的八大问题见表 13:

表 13 社会各界选择最多的干部作风方面存在的突出问题

问题类型/问题排序	公众	商务人员	公务员
纸上谈兵,夸夸其谈,解决实际问题能力不强	1	1	2
好大喜功,急功近利,搞"形象工程"和"政绩工程"	2	1(并列)	1
弄虚作假,虚报浮夸,报喜不报忧	3	2	3
脱离群众,麻木不仁,对群众疾苦不关心	4	3	7
奢侈浪费,挥霍公款,贪图安逸享受	5	4	5
逢迎讨好,明哲保身,不敢批评与自我批评	6	5	4
作风飘浮,敷衍塞责,对工作不负责任	7	6	8
心态浮躁,投机钻营,一心只想升迁提拔	8	7	6
损公肥私,见利忘义,为亲友谋取私利		8	

资料来源:笔者根据 2009 年 HZ 市党风廉政建设调查问卷数据制作。

上表所列的九大问题构成 HZ 市当前干部作风方面的主要廉政风险点。

(八) HZ 市廉政风险较高的不正之风和腐败形式

对 2009 年调查问卷中"您认为当前不正之风和腐败现象最突出的是哪几个问题?"的问题,HZ 市社会公众、商务人员、公务员选择最多的八大问题见表 14:

表 14 社会各界对党风廉政建设和作风建设方面存在的突出问题的认知

问题类型/问题排序	公众	商务人员
贪污受贿	1	1
领导干部利用职权为配偶、子女经商提供便利	2	2
人事工作上的不正之风	3	3
弄虚作假	4	4
收受现金	5	7
生活作风腐化堕落	6	6
企业领导侵吞国有资产	7	
严重官僚主义、失职渎职	8	8
司法人员违法违纪	8	5

资料来源：笔者根据 2009 年 HZ 市党风廉政建设调查问卷数据制作。

上表所列的九大问题构成当前 HZ 市廉政风险较高的腐败和不正之风形式。

（九）HZ 市廉政风险较高的侵害群众利益的行为

对 2009 年调查问卷中"您认为当前损害群众切身利益的突出问题主要有哪些？"问题，HZ 市社会公众、商务人员选择最多的八大问题见表 15：

表 15 公众和经营者选择最多的损害群众利益的突出行为

问题类型/问题排序	公众	商务人员
看病贵	1	1
征用土地中侵害农民利益	2	3
食品安全缺乏应有的保障	3	2
城镇拆迁中侵害居民利益	4	4
看病难	5	5
企业重组改制和破产中侵害职工合法利益	6	6

续表

问题类型/问题排序	公众	商务人员
拖欠和克扣农民工工资	7	7
企业违法排污	8	
孩子上学贵		8

资料来源：笔者根据 2009 年 HZ 市党风廉政建设调查问卷数据制作。

上表所列九大问题是当前杭州廉政风险较高的九种损害群众利益的行为的具体反映，这些行为包括：医疗高收费和医疗资源配置过于集中；征用土地中侵害农民利益的行为；食品安全监管不力；城镇拆迁中损害群众利益的行为；企业重组改制和破产中侵害职工合法利益的行为；对拖欠和克扣农民工工资现象有关部门的不作为；对排污企业监管不力；教育乱收费等。

三、影响 HZ 市廉政风险的相关因素分析

可以从公务员群体、商务人员、社会公众三个群体角度分别考察影响 HZ 市廉政风险的相关因素。

（一）HZ 市各地区和单位党政领导对党风廉政建设和反腐败斗争的重视程度影响着该地区或单位的廉政风险水平

HZ 市党风廉政建设调查问卷中就"您所在地区和单位党政领导对党风廉政建设和反腐败斗争是否重视"问题对社会公众的调查结果见表 16：

表 16　公众对领导是否重视反腐败的评价　　　　　　（％）

年份	2000	2001	2002	2003	2004	2005	2008	2009
重视	26.33	26.33	22.85	35.83	31.52	34.6	41.5	32.5
较重视	23.33	23	25.45	25，42	31.95	38.87	35.4	40.1
合计	49.66	49.33	48.30	61.25	63.47	72.47	76.9	72.6

资料来源：笔者根据历年问卷数据自己制作。
说明：2006、2007 年由于设计的问题中取消了该问题，故缺少相关数据。

上表显示，社会公众对各地区和单位党政领导对反腐败和廉政建设重视程度的外部评价从"十六大"之前的低于50%到随后逐步提高，2008年高达76.9%的峰值。各地区和单位党政领导对党风廉政建设和反腐败斗争重视程度的提高对于降低廉政风险无疑具有非常重要的作用。但需要指出的是，2009年公众对所在地区和单位党政领导重视程度的评价开始出现逆转，选择领导"重视"项的比例下降了九个百分点，领导对反腐败和廉政建设重视程度的下降无疑会增加廉政风险。

（三）党和政府查处党政领导干部违法违纪案件力度影响着廉政风险水平

HZ市党风廉政建设调查问卷就"您认为近年来党和政府查处领导干部违法违纪案件是否有力度问题"征求公众的意见，对该问题的调查数据见表17：

表17　公众对本市查处违法违纪案件工作力度的评价　　　　（%）

力度/年份	2000	2001	2002	2003	2004	2005	2008	2009
很有力度	8	7.33	7.01	13.42	11.37	9.84	19.1	16.9
力度较大	33.33	29.67	50.3	37.75	51.04	53.57	69.0	57.7
力度较小	19.67	21.67	30.86	20.92	26.31	26.12	16.5	19.0
没有力度	6.67	8.33	3.41	6.92	2.72	2.48	1.2	1.2
不了解	32	32.67	7.82	17.58	8.43	7.98	4.1	5.0

资料来源：笔者根据历年问卷数据自己制作。
说明：2006、2007年由于设计的问题中取消了该问题，故缺少相关数据。

上表显示，HZ市公众对近年来党和政府查处党政领导干部违法违纪案件工作力度的评价10年来总体呈上升趋势，2000年认为查处工作"很有力度"和"力度较大"的比例合计仅为41.33%，2008年则上升为88.1%。但值得注意的是，2009年选择这两项的比例则降为74.6%，下降了13.5%。在公众受访者认为党和政府查处领导干部违法违纪案件"很有力度"和"力度较大"比例上升的时期,HZ 市廉政风险水平也处于改善的过程中。2009 年在公众受访者选择"很有力度"和"力度较大"比例下降的同时,HZ 市廉政风险水平也处于逆转的过程中。这说明,党和政府查处党政领导干部违法违纪案件的力度影响着廉政风险水平。

(三) 公务员群体对廉政法规的熟悉程度影响着廉政风险水平

2006 年以来 HZ 市党风廉政建设调查问卷专门针对公务员群体进行相关调查。2006—2009 年 HZ 市公务员受访者对廉政法规回答"非常熟悉"和"比较熟悉"者合计所占比例见表 18:

表 18　公职人员对廉政法规的熟悉程度　　　　　　　　　　(%)

	2006	2007	2008	2009
《中国共产党党员领导干部廉洁从政若干准则(试行)》	63.1	71.9	80.2	75.6
《中国共产党党内监督条例(试行)》	68.8	72.3	78.8	73.6
《中国共产党纪律处分条例》	74.0	78.9	86.8	82.2
《中国共产党党员权利保障条例(试行)》	64.8	67.5	77.8	71.3
《中华人民共和国刑法》有关贪污贿赂罪的条款	59.7	74.1	77.7	74.2
《中华人民共和国公务员法》	83.9	90.6	93.2	89.2
《中华人民共和国行政机关公务员处分条例》	缺	83.0	89.0	86.0

资料来源:笔者根据 2006—2009 年 HZ 市公务员党风廉政建设调查问卷有关数据统计制作。
说明:2006 年调查问卷无第七个问题,故缺少有关数据。

上表显示,公务员群体对廉政法规熟悉程度处于持续改善过程中,而同期 HZ 市廉政风险总体状况也处于持续改善过程中(见报告第一部分),但 2009 年公务员群体对廉政法规熟悉程度明显降低,而 2009 年廉政风险状况也出现逆转,这说明公务员群体对廉政法规的熟悉程度直接影响着廉政风险水平。

(四) 公务员所在单位和部门廉政制度的健全程度影响着廉政风险水平

2006—2009 年 HZ 市公务员受访者对"您认为本单位/部门预防腐败的制度是否健全有效?"问题选择"非常健全"和"比较健全"者合计所占比例见表 19:

表 19　公务员对本单位预防腐败制度健全程度的评价　　　　(%)

年份	2006	2007	2008	2009
比例	84.6	87.9	93.9	86.4

资料来源:笔者根据 2006—2009 年 HZ 市公务员党风廉政建设调查问卷有关数据统计制作。

说明:2008 年和 2009 年问卷的问题改为"您认为本单位/部门关于党风廉政建设方面的制度是否健全有效?"

上述数据表明,公务员认为本单位预防腐败的制度健全有效的比例 2006 年到 2008 年逐步提高,同期廉政风险状况持续改善,2009 年上述比例明显下降,2009 年廉政风险升高,这说明公务员所在单位和部门预防腐败制度的健全有效程度影响着廉政风险水平。

(五) 公务员所在单位和部门廉政制度的落实程度影响着廉政风险水平

2006—2009 年 HZ 市公务员受访者对"您认为本单位/部门党风廉政建设各项制度是否落实?"问题选择"已落实"者所占比例见表 20:

表 20　公务员对本单位党风廉政建设制度落实情况的评价　　　　(%)

年份	2006	2007	2008	2009
比例	缺	89.0	91.3	92.4

资料来源:笔者根据 2006—2009 年 HZ 市公务员党风廉政建设调查问卷有关数据统计制作。

说明:2006 年问卷无相关问题,故缺少相关数据。2007 年的问题是"您认为本单位/部门预防腐败的制度是否落实?"

上述数据显示，2006—2009 年 HZ 市公务员所在单位和部门廉政制度落实程度逐步提高，这对降低廉政风险具有积极作用。

（六）商务人员亲身经历腐败的比例高低影响着廉政风险水平

2006—2009 年 HZ 市商务人员受访者对"您获得以上贿赂信息的来源是什么？"问题选择"亲身经历"者所占比例见表 21：

表 21　商务人员选择亲身经历了解贿赂的比例及其变化　　（%）

年份	2006	2007	2008	2009
比例	8.3	9.7	8.3	7.5

资料来源：笔者根据 2006—2009 年 HZ 市商务人员党风廉政建设调查问卷有关数据制作。
说明：2006 年、2007 年数据由"个人亲身经验"和"本公司其他人亲身经验"两项加总而来，其中 2006 年个人亲身经验的数据为 2.3%，2007 年则为 6.2%。2008 年和 2009 年的问题改为"您对腐败问题的看法主要来源？"。

亲身经历过索贿行贿等腐败行为的商务人员再次行贿的可能性会增加，廉政风险相应会增加。HZ 市有过这种亲身经历的商务人员比例从 2006 年到 2009 年经历了一个从增加到减少的过程，亲身经历者比例的减少会降低廉政风险水平。

（七）商务人员的行贿倾向影响着廉政风险水平

商务人员行贿倾向越强，廉政风险就越高。2008 年和 2009 年 HZ 市商务人员党风廉政建设调查问卷有一个问题询问受访者"如果您遇到涉及自身利益的重要问题，首先想到干什么？"，具体选择结果见表 22：

表 22　商务人员行贿意愿强度　　　　　　　　　　　　　　　　（％）

途径/比例	2008	2009
（1）通过正常渠道和手续办理	77.4	69.7
（2）找同学、战友、同乡、同事和亲朋好友帮忙	10.0	14.3
（3）托关系找熟人，请客送礼	2.9	4.8
（4）只要能办好，什么方法都行	5.9	7.6
（5）说不清	3.8	3.7

资料来源：笔者根据2006—2009年HZ市商务人员党风廉政建设调查问卷有关数据制作。

上表数据显示，2009年与2008年相比，商务人员受访者选择"通过正常渠道和手续办理"比例从77.4%下降为69.7%，而选择"托关系找熟人，请客送礼"、"只要能办好，什么方法都行"两项的比例均呈上升趋势，商务人员行贿倾向的增强无疑会增加HZ市的廉政风险。

（八）商务人员举报腐败的意愿强度影响着廉政风险水平

商务人员举报腐败意愿越强，廉政风险则越低，反之亦然。2008年和2009年HZ市党风廉政建设调查问卷曾询问商务人员受访者"假如您了解掌握一些具体涉及腐败问题的线索，您将如何去做？"，受访者回答结果见表23：

表 23　商务人员选择举报腐败的意愿强度　　　　　　　　　　　（％）

年份/比例	积极举报	涉及自己利益才举报	怕打击报复不敢举报	无论什么情况都不举报	不关心
2008	54.2	15.0	16.5	2.7	11.7
2009	46.6	25.2	15.6	1.8	10.7

资料来源：笔者根据2006—2009年HZ市商务人员党风廉政建设调查问卷有关数据制作。

上述数据显示，2009年与2008年相比，HZ市商务人员积极举报腐败的意愿强度明显减弱，而只有涉及自己利益才举报的受访者比例增加了将近10%，这对2009年HZ市廉政风险水平产生了消极影响。

（九）公众参与反腐败的风险强度影响着廉政风险水平

公众参与反腐败的风险越大，则参与的积极性越低，廉政风险相应就越高，反之亦然。HZ市党风廉政建设调查问卷对公众举报的相关调查从一个侧面反映着公众参与反腐败的风险强度。问卷中有一个问题询问公众"假如您了解掌握一些具体涉及腐败问题的线索，您将如何去做？"，受访者选择"怕打击报复不敢举报"者比例见表24：

表24　公众对参与反腐败的风险强度的感知　　　　　　　　　　（%）

年份	2000	2001	2002	2003	2004	2005	2008	2009
比例	24	24.67	24.05	15.58	15.16	19.2	16.6	19.3

资料来源：笔者根据2000—2009年HZ市公务员党风廉政建设调查问卷有关数据统计制作。
说明：2006年和2007年问卷无相关问题，故缺少相关数据。

上表显示，HZ市担心受打击报复而不敢举报的公众受访者比例经历了上下波动的曲折反复过程，总体呈下降趋势，但2009年与2008年相比又上升了近三个百分点。公众举报的高风险无疑会影响他们参与反腐败的积极性，缺乏公众的踊跃参与，廉政风险则会升高。

（十）公众参与反腐败的效能感强度影响着廉政风险水平

公众参与反腐败的效能感或成就感越强，他们参与反腐败的积极性就越高，廉政风险相应就会降低，反之亦然。HZ市党风廉政建设调查问卷相关问题及数据反映了公众参与反腐败的效能感强度及其变化情况。

2006年党风廉政建设调查问卷询问公众受访者"后来您有没有去举报这

些要你被迫提供额外费用或个人权益受到损害的行为?"的问题,回答"是"的比例为 51.9%,回答"否"的比例为 48.1%。在回答是的人群中,对"您举报的结果怎么样?"问题的回答结果见表 25:

表 25　公众对举报处理结果的评价　　　　　　　　　　　　　　　　(%)

	比例		比例
[1] 结果很好,相关责任人受到查处	1.8	[4] 结果较差,举报没有接受	21.8
[2] 结果较好,但相关责任人没有查处	20.0	[5] 结果很差,受到打击报复	9.1
[3] 结果一般,审查没有结果	47.3		

资料来源:2006 年 HZ 市党风廉政建设社会评价问卷数据。

上述数据显示,2006 年公众举报的处理结果被公众认为"结果很好"和"结果较好"的比例合计只有 21.8%,公众对自身举报的效能感很低,这无疑会影响到他们未来举报的积极性,进而会增加廉政风险。

2007、2008 和 2009 年的党风廉政建设调查问卷将问题改为"据您和您周围群众的反映,您认为目前群众参与监督的渠道是否畅通?"和"您对目前各类监督渠道受理群众监督意见的服务效能是否满意?"这样两个相关的问题,受访者回答结果见表 26:

表 26　公众对各类监督渠道畅通程度和受理监督的效能的评价　　　　(%)

	畅通	较畅通	一般	不太畅通	不畅通	不了解
2007	27.9	33.1	22.7	5.1	3.8	7.4
2008	15.4	33.3	40.0	4.7	4.2	2.4
2009	19.6	34.6	28.5	8.3	4.2	4.8
	满意	较满意	基本满意	不太满意	不满意	不了解
2007	24.3	40.2	29.6	3.7	2.2	
2008	16.8	38.9	34.9	2.2	5.4	1.9
2009	17.0	41.3	26.8	6.0	2.1	6.8

资料来源:笔者根据 2007—2009 年 HZ 市社会公众党风廉政建设调查问卷数据制作。
说明:2007 年对第二个问题的回答没有设"不了解"项,故无该项数据。

上述数据显示，2007 年以来公众受访者认为目前群众参与监督的渠道"畅通"并对目前各类监督渠道受理群众监督意见的服务效能感到"满意"的比例总体上都呈现下降趋势，而认为"不太畅通"和"不太满意"的比例则呈上升趋势。这两个问题间接地反映了公众参与反腐败的效能感，对这两个问题持肯定回答的人数比例下降而持否定性回答人数比例上升，表明公众参与反腐败的效能感降低，这无疑将会增加廉政风险。

（十一）公众行贿意愿强度影响着廉政风险水平

公众的行贿意愿强度与他对腐败现象有无亲身经历有着密切的关系，同时与他为了自己办事成功所选择的行为方式有着密切的关系。

2001 年以来 HZ 市社会公众党风廉政建设调查问卷曾询问公众受访者"您和您周围的人，对腐败问题的看法的主要来源是什么？"，回答"亲身经历"者的比例见表 27：

表 27　公众反映亲身经历腐败者的比例及其变化情况　　　　（%）

年份	2001	2002	2003	2004	2005	2006	2008	2009
比例	13.33	14.43	5.25	6.93	5.62	3.2	5.8	7.0

资料来源：笔者根据 2001 年以来 HZ 市公众党风廉政建设调查问卷数据制作。
说明：2007 年问卷无相关问题，故缺少相关数据。

上述数据表明，2001 年以来公众受访者"亲身经历"腐败的比例起伏波动但总体上呈下降趋势。值得注意的是，2008 年以来反映亲身经历腐败者的比例连续两年回升，这无疑会强化公众未来的行贿意愿。

2004、2005、2008、2009 年 HZ 市公众党风廉政建设调查问卷曾询问公众受访者"假如您遇到生病住院、孩子上学之类比较重要的问题，首先想到干什么"，对这一问题的回答结果见表 28：

表 28　公众的行贿意愿强度　　　　　　　　　　　　　（%）

	2004	2005	2008	2009
通过正常渠道和手续办理	53.03	66.82	72.5	70.8
找同学战友，同乡，同事和亲朋好友帮忙	23.02	13.08	9.8	11.7
托关系找熟人，请客送礼	5.86	3.66	2.9	5.8
只要能办好，什么方法都行	11.37	8.49	7.7	6.6
说不清	5.86	7.94	7.1	5.0

资料来源：笔者根据 2004、2005、2008、2009 年 HZ 市公众党风廉政建设调查问卷数据制作。

说明：2008、2009 年调查问卷的问题改为"如果您遇到涉及自身利益的重要问题，首先想到干什么？"。

上述数据显示，如果遇到涉及自身利益的重要问题，选择"通过正常渠道和手续办理"者比例 2004 年以来总体上呈上升趋势，但 2009 年与 2008 年相比该比例有所下降，与此同时选择"托关系找熟人，请客送礼"者的比例也出现了先降后升的趋势。2009 年出现的这种逆转趋势，强化了公众的行贿意愿，从而提高了廉政风险。

（十二）政务公开的成效影响着廉政风险水平

公众对政府机关办事依据和结果越清楚，就说明政务公开的效果愈显著，从事腐败交易的必要性就越小，廉政风险就越低。2000 年以来 HZ 市社会公众党风廉政建设调查问卷曾询问公众受访者"涉及您关心的问题时，政府机关的办事结果是否向您公开，让您清楚？"，对该问题的回答结果见表 29：

表 29　公众对政务公开情况的满意度评价　　　　　　　　　　　　　（%）

	2000	2001	2002	2003	2004	2005	2006	2008	2009
很清楚	2.67	3	2.2	9.75	4.07	3.49	4.6	10.8	9.8
较清楚	19	21.33	20.44	35.58	28.45	37.5	51.1	48.0	49.8
不太清楚	32	29	32.67	24	26.38	25.31	39.5	22.0	22.5

续表

	2000	2001	2002	2003	2004	2005	2006	2008	2009
不清楚	10.33	10.33	11.62	7.75	8.08	5.67	4.1	4.2	3.6
没打过交道	34.67	35	32.46	18.42	32.59	28.03	0.7	15.0	14.5

资料来源：笔者根据2000年以来HZ市社会公众党风廉政建设调查问卷数据制作。

说明：2007年调查问卷无相关问题，故略去。2006年的问题是"总体上看，您对公开内容的广度和深度满意吗？"，选项依次为：非常满意、比较满意、一般、不太满意、非常不满意。2008年和2009年的调查问卷问题完全为"涉及您关心的问题时，政府机关的办事依据和结果是否让您清楚？"，选项内容与2000—2005年的问卷选项相同。

上述数据显示，2000年公众对政府机构办事依据和结果公开回答"很清楚"和"较清楚"的比例合计仅为21.67%，随后逐步增加，2009年该比例上升为59.6%。这说明，政务公开的成效日益显著，这无疑降低了腐败交易的必要性，从而也就降低了廉政风险水平。

（十三）廉政文化建设成效影响着廉政风险水平

廉政文化建设可以营造出一种廉洁光荣腐败可耻的反腐倡廉氛围，从而降低廉政风险水平。廉政文化建设成效越显著，就越有利于降低廉政风险水平。2005—2009年HZ市社会公众党风廉政建设调查问卷曾询问公众受访者这样一个问题"您认为通过开展廉政文化建设，当前全社会反腐倡廉氛围与前几年相比有什么变化？"，对这个问题的回答结果见表30：

表30 公众对反腐倡廉氛围变化趋势的评价 （%）

年份/比例	明显增强	有所增强	差不多	有所减弱	明显减弱	说不清
2005	9.93	48.48	23.53	6.33	1.33	10.4
2008	16.6	58.2	14.6	2.9	1.3	6.4
2009	15.0	56.0	18.2	2.4	1.7	6.7

资料来源：笔者根据2005、2008和2009年HZ市公众党风廉政建设调查问卷数据制作。

上述数据显示，2005年以来HZ市廉政文化建设成效日益显著，全社会反腐倡廉氛围日益增强，这无疑有利于降低廉政风险水平。但需要指出的是，2009年与前一年相比，廉政文化建设成效有所减弱，这无疑不利于降低当年的廉政风险水平。

四、HZ市廉政风险防范的对策建议

HZ市在廉政风险防范方面总的来说是比较成功的，廉政风险水平处于较低等级就是一个证明。但对廉政风险水平的动态监测表明，廉政风险防范犹如逆水行舟不进则退，2009年廉政风险水平有所升高敲响了警钟，说明这项工作应当常抓不懈。结合HZ市实际，提出如下廉政风险防范建议：

（一）明确重点，集中力量，有针对性地开展廉政风险防范工作

廉政风险防范不能眉毛胡子一把抓，撒胡椒面，必须明确重点，集中力量，有针对性地开展工作。廉政风险较高的领域、部门、机构、人群和廉政风险点，就是廉政风险防范的重点。"当前HZ市廉政风险预警分析"这一部分，集中分析了当前HZ市廉政风险相对较高的领域、部门、机构、人群和廉政风险点，他们是目前HZ市廉政建设和反腐败工作的薄弱环节，腐败现象相对易发高发。廉政风险防范就是要针对这些廉政风险较高的重点领域、重点部门、重点机构、重点人群和廉政风险点，采取教育、监督、制度、改革、查案、纠风"六管齐下"综合治理的方法来有效化解廉政风险。

（二）综合运用党政领导党风廉政建设究责与免责机制，进一步调动各地区和单位领导反腐倡廉的积极性

在目前的党政领导体制下，各地区和单位党政领导对党风廉政建设和反

腐败斗争的重视程度，直接决定着廉政制度和内部管理制度的健全完善程度和落实程度、决定着政务公开的成效、影响着腐败案件的查处力度，从而成为廉政风险防范成败的关键。HZ市党风廉政建设调查问卷显示，2009年与2008年相比，公众受访者对所在地区和单位党政领导是否重视党风廉政建设和反腐败斗争的评价开始出现逆转，选择领导"重视"项的比例下降了九个百分点，因此切实提高各地区和单位党政领导对党风廉政建设和反腐败斗争的重视程度成为HZ市开展廉政风险防范工作的一项重要内容。现行的党风廉政建设责任制有关规定侧重于对党政领导的责任追究，而缺乏责任减免的相关规定，因而激励机制严重欠缺。HZ市可学习借鉴美国《反海外贿赂法》将公司发生海外行贿事件时公司负责人究责与免责规定相结合的立法精神，创新HZ市党风廉政建设问责机制。新的问责机制，既要规定各地区和单位党政领导在所管辖地区和部门发生腐败案件时所担负的连带责任及责任追究机制，同时又要规定在本地区和单位发生腐败案件时地区或单位主要领导可减轻或免除自身责任的条款。这些免责条款可包括：腐败案件发生地区或单位的党政领导是否主动报告和查处腐败案件，是否建立完善了内控机制，是否查漏补缺健全了相应的管理制度，是否定期开展内部审计和稽查工作，是否落实了党风廉政建设各项制度等。只有将究责机制与免责机制结合起来加以使用，才能减少各地区和单位党政领导对党风廉政建设和反腐败斗争的抵触情绪和敷衍行为，有效调动他们抓好本地区或本单位反腐倡廉工作积极性。

（三）进一步加大发现和查处腐败案件的力度，提高违法腐败的成本

对腐败案件有案必查，查实必惩，惩治必严，才能打消腐败分子的侥幸心理。在2005、2008和2009年社会公众党风廉政建设调查问卷询问公众"那些反腐败措施最有效"时，"对腐败分子用重典"、"对腐败分子予以新闻曝光"、"加大对腐败分子经济处罚力度"三个选项稳居前三位，这三大措施反映了公众希望加大对腐败分子的刑事制裁、经济处罚并使其身败名裂的强

烈愿望，反映了公众认为加大发现和查处腐败案件力度在各类反腐败措施中最为有效的强烈共识。商务人员在调查中更加强调对腐败分子予以新闻曝光和加大对腐败分子的经济处罚力度这两项措施的有效性。在 2007 年调查的开放式征求公众反腐败建议中，要求严惩腐败的建议占有相当大的比例。2009 年党风廉政建设调查中仍有 20% 以上的公众受访者认为近年来党和政府查处党政领导干部违法违纪案件"力度较小"（19.0%）和"没有力度"（1.2%）。这说明，只有进一步加大查处腐败案件的力度，才能更好地取信于民，才能对潜在的腐败者发挥震慑作用。

（四）对区县纪检监察、检察等反腐败机构实行垂直领导，赋予他们以独立的办案权

在目前的双重管理体制下，由于人事、经费和编制等方面均受同级党政主要领导控制，纪检监察、检察机构只能对领导交办和领导准办的案件开展调查起诉工作，自身工作处于消极被动的状态，得不到公众的信任。以拥有法定反贪职责的检察院为例，2009 年的党风廉政建设调查显示当发现党员干部不廉洁行为时只有 1.0% 的公众受访者会选择检察院作为首要举报渠道。通过走向法治来保证反腐败机构独立的执法权，是一种努力方向，但需要一个漫长的过程，在近期比较可行的是对纪检、监察等反腐败机构实行垂直领导，保证他们拥有独立的办案权。HZ 市可率先对区县纪检监察、检察等反腐败机构实行由市纪检监察机构和检察院垂直领导的体制，保证其人事、经费、编制的独立性，调动他们的工作积极性，支持他们依法独立查处区县腐败案件。

（五）进一步发挥新闻舆论监督的强大威力，保证腐败案件的查处不走过场

新闻媒体特别是外地媒体对特定腐败案件的深入调查和持续报道会形成

强大的民意压力,推动上级领导关注特定腐败案件的查处,打破腐败分子的关系网和保护伞,克服腐败案件查处中的种种阻力,保证腐败案件的查处不走过场。反腐败机构需要和新闻媒体结成反腐败联盟,善用新闻媒体的舆论监督力量,推动反腐败斗争走向深入。2005、2008、2009 年 HZ 市党风廉政建设调查对公众和商务人员的调查都表明,在"哪些监督比较有效"的调查中"新闻舆论的监督"都始终居于首位。这说明,公众和商务人员对新闻舆论监督在监督和查办腐败案件中的威力都有着极为明确的认识。

(六)进一步畅通群众参与监督的渠道,减少公民参与反腐败的风险

群众监督具有党政系统内各种形式监督所无法替代的独特作用。"群众的眼睛是雪亮的","若要人不知,除非己莫为",这些都说明腐败分子的所作所为很难逃脱群众的视野。发挥好群众监督的作用,将会有效解决反腐败工作中所面临的信息不对称难题。HZ 市 2009 年党风廉政建设调查问卷就公众参与监督渠道畅通度和监督效果满意度调查显示,只有 54.2% 的受访者认为公众参与监督的渠道"很畅通"和"较为畅通",只有 58.3% 的受访者认为公众参与监督的效果"很满意"和"较为满意"。这说明,进一步疏通公众参与渠道的改进空间仍很大。有受访者建议,公民到政府机关办事时,每办一件事发放一张满意度调查表,并将其作为单位年终考评依据。该建议具有一定的可行性。举报遭受打击报复的可能性降低了公众参与反腐败的意愿。2009 年的调查显示,有 19.3% 的公众受访者"怕受到打击报复而不敢举报",有高达 78.2% 的公众受访者认为举报"结果一般,审查没有结果"、"结果较差,举报没有接受"或"结果很差,受到打击报复"。为了有效保护举报人,降低公众参与反腐败的风险,HZ 市可率先启动"举报人和证人保护条例"的地方性立法,对举报线索和举报人身份保密、举报结果反馈、关键证人人身保护、举报人和证人职业和居住地变换、对打击报复行为的处罚等作出有约束力的法律规定,调动公民参与反腐败的积极性。

（七）重大公共工程项目先立法后建设，全程置于人大的监督之下

HZ 市党风廉政建设调查问卷显示，工程建设领域是当前廉政风险最高的领域，也是腐败现象易发多发的重灾区。2007 年 HZ 市公务员党风廉政建设问卷调查中有公务员受访者建议，对一些较大的工程项目，先立法后建设，以法律的形式，明确资金的来源、资金的使用和工程建好后回报的分配。应当说这一建议具有一定的合理性与可行性。对于已经在建的重大公共项目，应当定期向人大及其常委会报告工程的资金使用情况、工程进度、工程监理情况、工程预算和决算、工程质量验收情况等，同时由人大委托审计机构予以审计并直接向人大报告。只有将重大公共工程置于人大的有效监督之下，才能克服重大公共工程成为"一把手工程"而缺乏有效监管的弊端。

（八）在行政审批、土地出让或批租、产权交易、财政拨款、融资贷款等领域实行决策公示制度，有关决策接受社会各界的监督

实行重大决策公示制度，是党的"十七大"报告增加决策透明度接受社会监督的重要举措。HZ 市可率先在行政审批、土地出让或批租、产权交易、财政拨款、融资贷款等廉政风险较高的五大领域实行决策公示制度，公示内容包括决策依据、决策事由、公示期限、异议受理机构等。相关的企业或申请方如对该项决策不服，可提请进行行政复议，或诉诸法院，请求改变相关行政决策。有重大利害关系的行政决策公示制度，可以增加该决策的透明度，提高决策的合理性，避免因暗箱操作而带来的廉政风险。

（九）建立领导干部廉情公示制度，增加领导干部廉政情况的透明度并接受社会监督

领导干部报告个人重大事项的新规定与原来的规定相比是一个很大的进

步，报告的内容更加全面，报告的时效性更强，财产申报的内容也得到了一定的体现。但这种报告仍然是一种内部报告，仅供其上级领导掌握，其他人无从知晓，自然也无从监督。浙江慈溪率先实行的廉情公示制度，与领导干部报告个人重大事项规定相比，有了新的突破，述廉规定更加具体、更加透明，为知情人举报和公众监督提供了便利。HZ 市可在省会城市中率先实行这一制度，要求县处级以上领导干部填写廉情公示表，并在一定范围内通过适当形式予以公示，接受社会各界评议。对廉情公示期间接到的异议和举报，须进行查证处理并在适当范围内公布查证结果。

（十）政府与市场中介组织彻底分开，斩断职能部门与中介机构之间的利益链

2009 年 HZ 市党风廉政建设问卷调查显示，该市当前廉政风险较高的中介机构有九大类，他们是：房地产评估机构、建筑监理公司、资产评估机构、律师事务所、司法鉴定机构、环境监测机构、会计师事务所、税务师事务所、质量技术监测机构。这些市场中介机构背后都有着相对应的政府职能部门，他们和自己所依靠的政府职能部门之间存在着千丝万缕的利益联系。中介机构依靠职能部门的授权提供垄断性、半强制性和高收费的中介服务，职能部门或其领导人则通过职权外包而享受利益输送的好处，有的中介机构甚至充当腐败的职能部门领导与不法商人之间权钱交易的掮客并承担将黑钱漂白的角色。为了降低中介机构的廉政风险，HZ 市有必要进一步推进行政审批制度改革，解决中介机构扮演"二政府"的角色问题。为此可首先从这九大类中介机构入手，彻底实行政企分开、政资分开、政社分开、政府与市场中介组织分开，切断政府职能部门与中介机构之间的利益链，从而有效降低中介机构的廉政风险。

（十一）加强廉政法规的学习教育，提高公务员群体法治意识

HZ 市近年来党风廉政建设调查显示，公务员群体对廉政法规的熟悉程度仍有很大的提升空间。在开放式的征求建议中，不少公务员受访者指出，一些党政领导干部还存在着"官大于法"的特权思想和人治思维，现实中还存在着大量人情办事行为。商务人员也反映，一些职能部门公务员平时对一些法律规定备而不用，只有在企业得罪自己时才启用这些法律规定"公事公办"，表现出典型的选择性执法特征。加强廉政法治教育，培养公务员群体的法治意识，使他们知法懂法，教育他们努力做到依法行政、公正执法和公正司法，是减少公务员群体廉政风险的重要举措。

（十二）加强廉政文化建设，提高全体公民反腐倡廉意识

如前所述，HZ 市党风廉政建设问卷调查显示，2009 年与 2008 年相比，对"公众和商务人员在遇到涉及自身利益的重大利益时首先想到干什么"问题，公众和商务人员选择"找同学战友，同乡，同事和亲朋好友帮忙"、"找关系托熟人，请客送礼"以及"只要能办好，什么方法都行"三个选项的比例均呈现上升趋势。这说明，HZ 市部分公众和商务人员的行贿意愿在增强，拒绝行贿、抵制索贿、远离贿赂的道德意识淡漠，心理防线薄弱。有关调查也显示，公众和商务人员 2009 年积极举报腐败的意愿与 2008 年相比均有所下降，而同期选择"涉及自身利益才举报"的比例却有所上升，其中商务人员选择"涉及自身利益才举报"的比例更是上升了 10.2%。这说明公众和商务人员面对腐败行为时"事不关己，高高挂起"的漠然态度在滋长。廉政文化建设需要针对公众和商务人员中这一新的动向，讲明行贿可耻、行贿是腐败共犯、是一种腐败犯罪行为，阐明在这一问题上的是非、善恶、荣辱界限，说明反腐败的成功需要公众和商务人员的积极参与，提高全体公民反腐倡廉

意识，筑牢各个社会群体的思想道德防线，从而降低因公众和商务人员行贿意愿增强而带来的廉政风险。

廉政风险不是一成不变的，廉政风险预警需要动态监测，廉政风险防范也需要动态调整，只有这样才能做到"魔高一尺，道高一丈"。

高校腐败及其治理状况的调查与研究*

高等教育领域的腐败（简称高校腐败，下同）已经成为当代中国一种重要的腐败现象，受到社会各界的高度关注。2012年7月到10月，笔者在高校廉政教育研究会、东北师范大学政法学院、国家教育行政学院培训部门等单位协助下，对高等院校的各级领导干部、高校学生、高校学生家长等三个利益相关群体展开问卷调查（问卷样本详见附录一）。就三个群体回收的有效调查问卷样本量分别为114份、118份和139份，对样本量中个人基本情况的分析表明，回收的三个群体的样本在性别分布、地域分布、年龄分布、职业分布、高校内部岗位类型分布等方面均具有

---

* 这是何增科和柏维春联合承担的联合国开发计划署委托和资助的课题中国"高校腐败治理研究"的最终成果。柏维春为东北师范大学政法学院院长，教授。问卷由何增科与柏维春共同设计。本课题是联合国开发计划署在全球招标的分领域腐败治理研究的中标项目，联合国开发计划署中国代表处在笔者和东北师范大学政法学院院长柏维春教授的协助下以该题目参与投标并中标，随后委托笔者和柏维春教授承担。笔者在课题开展过程中得到联合国开发计划署中国代表处谷青女士、北京航空航天大学任建明教授、东北师范大学柏维春教授、张凤荣教授、刘桂芝教授、朱明仕博士、国家教育行政学院胡锐军博士、中共中央编译局比较政治与经济研究中心陈雪莲博士和周利萍女士等人的热情帮助，特此向他们致以最衷心的感谢。同时，本文文责完全由作者自负。

较好的代表性（问卷情况详见附录二）。调查的内容涉及高校腐败的总体状况、高校腐败的具体表现及原因、受访者所亲身经历或接触的高校腐败及相关态度、高校腐败治理的措施等内容。笔者将围绕上述主题展开论述。

一、高校腐败的总体状况评估

本项问卷调查对目前高校腐败的严重程度、普遍程度、学术道德诚信状况、高校腐败的具体危害、高校腐败的危害程度、高校腐败状况的变化趋势等分三个群体进行了考察。

（一）与其他领域腐败相比，受访者普遍认为当前高校腐败的严重程度相对较低，但不同群体之间的看法差异较大

在被问及"与其他领域腐败相比，您认为当前高校腐败的严重程度"的问题时，三个受访群体的具体回答情况见图 1：

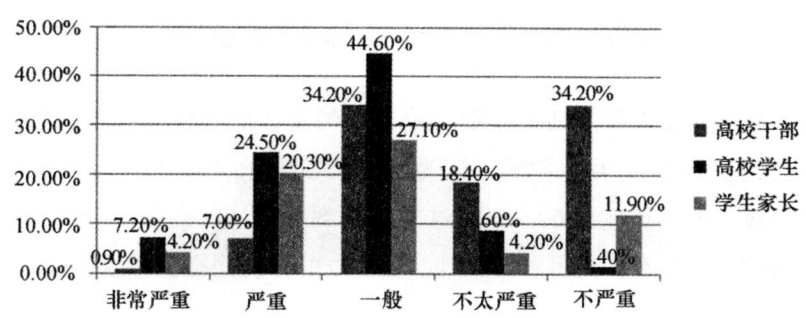

图 1 受访群体对高校腐败相对严重程度的评价

从上图可以看出，三个受访的利益相关群体认为高校腐败与其他领域相比"非常严重"和"严重"的比例较低，这说明三个高校腐败并不比其他领域腐败现象更严重。尽管这三个利益相关群体都认为高校腐败并不比其他领

域腐败更严重,但高校干部对高校腐败状况的评估明显更为乐观,与其他两个群体的评价反差较大。

(二) 高校学生和学生家长认为高校腐败较为普遍存在,高校各级领导则认为高校腐败并非普遍存在

当问及"您认为当前腐败现象在高校的普遍程度"时,三个受访群体的具体回答情况见图2:

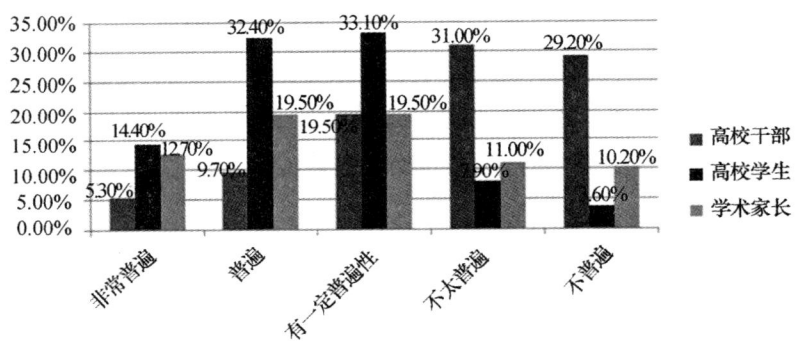

图2 受访群体对高校腐败的普遍程度的评价

上图显示,认为当前高校腐败普遍存在的受访的学生家长和高校学生的比例均超过了50%。另一方面,认为当前高校腐败"不太普遍"和"不普遍"的高校干部的比例为60.2%。这表明大部分受访的高校干部并不认为当前高校腐败普遍存在,与另外两个利益相关方的评价同样存在着很大的反差。

(三) 高校学术道德诚信状况引起高校各级领导、高校学生和学生家长的关注和担忧

在问及"您认为当前高校学术道德诚信状况"如何的问题时,三个受访群体的具体回答情况见图3:

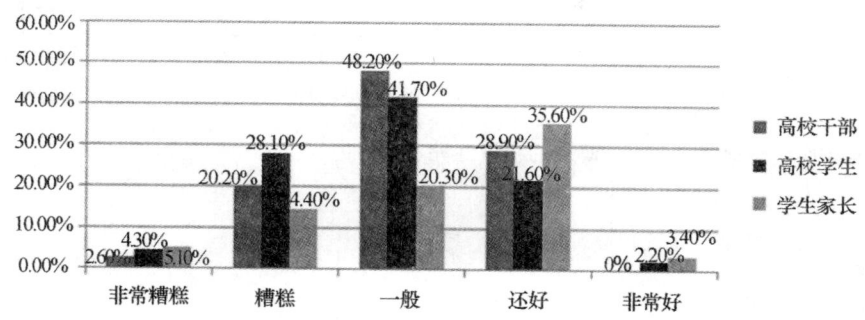

图 3 受访群体对高校学术道德诚信状况的评价

上图显示,高校干部和高校学生对高校学术道德诚信状况的担忧程度明显要高于学生家长。学生家长在这个问题上掌握的信息相对要少些,回答"说不清楚"的比例达到了 21.2%。

(四) 高校干部、高校学生和学生家长对高校腐败的具体危害均有着深刻的认识,但不同群体关注的重点有所不同

在征求三个利益相关群体对高校腐败的具体危害类型的看法时,高校各级领导、高校学生和学生家长对所列举的高校腐败的危害类型表现出各自不尽相同的选择排序。见下表 1:

表 1 三个群体对高校腐败具体危害的选择排序

高校腐败的具体危害	高校干部选择排序	高校学生选择排序	学生家长选择排序
①高校腐败直接影响高校人才培养质量	5	1	1
②高校腐败影响人们在国内高校就读和任职的意愿	8	7	7
③高校腐败妨害知识和理论创新	6	4	4
④高校腐败影响教师教学科研工作的积极性	4	3	3

续表

高校腐败的具体危害	高校干部选择排序	高校学生选择排序	学生家长选择排序
⑤高校腐败影响学生学习、研究的积极性和创新能力	7	5	5
⑥高校腐败扭曲了高校和教师的社会形象，降低了教师的社会地位	1	6	6
⑦高校腐败直接影响高等教育的发展	2	4	2
⑧高校腐败严重影响国家的文化软实力	3	2	3

说明：本表为笔者根据问卷统计数据自制。排序出现并列现象表明，受访群体对相关类型腐败危害排序数值相等。

从上表中可以看出，高校的各级各部门领导认为最应关注的高校腐败危害排名前三位的依次为：高校腐败扭曲了高校和教师的社会形象，降低了教师的社会地位；高校腐败直接影响高等教育的发展；高校腐败严重影响国家的文化软实力。高校学生认为最应关注的高校腐败危害排名前三位的依次为：高校腐败直接影响高校人才培养质量；高校腐败严重影响国家的文化软实力；高校腐败影响教师教学科研工作的积极性。而学生家长认为最应关注的高校腐败危害排名前三位的依次为：高校腐败直接影响高校人才培养质量；高校腐败直接影响高等教育的发展；高校腐败影响教师教学科研工作的积极性。三个群体排名前三位的高校腐败危害都包括"高校腐败严重影响国家的文化软实力"的选项，这说明在这个问题上大家有着高度的共识。在认为"高校腐败直接影响高等教育发展"问题上，高校干部和学生家长的排序是一致的。同样值得关注的是，高校学生和学生家长在高校腐败危害排名前三项中有两项是一致的，即都认为"高校腐败直接影响高校人才培养质量"和"高校腐败影响教师教学科研工作的积极性"。在征求三个群体对"高校腐败的其他危害"这个开放性问题的意见中，高校学生和学生家长意见高度一致的看法是"高校腐败影响学生的价值观和价值判断，对学生以后走上社会产生严重消极影响"。这是通过这次问卷调查我们所形成的新的认识。

(五）高校学生、学生家长和高校干部对高校腐败的危害程度均有着清醒的认识，但程度评价并不相同

在询问"您认为高校腐败的危害程度如何"问题时，三个受访群体的具体回答情况如下：

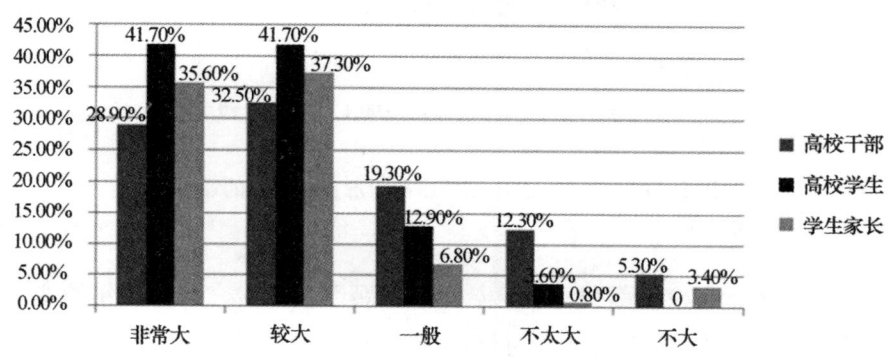

图 4　受访群体对高校腐败的危害程度的评价

上图显示，这三个利益相关群体均普遍认为高校腐败的危害非常大或较大。不过由于所处地位不同，高校干部对高校腐败危害程度的评价要明显低于其他两个群体。

（六）对未来 3 到 5 年高校腐败状况的变化趋势高校干部和学生家长持谨慎乐观的态度，而高校学生持消极态度

在问及"您认为未来 3 到 5 年中高校腐败状况的变化趋势"时，高校干部、学生家长和高校学生的具体回答情况见图 5：

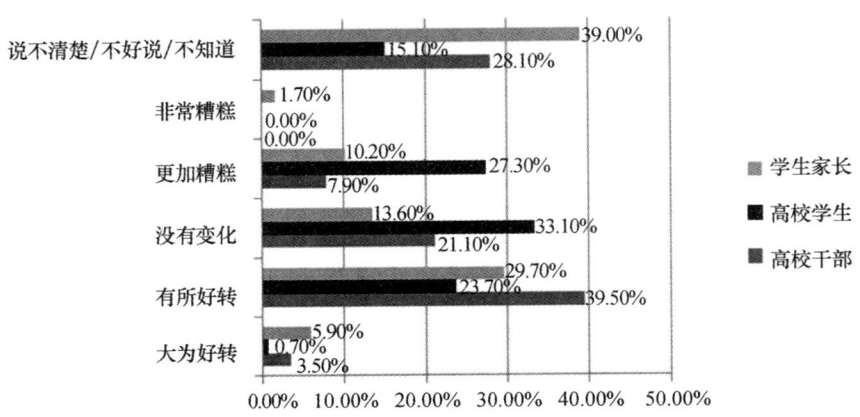

图 5　对未来 3 到 5 年高校腐败状况变化趋势的评价

说明：本表系笔者根据统计数据自制。

上图显示，高校干部和学生家长对高校腐败状况未来 3 到 5 年的变化趋势总体上持谨慎乐观的态度。而高校学生选择"没有变化"的比例高达 33.1%，选择"更加糟糕"的比例为 27.3%，均超过他们选择"大为好转"和"有所好转"两项合计比例 24.5%。这表明高校学生对未来 3 到 5 年高校腐败状况的变化趋势的看法更为消极悲观。同时需要注意的是，高校干部和学生家长回答"说不清楚"的比例较高，说明选择该项的人更多地是对未来的变化持一种观望的态度。

二、高校腐败高发多发领域、岗位、人群及原因分析

本项问卷调查对高校腐败高发多发的领域、岗位、人群分布以及可能导致高校腐败的各种原因进行了开放的调查分析，得出了一些有趣的发现。

（一）关于高校腐败严重程度的领域分布

本项调查首先询问了三个利益相关群体对高校基建工作、招生工作、评

审工作、人事工作、学生工作等五大工作领域腐败严重程度的评价,随后进一步询问了对这五大领域各自的子域腐败严重程度的评价。

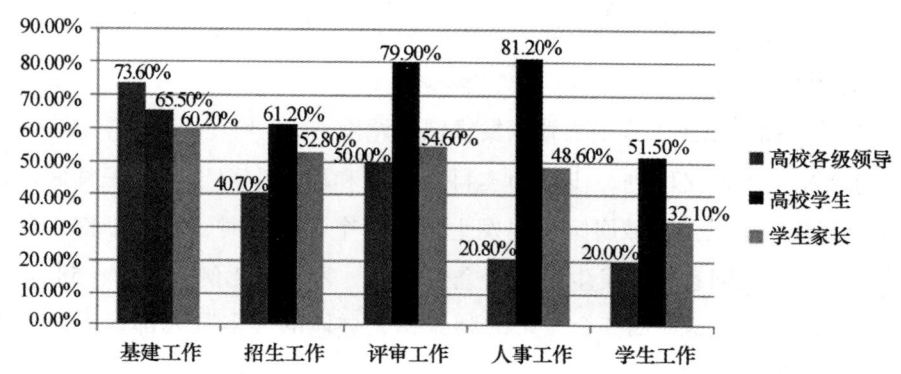

图 6 三个群体对高校五大工作领域腐败频发程度的评价

1. 关于高校五大工作领域腐败频发程度的评价

三个受访群体对高校五大工作领域腐败频发程度的评价大同小异。高校干部和学生家长在评价排序方面出现了惊人的一致。高校学生对评审工作和学生工作的评价排序与其他两个群体没有差别,值得注意的是学生群体把高校人事工作分布排在了首位,基建工作排在了第三位而非第一位,招生工作的腐败频率则跌出了前三位。应该说在五大领域腐败频率的总体排序方面,高校干部和学生家长的排序更有权威性,因为他们的信息更为对称或社会阅历更为丰富。

2. 关于高校基建工作中腐败频发领域的评价

高校基建领域又可细分为基础设施建设和物资采购两个子领域。当问及"高校基建工作领域腐败主要发生"在哪个子领域时,高校干部、高校学生和学生家长回答主要发生"基础设施建设"领域的比例分别为73%、49.6%和53.6%。这表明,受访的高校干部和学生家长大多数均认为"基础设施建设领域"是高校基建工作领域腐败最严重的子领域。而受访的高校学生则有过半数认为,"物资采购"领域是高校基建工作领域腐败现象最严重的子领域。应该说,在高校基建领域腐败严重程度评价中,高校干部和学生家长由于信息更为对称或社会阅历更为丰富,因此其选择的可靠程度更高。

3. 关于高校招生工作中腐败频发领域的评价

高校招生工作又可进一步分为本科生招生和研究生招生两个子领域。在问及"高校招生工作领域腐败主要发生"在哪个子领域时,高校干部、高校学生和学生家长回答主要发生在"研究生招生"领域的比例分别为:58.4%、61.2%、56.1%。这表明三个受访的利益相关群体的大多数人都认为研究生招生领域的腐败现象更为严重。

4. 关于高校评审工作中腐败频发领域的评价

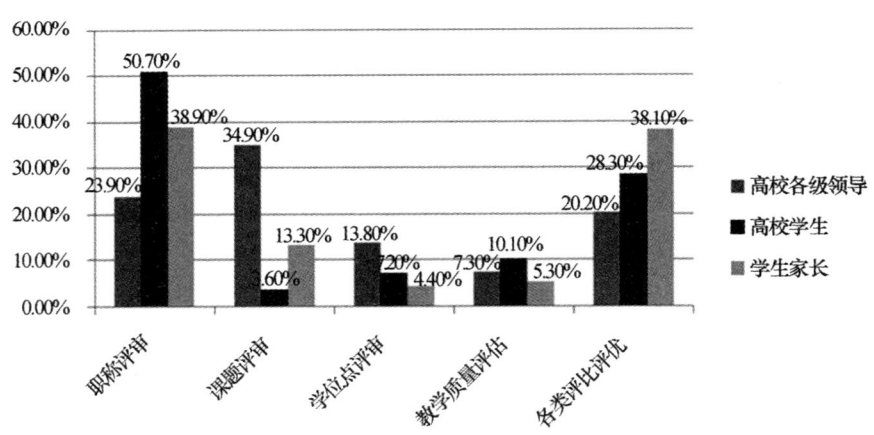

图7　三个群体对高校评审中各个子域腐败程度评价

上图表明,三个群体对评审领域各个子域腐败频发程度评价有同有异,职称评审和各类评比评优都进入了三个群体评价腐败高发领域的前三名行列,高校学生群体把教学质量评估作为腐败高发领域值得关注。高校各级领导在各类评审中掌握的信息较为对称,其评价顺序更有权威性,即依次为:课题评审、职称评审、各类评比评优、学位点评审、教学质量评估。

5. 关于高校人事工作中腐败频发领域的评价

高校人事工作又可分为师资引进和干部选拔任用两个领域。在问及"高校人事工作领域腐败主要发生在"哪个领域时,高校各级领导、高校学生和学生家长回答主要发生在"干部选拔任用"领域的比例分别为65.7%、88.4%和84.2%。这说明,三个受访的利益相关群体的大多数都认为干部选拔任用领域已经成为高校人事工作领域腐败的重灾区。同时值得重视的是,有34.3%的高校干部认为"师资引进"已经成为高校人事领域腐败的一个重灾区。

6. 关于高校学生工作中腐败频发领域的评价

高校学生工作又可分为学生入党、学生干部选拔、各类评优、各类奖学金申请和各类补助申请等五个领域。问卷调查涉及三个受访群体对高校学生工作这五个领域腐败频率的评价。具体结果见下表:

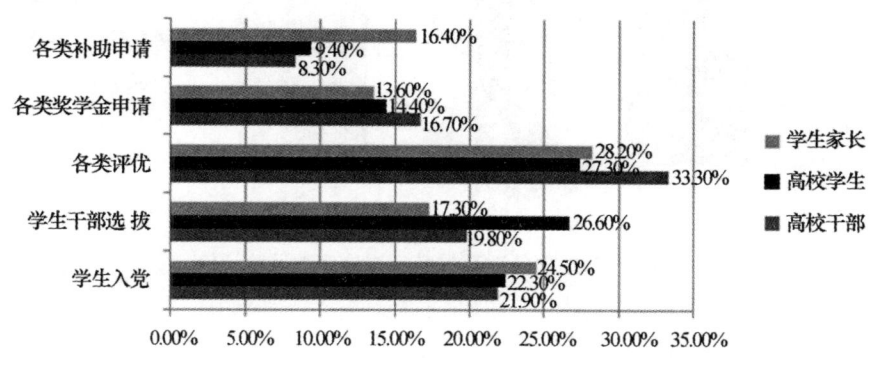

图8 三个群体对高校学生工作中腐败频发领域的评价

从上图中可以看出,受访的高校干部、高校学生和学生家长都认为"各类评优"是高校学生工作中腐败频发的首要领域,"学生入党"和"学生干部选拔"在三个群体的评价中都进入了腐败频发领域的前三名,尽管高校学生在具体排序上不同于其他两个群体而将"学生干部选拔"放在第二位。由于高校学生在这个问题上掌握有更多的信息,他们的评价顺序具有更大的权威性。

(二) 关于高校特定岗位腐败风险程度的评价

问卷调查涉及三个受访群体对高校特定岗位腐败风险程度的评价。具体评价结果如下。

1. 关于高校特定岗位腐败风险程度的评价

我们根据三个受访群体对特定岗位腐败风险程度回答"非常大"和"较大"的合计比例进行排序,结果见下图:

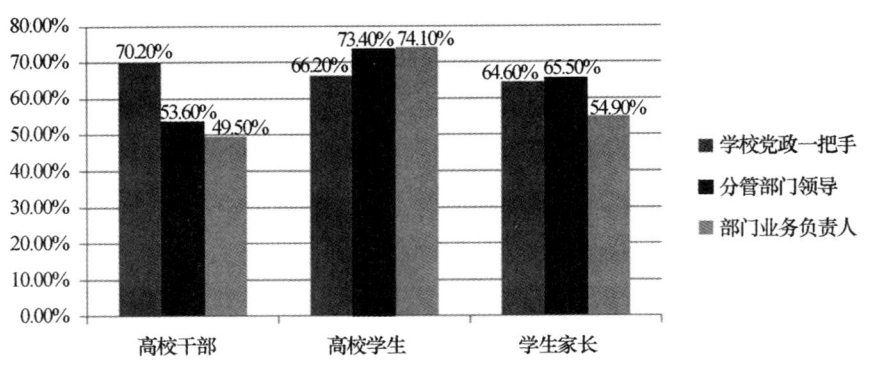

图9 三个群体对高校特定岗位腐败风险评价

从上图中可以看出,三个受访群体对腐败风险最高的岗位类型的评价排序并不一致。高校干部与学校党政一把手接触的机会更多些,认为后者掌握的资源和权力更多因此腐败风险最高。高校学生与学校有关部门业务负责人打交道更多些,认为后者腐败的机会更多些。学生家长为了办成事,与分管部门领导打交道更多些，认为后者腐败的风险更大。

本项调查采取开放式调查，询问了受访者认为还有哪些其他岗位腐败风险程度较高。高校学生回答较多的包括学生会干部、团委书记、辅导员、导师、行政后勤岗位等。学生家长回答与高校学生基本相同，同时加上了直接经办人岗位。

2. 关于学校党政一把手腐败发生主要领域的评价

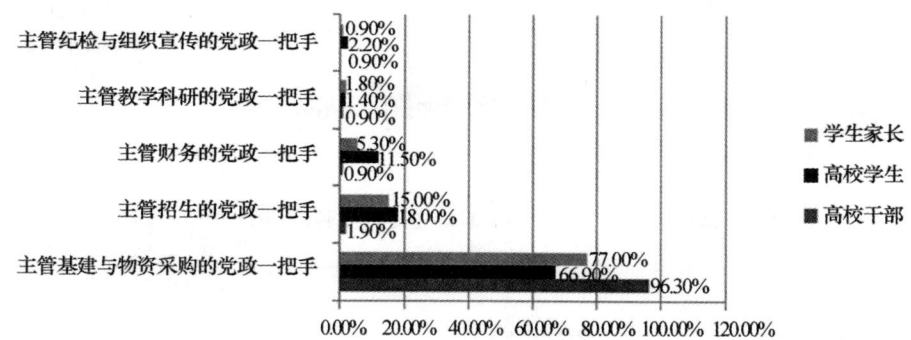

图 10　受访群体对学校一把手腐败主要发生领域评价（第一选择）

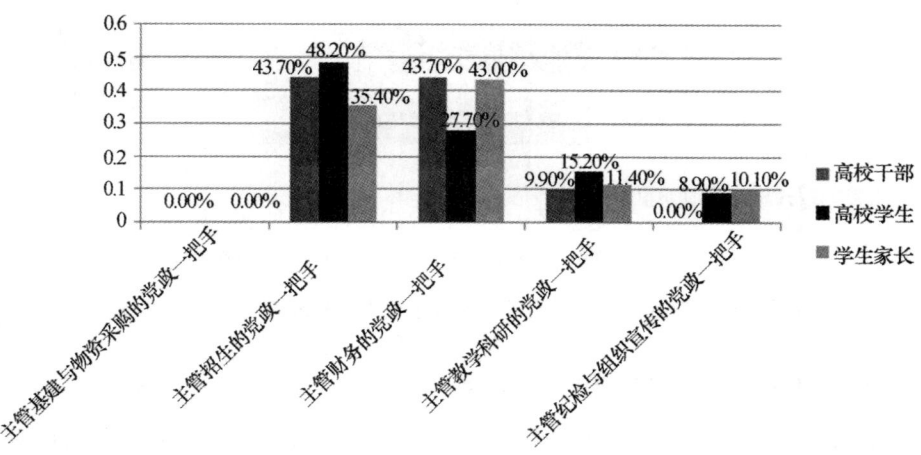

图 11　受访群体对学校一把手腐败主要发生领域评价（第二选择）

从上图中可以看出，高校干部、高校学生和学生家长等三个受访群体都认为，学校党政一把手腐败主要发生在基建和物资采购领域以及招生领域。同时需要指出的是，财务领域是紧随其后高校一把手腐败发生的一个主要领域。

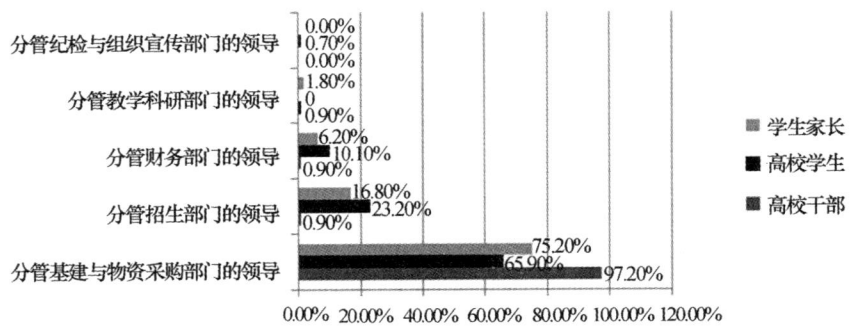

图 12　受访群体对分管部门领导腐败主要发生领域评价（第一选择）

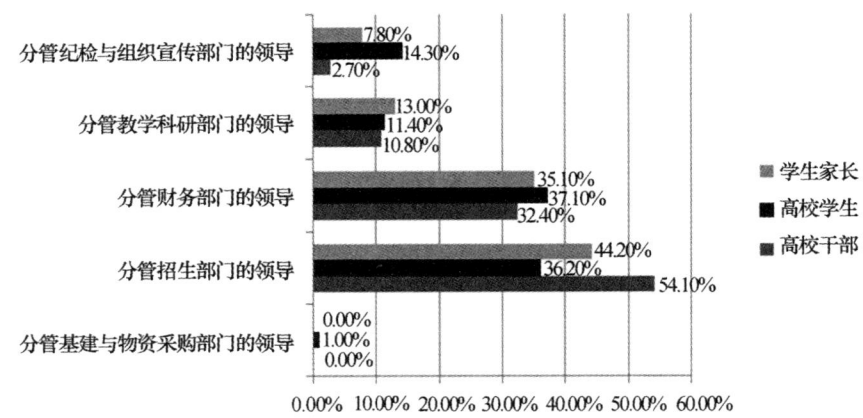

图 13　受访群体对分管部门领导腐败主要发生领域评价（第二选择）

3. 关于分管部门领导腐败发生的主要领域的评价

从上图中可以看出，高校干部、高校学生和学生家长等三个受访群体都认为，分管基建和物资采购部门以及招生部门的领导是高校腐败风险最高的两个岗位。同时需要指出的是，在这三个群体看来，分管财务部门的领导也是腐败风险很高的岗位。

4. 关于部门业务负责人腐败发生的主要领域的评价

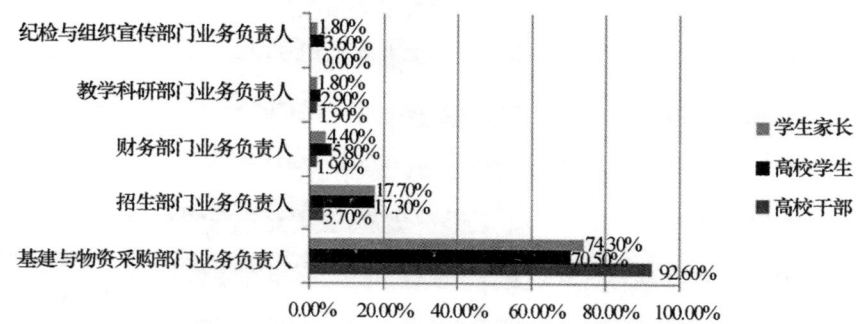

图 14 受访群体对部门业务负责人腐败主要发生领域评价（第一选择）

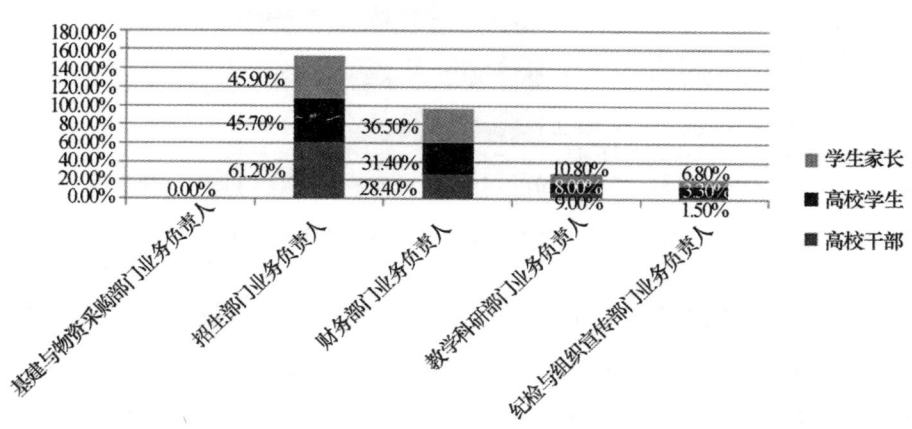

图 15 受访群体对部门业务负责人腐败主要发生领域评价（第二选择）

从上图中可以看出，高校干部、高校学生和学生家长等三个受访群体都认为，基建和物资采购部门业务负责人以及招生部门业务负责人是高校腐败风险最高的两个岗位。同时需要指出的是，在这三个群体看来，分管财务部门的领导也是腐败风险很高的岗位。

（三）关于高校腐败原因的主观认知

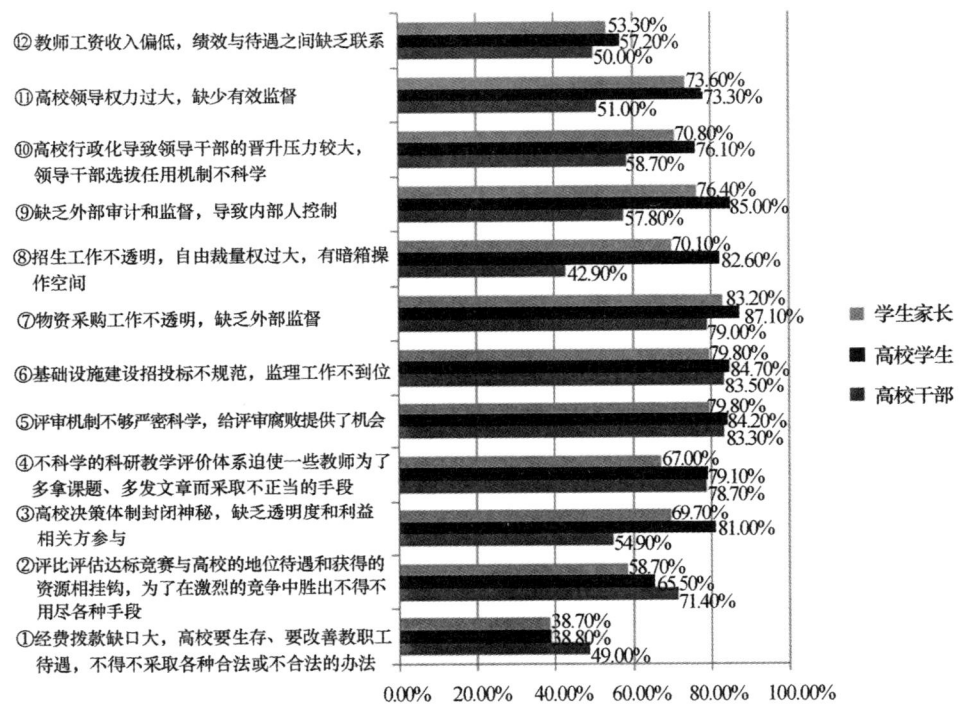

图16 受访群体对高校腐败原因的评价排序

从上图中可以看出，三个受访群体有着高度共识的高校腐败原因有三个：基础设施建设招投标不规范，监理工作不到位；评审机制不够严密科学，给评审腐败提供了机会；物资采购工作不透明，缺乏外部监督。除此之外，高校干部意见比较一致的高校腐败原因包括：只重数量不重质量的不科学的科研教学评价体系迫使一些教师为了多拿课题、多发文章而采取不正当的手段；评比评估达标竞赛与高校的地位待遇和获得的资源相挂钩，为了在激烈的竞争中胜出不得不用尽各种手段。超过半数以上的高校学生和学生家长也比较认可上述原因。除此之外，高校学生和学生家长高度认可的高校腐败的原因还包括：缺乏外部审计和监督，导致内部人控制；招生工作不透明，自由裁量权过大，有暗箱操作空间；高校决策体制封闭神秘，缺乏透明度和利益相关方参与；高校领导权力过大，缺少有效监督；高校行政化导致领导干部的晋升压力较大，领导干部选拔任用机制不科学。高校干部对这些原因的认可程度与其他两个群体之间存在较大落差。但尽管如此，认可上述原因的高校干部比例仍然超过 50% 以上。一个有趣的发现是：经费拨款缺口大，高校要生存、要改善教职工待遇，不得不采取各种合法或不合法的办法；教师工作收入偏低，绩效与待遇之间缺乏联系，这两个原因在三个受访群体认可的高校腐败原因中排名处于倒数第一位和第二位。其中对经费拨款缺口大这个原因，高校干部认可的比例接近 50%，而后两个群体认可的比例均低于 40%，反映出他们立场的重要差异。对处于倒数第二位的原因，三个受访群体认可的比例均超过了 50%，说明这一原因仍有其重要性。

（四）对高校各级领导采用非正当手段为学校或部门谋取利益行为的宽容程度

本项问卷设计了一个问题"您认为高校主要领导或部门领导采用非正当手段为学校或部门谋取利益是否合理？"，目的是了解受访的利益相关群体对高校公贿等腐败行为的宽容程度。人们对高校公贿等腐败行为越宽容，高校公贿等腐败行为的生命力就越强。对该问题的调查结果见图 17：

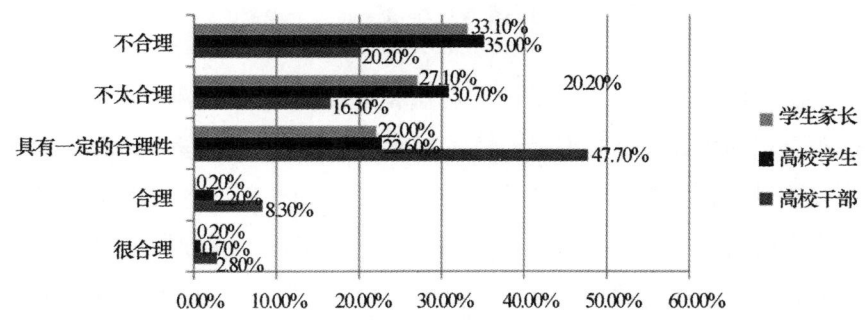

图 17 受访群体对高校公贿的宽容程度

从上图中可以看出,受访的高校干部认为高校公贿"很合理"、"合理"和"具有一定的合理性"的合计比例达到58.8%,表明高校干部对高校公贿等腐败行为具有更大的宽容性。相比之下,认为高校公贿"不太合理"或"不合理"的受访的高校学生和学生家长的合计比例均超过60%,这表明高校学生和学生家长对高校公贿等腐败行为更不宽容。在这个问题上,高校干部与高校学生和学生家长的态度差异十分明显。

(五) 对高校学术道德失范现象的认知

本项调查询问三个受访群体对"您所在的高校是否存在学术道德失范现象"的评价,回答"非常同意"和"同意"的合计比例见下图:

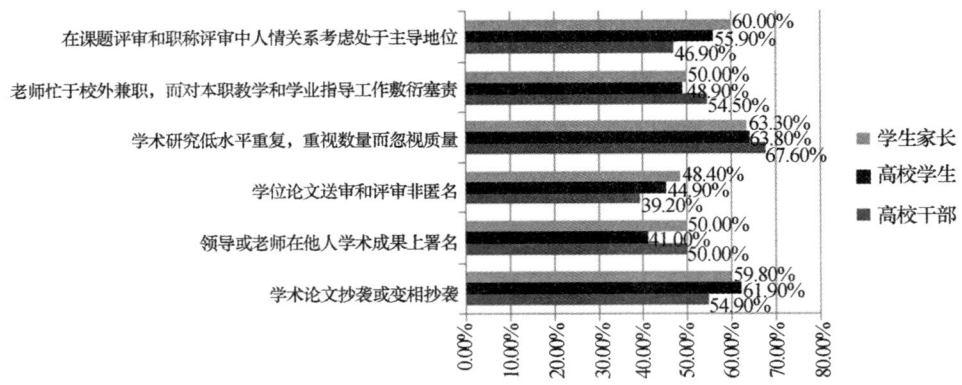

图18 受访群体对是否存在学术道德失范现象的认知

从上图中可以看出,三个受访的利益相关群体对高校学术道德失范现象的看法既有相同之处,也有很大差异。三个群体都认为,"学术研究低水平重复,重视数量而忽视质量"、"学术论文抄袭或变相抄袭"这两类学术道德失范现象在自己所在的高校比较突出。除此之外,高校干部群体把"老师忙于校外兼职,而对本职教学和学业指导工作敷衍塞责"、"领导或老师在他人学术成果上署名"列为比较突出的两类学术道德失范现象。高校学生和学生家长都把"在课题评审和职称评审中人情关系考虑处于主导地位"、"老师忙于校外兼职,而对本职教学和学业指导工作敷衍塞责"列为比较突出的学术道德失范现象。学生家长还把"领导或老师在他人学术成果上署名"列为比较突出的学术道德失范现象,这与高校干部的观点颇为接近。

在询问是否存在学术道德失范的其他情况时,受访的高校学生和学生家长谈得比较多的是"老师重职称评定而轻教学"。

三、对亲身经历的高校腐败现象及其态度的调查

前面对高校腐败的总体状况的评价和腐败高发多发领域、岗位和人群等问题的评价采用的是主观印象评价法。由此得出的结论,需要用亲身经历或接触的客观事实评价法来加以验证或修正。

(一) 对有无为了办成事而疏通关系的经历的认知

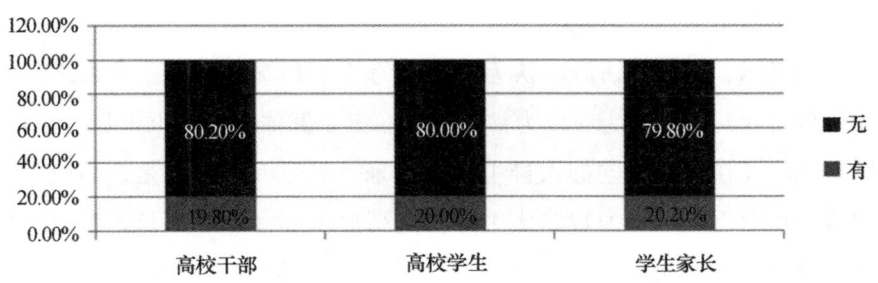

图19 受访群体有无为了办成事而疏通关系经历者比例

从上图中可以看出,三个受访群体回答有过为了办成事而向院校领导或有关部门疏通关系的经历的人数比例只有20%左右,这进一步验证了"与其他领域相比,高校腐败并非更加严重"的主观印象评价结论。

(二) 对为办成事而疏通关系行为正当性的评价

我们的调查接下来询问，如果有过为办成事而疏通关系的经历，受访群体对这种行为正当性的道德判断。具体情况见下图：

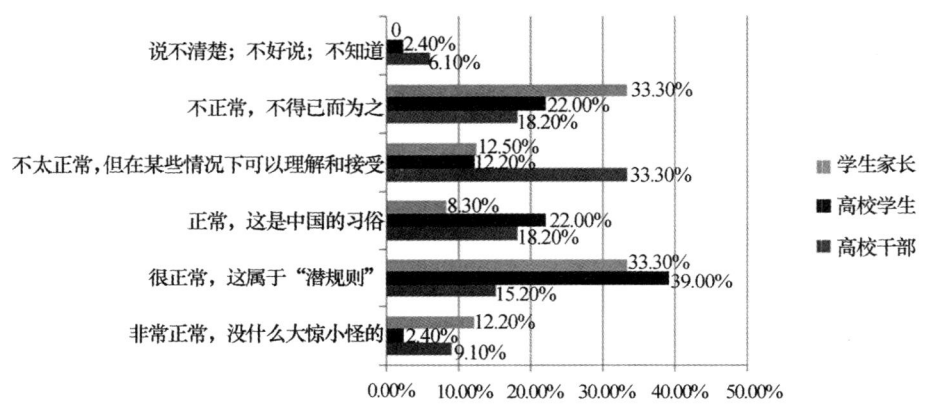

图 20　受访群体对为办成事而疏通关系行为正当性评价

上图显示，三个受访群体认为这种行为"不正常，不得已而为之"的比例均很低。而对这种行为习以为常的观点在三个群体中都占据上风。这说明，腐败文化已经在各种不同的人群中扎下根来。更令人忧虑的是，高校学生群体对这种行贿行为习以为常的比例要高于高校干部和学生家长，这对他们日后走上社会的行为方式必定会产生消极的影响，同时也将助长腐败行为的蔓延。

(三) 对行贿行为涉及具体事项的认知

下表显示，对高校干部来说，行贿事由处于前三名的事项分别是：子女入学、职称评聘和考研究生。对高校学生来说，行贿事由处于前三名的事项分别是：入党或当学生干部；考研究生和各类评比评奖（并列第二）；转专业。对学生家长来说，行贿事由处于前三名的事项分别是：子女入学；子女求职；转专业。三个群体行贿事由前三名的事项之间存在着交叉与重合。如子女入学是高校干部和学生家长都十分关注的事项。考研究生是高校干部和高校学生都十分关注的事项。转专业是高校学生和学生家长都十分关注的事项。同时每个群体都有自己特别关注的事项，如高校干部特别关注职称评聘，高校学生特别关注入党或当学生干部；学生家长特别关注子女求职等。行贿事由所对应的领域和岗位也是高校腐败风险程度较高的领域和岗位。

表2 受访群体对行贿事由的选择频率

行贿事由/受访群体选择频率	高校干部	高校学生	学生家长
1. 职位升迁	2	3	2
2. 子女求职	1	4	4
3. 子女入学	4	4	9
4. 入党或当学生干部	2	11	2
5. 考研究生（含博士生）	3	9	1
6. 保送研究生		4	1
7. 转专业		6	3
8. 提高学习成绩或考分		3	
9. 职称评聘	4	2	
10. 介绍客户		1	
11. 各类评比、评奖	2	9	2
12. 减轻或免除因自己工作失误而导致的纪律处分		5	2
13. 其他领域	4	5	

说明：笔者根据统计数据自制。高校干部总样本量为114份，回答有疏通关系经历并说明事由者为22人，频率表示选择该事项的频次。高校学生总样本量为139份，回答该问题者样本量为66份。学生家长总样本量为118份，回答该问题的样本量为26份。

在问及行贿事由的其他领域时，高校干部的回答包括：照顾外部环境；调动；确定招生计划等。高校学生的回答包括：调换宿舍；选导师；争取各种荣誉、补助。行贿与受贿是对价关系,行贿事由与受贿机会较多的领导或管理岗位相对应。

(四) 对疏通关系的费用的评估

本项调查接下来询问,如果有过疏通关系的经历,受访者平均每次用于疏通关系的费用数额。具体回答情况见表3:

表3 受访群体对行贿费用的大体估计

行贿费用数额估计/受访群体选择频率	高校干部	高校学生	学生家长
2000元以下	8	18	11
2000元到5000元	6	11	8
5000元到10000元		5	2
10000元到50000元		1	3
50000元以上			1
其他数额	2	3	1

说明:笔者根据统计数据自制。高校干部总样本量为114份,回答该问题的样本量为16,频率表示选择该选项的频次。高校学生总样本量为139份,回答该问题的样本量为38。学生家长总样本量为118份,回答该问题的样本量为26。

上表显示,三个群体平均每次用于疏通关系的费用总额选择最多为单次2000元以下,其次为单次2000元到5000元。值得注意的是,高校学生和学生家长为办成事而疏通关系的单次花费选择在5000元到10000元、10000元到50000元乃至50000元以上者都不乏其人。在选择其他数额方面,高校学生有的选择200元到500元。这说明,高校腐败因所办的事情不同而涉及的费用金额不等,但总体来看涉及的数额仍很可观。

(五) 对抵制索贿的意愿的调查

本项调查询问受访者"当您遇到公开索贿或给好处的暗示的时候,下列

情况是否符合您的情况",具体回答情况如下:

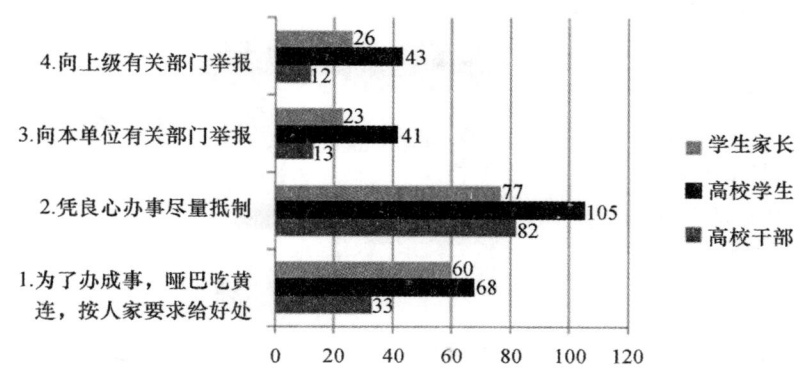

图 21　受访群体抵制索贿的意愿强度

上图显示,总的来看,三个受访群体都有着抵制索贿的意愿,但抵制索贿的意愿强度并不高,因为选择向本单位有关部门举报或上级有关部门举报的比例并不高,只有后两者才表明受访者有着抵制腐败的强烈意愿。三个受访群体选择"为了办成事,哑巴吃黄连,按人家要求给好处"的比例都高于选择举报的比例,这从反面说明受害者面对索贿行为自觉加以抵制的意愿并不强烈。这也是高校腐败得以盛行的一个重要原因。

(六) 对抵制行贿的意愿的调查

为了考察相关群体抵制行贿的意愿强度,本项调查要求受访者回答"别人为了办成事而想方设法给您好处,下列做法是否符合您的情况"的问题,具体回答情况见图 22:

下图显示,三个受访群体选择抵制行贿的比例总体上来看要低于选择接受贿赂的比例,尽管选择接受贿赂的理由不尽相同。这说明人们选择抵制行贿的意愿并不强。需要指出的,高校学生群体选择接受贿赂的比例明显偏高,背后所反映出来的抵制贿赂的意愿不强的问题令人忧虑。

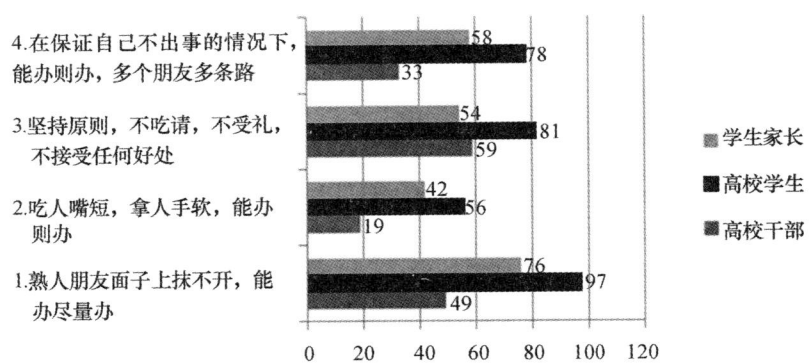

图 22　受访群体抵制行贿的意愿的调查

四、以高校善治遏制高校腐败

本项调查还征询了受访群体对当前高校腐败治理措施有效性的意见，征求了他们对高校腐败原因的看法及他们认为应当采取的治理高校腐败的措施。

（一）受访群体对当前高校腐败治理措施的有效性评价

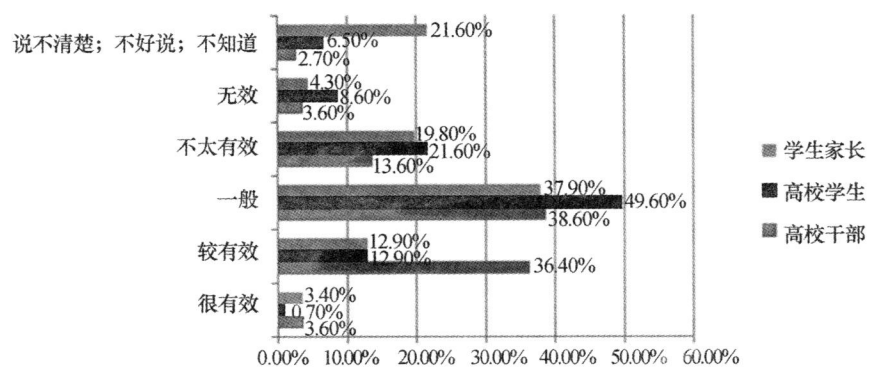

图 23　受访群体对当前高校腐败治理措施有效性评价

上图显示，受访的高校干部群体对当前高校治理腐败措施的有效性评价较高，而受访的高校学生和学生家长普遍评价较低。同时三个群体中认为当前措施"无效"或"不太有效"的比例也比较低。这表明许多人对当前高校腐败治理措施的有效性持一种观望的态度。学生家长群体对高校治理腐败措施的了解不多，因此回答"说不清楚"的比例明显高于其他两个群体。

（二）对高校腐败原因和治理高校腐败措施的开放性看法

问卷最后一个问题是一个开放式问题，抛开问卷给人们提供的选项开放性地征求三个受访群体对高校腐败原因与治理措施的看法。对这个开放性问题的各种回答的汇总分析表明，各个受访群体对高校腐败原因的分析主要集中在如下几个方面：高校行政化，利益和资源分配由领导说了算，权力过于集中；学生和教师难以参与学校的管理；高校比较封闭，运作透明度不够，缺乏来自外部的独立有效的监督；管理不规范导致不正当竞争。各个受访群体对治理高校腐败的建议相应地集中在如下几个方面：高校去行政化，学生和教师参与学校各个方面的管理；提高高校治理透明度，实行信息公开；加强来自外部的独立的监督；规范管理，形成公开、公平、公正的规则；加大打击力度。

这些开放性看法和我们的思路完全一致。高校腐败是和高等教育管理体制中存在的决策权过于集中而利益相关方缺乏发言权和参与渠道、管理过程缺乏透明度和信息公开不够、缺乏有力的外部监督和问责、缺乏自由公平的竞争等弊端联系在一起的，说到底是一种治理不善。遏止高校腐败的根本途径是走向高校善治，具体来说就是在高校管理中引入更多的利益相关方参与、更大的透明度、更加自由公平的竞争、更有力的外部社会监督等。

(三) 治理高校腐败的可行措施

表4 受访群体对治理高校腐败有关措施认可程度

治理高校腐败的建议措施/受访群体选择"非常同意"和"同意"的比例	高校干部	高校学生	学生家长
①改革教育行政管理体制，教育行政部门按照教育学术规律来管理高等教育，减少对高校的行政干预	97.2%	86.3%	90.3%
②改革高校内部治理结构，提高高校内部治理的透明度、参与性和问责水平	97.2%	96.4%	99.1%
③加强对高校的外部审计和监督	93.4%	92.8%	95.6%
④增加对高校的财政经费拨款	96.2%	75.2%	82.3%
⑤改革科研教学评价体系和教学质量评价体系，从注重数量向注重质量转变	100%	97.1%	99.1%
⑥建立科学严密的评审体制，减少不必要的评审项目	100%	93.5%	94.7%
⑦建立科学的人才选拔和任用机制	100%	94.2%	99.1%
⑧提高教师工资性收入，待遇与教学和科研成绩挂钩	99.1%	84.9%	90.3%
⑨增加教师在教学和科研管理中的发言权	96.3%	97.1%	98.2%
⑩在学生入党、保送研究生、选举学生干部、转专业等涉及学生切身利益的学生事务管理中保障学生的知情权、参与权、选择权和监督权	99.1%	95.7%	100%

本表显示，对于上述治理高校腐败的措施，三个受访群体均表示出高度的认同和支持，这说明高校改革的共识普遍存在。根据三个受访群体的认可和支持程度排序，笔者提出如下治理高校腐败的措施：

1. 改革科研教学评价体系和教学质量评价体系，从注重数量向注重质量转变。

2. 建立科学的人才选拔和任用机制。

3. 建立科学严密的评审体制，减少不必要的评审项目。

4. 在学生入党、保送研究生、选举学生干部、转专业等涉及学生切身利益的学生事务管理中保障学生的知情权、参与权、选择权和监督权。

5. 增加教师在教学和科研管理中的发言权。

6. 改革高校内部治理结构，提高高校内部治理的透明度、参与性和问责水平。

7. 加强对高校的外部审计和监督。

8. 提高教师工资性收入，待遇与教学和科研成绩挂钩。

9. 改革教育行政管理体制，教育行政部门按照教育学术规律来管理高等教育，减少对高校的行政干预。

10. 增加对高校的财政经费拨款。

在问及有无"其他措施"的建议时，高校学生和学生家长谈得最多的是：加大在招生工作中的公开、公正、透明，避免暗箱操作；增加学生参与决策的发言权，将学生监督引入监督体制之中。

（四）加强高校学术道德诚信管理的可行措施

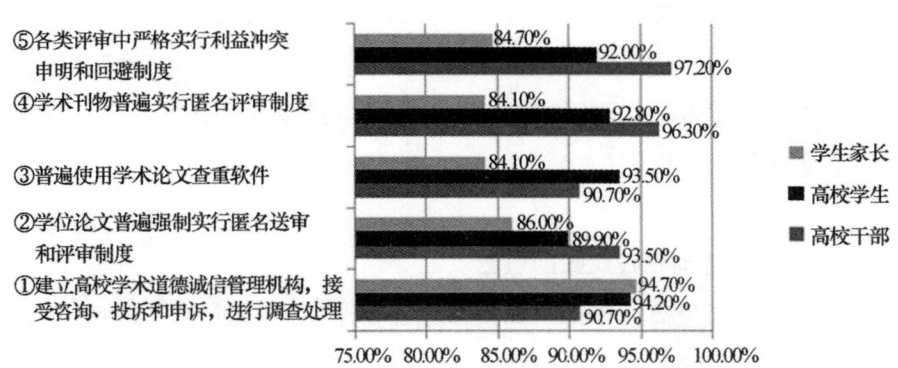

图 24　受访群体对加强高校学术道德诚信管理建议措施认可程度

本图显示，对于上述加强高校学术道德诚信管理的建议措施三个受访群体均表示出高度的认同和支持，这说明相关改革的共识普遍存在。根据三个受访群体的认可和支持程度排序，笔者提出如下加强高校学术道德诚信管理的措施：

1. 评审中严格实行利益冲突申明和回避制度。
2. 建立高校学术道德诚信管理机构，接受咨询、投诉和申诉，进行调查处理。
3. 学位论文普遍强制实行匿名送审和评审制度。
4. 普遍使用学术论文查重软件。
5. 学术刊物普遍实行匿名评审制度。

在问及有无"其他措施"的建议时，三个受访群体谈得最多的措施是：减少各类评比评审，让社会评审；加大对不诚信人员的惩处力度，增加学术失范成本；减少学术研究在职称评定中所占比重；保障科研教学一线人员特别是中青年教师的生活，使他们生活不惶恐，迸发出工作积极性，避免"学术断代"等。

（五）鼓励社会各界同高校腐败作斗争

治理高校腐败需要社会各界特别是利益相关群体的共同努力。激发社会各界同高校腐败作斗争的积极性，共同抵制腐败、拒绝腐败、远离腐败，是预防和惩治高校腐败工作取得成功的根本保障。鼓励社会各界同高校腐败作斗争，需要采取如下措施：

1. 提高人们主动举报腐败的意愿

下图显示，无论高校干部、高校学生还是学生家长选择"视情况而定"的比例最高，这表明在是否举报腐败方面更多的人选择的是观望。好消息是选择"会"举报的比例要普遍高于选择"不会"的比例。消除人们的观望心态，提高人们主动举报的意愿应当成为加强高校廉政建设的一个努力方向。

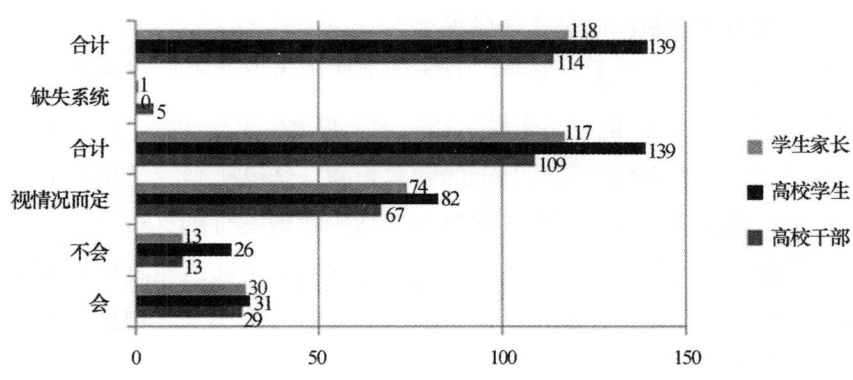

图 25　受访群体举报腐败的意愿调查

2. 鼓励人们更多地进行实名举报

下图说明，三个受访群体选择"匿名举报"的频率均明显高于"实名举报"的频率，高校学生群体选择匿名举报的频率更是远远高于实名举报的选择频率。选择匿名举报客观上增加了有关机构受理和调查核实腐败案件的难度，不利于高校腐败案件的立案和调查。因此有必要鼓励人们更多地选择"实名举报"的方式。

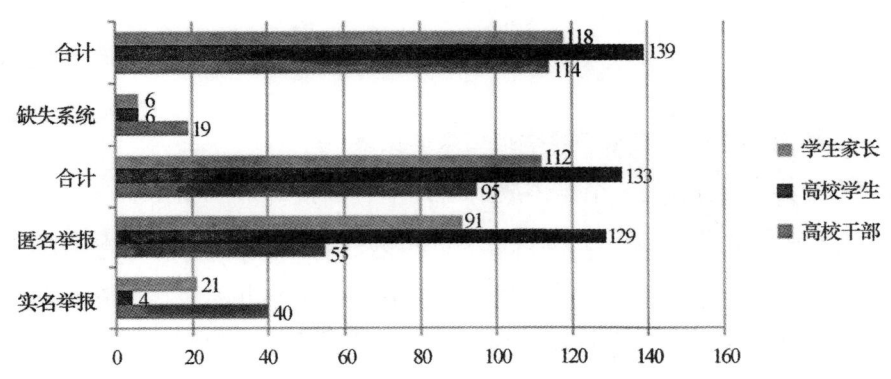

图 26　受访群体举报方式的选择

3. 提高反腐败机构的公众信任程度

上图说明，三个受访群体总体上来说还是信任"学校纪检监察部门"和"政府有关部门"的。但相对来说，高校学生和学生家长选择"向新闻媒体反映"和"把情况发布到互联网"上的频率较高，这说明高校学生和学生家长对学校纪检监察部门和政府有关部门处理高校腐败案件的客观、公正、权威性还缺乏充分的信任。为此，需要增强学校纪检监察部门和政府有关部门等反腐败机构的独立性、权威性，从而提高公众对他们的信任程度，更愿意向他们举报腐败案件。

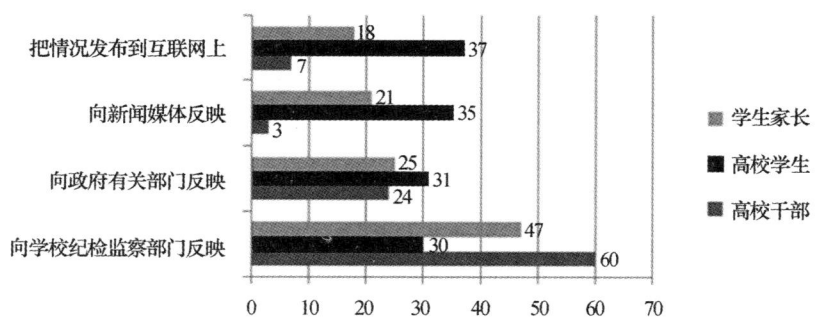

图 27 受访群体对举报途径的选择

4. 加强对举报人的保护和举报结果的反馈

下图说明，受访的三个群体成员选择不去举报的第一位原因是"担心举报后不能得到处理"，第二位原因是"担心打击报复"。因此，提高公众对高校腐败的举报意愿首要的是接到举报线索后及时受理并进行调查核实，同时尽快将举报调查结果向举报人反馈。此外还需要加大对举报人的保护力度，做好举报人的身份保密和关键证人的人身保护，对举报人受到打击保护有权利救济机制，对打击报复者有处罚机制。

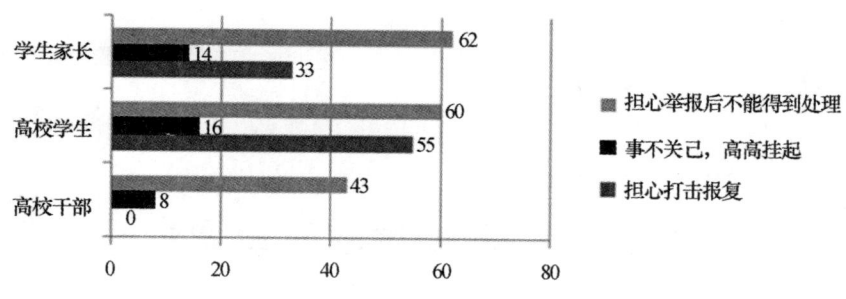

图 28　影响受访群体举报意愿的因素

5. 提高人们拒绝腐败、抵制腐败的意愿

前述调查数据表明,治理高校腐败的利益相关群体在抵制行贿、抵制索贿的意愿不强,在举报腐败方面有一部分人存在着"事不关己,没有必要"的旁观者心态。为了提高人们自觉抵制腐败、拒绝腐败的意愿,需要加强高校廉洁文化建设和廉政教育,使人们充分认识到高校腐败没有局外人,人人都有可能成为受害者,腐败与公平正义背道而驰。只有人人皆以腐败为持并积极参与到反腐败斗争中,腐败分子才没有藏身之地,腐败行为才没有生存土壤。

附录一：高校廉政建设调查问卷

问卷编号：_____

本问卷调查旨在对高校腐败情况进行研究。您填写问卷的认真程度和回答结果对研究质量至关重要！

第一部分 说　明

尊敬的问卷填写人：

本调查由中央编译局和东北师范大学共同组织，是联合国开发署"中国高校腐败预防和治理对策研究"项目的组成部分。本调查旨在了解当前我国高校腐败的总体情况、重点领域及其治理情况，为我国治理高校腐败提供决策参考。

非常感谢您在百忙中接受邀请，填写问卷。为了确保问卷的质量，请您尽可能对问卷中的所有题目进行回答。

本问卷调查匿名进行，所获得的数据将以综合分析结果的形式出现，所有资料仅供研究使用，请您真实地发表您的观点，而不必有任何顾虑。

请在最能表达您看法的选项前的□内或相应的空格内

画"√"。有关问题还请您表达您的观点。

如果您有不清楚的问题，请随时向调查工作人员询问（联系方式附后）。

第二部分　问卷调查题目

（一）个人基本情况

A1　您的性别：
□1）男　□2）女

A2　您的年龄：
□1）30 岁以下　□2）31—40 岁　□3）41—50 岁　□4）50 岁以上

A3　您的婚姻状况：
□1）已婚　□2）未婚

A4　您的民族（请填写）：_____

A5　您的政治面貌：
□1）中共党员　□2）共青团员　□3）民主党派　□4）群众

A7　您的最高学历：
□1）专科以下　□2）本科　□3）硕士　□4）博士

A8　您的月收入（包括工资、奖金、补贴等）在下列哪个范围：
□1）2000 元以下　□2）2000—2999 元　□3）3000—3999 元　□4）4000—4999 元
□5）5000—5999 元　□6）6000—6999 元　□7）7000—7999 元　□8）8000 元以上

A9　您的身份类型：
□1）高校各级领导　□2）高校教师　□3）高校在校学生　□4）高校

学生家长

如果您的身份类型为1），请回答 A9.1、A9.2 题；如果您的身份类型为2），请回答 A9.3、A9.4 题；如果您的身份类型为3），请回答题 A9.5 题；如果您的身份类型为4），不用回答 A9.1—A9.5 题：

A9.1　您的领导类型：

□1）校级领导　□2）院系领导　□3）部门领导

A9.2　您的行政级别：

□1）正厅　□2）副厅　□3）正处　□4）副处　□5）正科以下

A9.3　您的岗位类型：

□1）教学科研　□2）教辅　□3）后勤服务

A9.4　您的职称：

□1）正高　□2）副高　□3）中级　□4）初级

A9.5　您入大学的年限：

□1）4年以下　□2）4年以上7年以下　□3）7年以上

A10　您所在高校省份（请填写）：_____

A11　您做在高校的类别：

□1）部属院校　□2）省属院校　□3）民办院校　□4）其他

（二）高校腐败的总体情况

B1　与其他领域的腐败程度相比，您认为当前高校腐败的严重程度：

□1）非常严重

□2）严重

□3）一般

□4）不太严重

□5）不严重

□6）说不清楚；不知道；说不好

B2　您认为当前腐败现象在高校的普遍程度：

☐1）非常普遍

☐2）普遍

☐3）有一定普遍性

☐4）不太普遍

☐5）不普遍

☐6）说不清楚；不知道；说不好

B3　您认为当前高校学术道德诚信状况：

☐1）非常糟糕

☐2）糟糕

☐3）一般

☐4）还好

☐5）非常好

☐6）说不清楚；不好说；不知道

B4　您是否同意下列有关高校腐败危害的看法：

	非常同意	同意	不太同意	很不同意	无所谓
①高校腐败直接影响高校人才培养质量					
②高校腐败影响人们在国内高校就读和任职的意愿					
③高校腐败妨害知识和理论创新					
④高校腐败影响教师教学科研工作的积极性					
⑤高校腐败影响学生学习、研究的积极性和创新能力					
⑥高校腐败扭曲了高校和教师的社会形象，降低了教师的社会地位					

续表

	非常同意	同意	不太同意	很不同意	无所谓
⑦高校腐败直接影响高等教育的发展					
⑧高校腐败严重影响国家的文化软实力					
其他危害（请填写）					

B5 您认为高校腐败的危害程度如何？

☐1）非常大

☐2）较大

☐3）一般

☐4）不太大

☐5）不大

☐6）说不清楚；不好说；不知道

B6 您认为未来 3 到 5 年中高校腐败状况的变化趋势是：

☐1）大为好转

☐2）有所好转

☐3）没有变化

☐4）更加糟糕

☐5）非常糟糕

☐6）说不清楚；不好说；不知道

（三）高校腐败的表现与原因

C1　您认为当前高校在以下领域的腐败严重程度如何：

	很严重	比较严重	不太严重	不严重	无所谓
①基建工作					
②招生工作					
③各类评审					
④人事工作					
⑤学生工作					
其他领域（请填写）					

C1.1　您认为高校基建工作领域的腐败主要发生在（单选）：

□1）基础设施建设

□2）物资采购

C1.2　您认为高校招生工作领域的腐败主要发生在（单选）：

□1）本科生招生

□2）研究生招生

C1.3　您认为高校各类评审领域的腐败主要发生在（单选）：

□1）职称评审

□2）课题评审

□3）学位点评审

□4）教学质量评估

□5）各类评比评奖

C1.4　您认为高校人事工作领域的腐败主要发生在（单选）：

□1）师资引进

□2）干部选拔任用

C1.5　您认为高校学生工作领域的腐败主要发生在（单选）：

□1）学生入党

□2）学生干部选拔

□3）各类评优

□4）各类奖学金申请

□5）各类补助申请

C2　您认为高校中下列岗位腐败的风险程度如何：

	非常大	较大	不太大	不大	无所谓
①学校党政一把手					
②分管部门领导					
③部门业务负责人					
其他岗位（请填写）					

C2.1　学校党政一把手腐败主要发生在（最多选二项）：

□1）主管基建与物资采购的党政一把手

□2）主管招生的党政一把手

□3）主管财务的党政一把手

□4）主管教学科研的党政一把手

□5）主管纪检与组织宣传的党政一把手

C2.2　分管部门领导主要发生在（最多选二项）：

□1）分管基建与物资采购的部门领导

□2）分管招生的部门领导

□3）分管财务的部门领导

□4）分管教学科研的部门领导

□5）分管纪检与组织宣传的部门领导

C2.3 部门业务负责人腐败主要发生在（最多选二项）：

☐1）基建与物资采购部门业务责任人

☐2）招生部门业务责任人

☐3）财务部门业务责任人

☐4）教学科研部门业务责任人

☐5）纪检与组织宣传部门业务责任人

C3 您是否同意下列有关导致高校腐败的原因的说法：

	非常同意	同意	不太同意	很不同意	无所谓
①经费拨款缺口大，高校要生存、要改善教职工待遇，不得不采取各种合法或不合法的办法					
②评比评估达标竞赛与高校的地位待遇和获得的资源相挂钩，为了在激烈的竞争中胜出不得不用尽各种手段					
③高校决策体制封闭神秘，缺乏透明度和利益相关方参与					
④不科学的科研教学评价体系迫使一些教师为了多拿课题、多发文章而采取不正当的手段					
⑤评审机制不够严密科学，给评审腐败提供了机会					
⑥基础设施建设招投标不规范，监理工作不到位					
⑦物资采购工作不透明，缺乏外部监督					
⑧招生工作不透明，自由裁量权过大，有暗箱操作空间					
⑨缺乏外部审计和监督，导致内部人控制					

续表

	非常同意	同意	不太同意	很不同意	无所谓
⑩高校行政化导致领导干部的晋升压力较大，领导干部选拔任用机制不科学					
⑪高校领导权力过大，缺少有效监督					
⑫教师工资收入偏低，绩效与待遇之间缺乏联系					
其他原因（请填写）					

C4 您认为高校主要领导或部门领导采用非正当手段为学校或部门谋取利益是否合理：

☐1）很合理

☐2）合理

☐3）具有一定的合理性

☐4）不太合理

☐5）不合理

☐6）说不清楚；不好说；不知道

C5 您所在高校是否存在下列学术道德失范现象：

	非常同意	同意	不太同意	很不同意	无所谓
①学术论文抄袭或变相抄袭					
②领导或老师在他人学术成果上署名					
③学位论文送审和评审非匿名					

续表

	非常同意	同意	不太同意	很不同意	无所谓
④学术研究低水平重复，重视数量而忽视质量					
⑤老师忙于校外兼职，而对本职教学和学业指导工作敷衍塞责					
⑥在课题评审和职称评审中人情关系考虑处于主导地位					
其他情况（请填写）					

（四）高校腐败治理的措施

D1 您认为当前针对高校腐败治理措施的有效性如何？

☐1）很有效

☐2）较有效

☐3）一般

☐4）不太有效

☐5）无效

☐6）说不清楚；不好说；不知道

D2 您是否同意下列高校学术道德诚信管理采取的措施：

	非常同意	同意	不太同意	很不同意	无所谓
①建立高校学术道德诚信管理机构，接受咨询、投诉和申诉，进行调查处理					
②学位论文普遍强制实行匿名送审和评审制度					

续表

	非常同意	同意	不太同意	很不同意	无所谓
③普遍使用学术论文查重软件					
④学术刊物普遍实行匿名评审制度					
⑤各类评审中严格实行利益冲突申明和回避制度					
其他措施（请填写）					

D3 您是否同意采取下列措施来治理高校腐败：

	非常同意	同意	不太同意	很不同意	无所谓
①改革教育行政管理体制，教育行政部门按照教育学术规律来管理高等教育，减少对高校的行政干预					
②改革高校内部治理结构，提高高校内部治理的透明度、参与性和问责水平					
③加强对高校的外部审计和监督					
④增加对高校的财政经费拨款					
⑤改革科研教学评价体系和教学质量评价体系，从注重数量向注重质量转变					
⑥建立科学严密的评审体制，减少不必要的评审项目					
⑦建立科学的人才选拔和任用机制					
⑧提高教师工资性收入，待遇与教学和科研成绩挂钩					
⑨增加教师在教学和科研管理中的发言权					

续表

	非常同意	同意	不太同意	很不同意	无所谓
⑩在学生入党、保送研究生、选举学生干部、转专业等涉及学生切身利益的学生事务管理中保障学生的知情权、参与权、选择权和监督权					
其他措施（请填写）					

D4 如果你掌握了所在单位有关领导的腐败的确凿证据，是否会揭发或举报？

☐1）会　☐2）不会　☐3）视情况而定

D4.1 如果会，您会采取哪种揭发或举报方式？

☐1）实名举报　☐2）匿名举报

D4.2 如果会，您会通过哪种途径揭发或举报？

☐1）向学校纪检监察部门反映

☐2）向政府有关部门反映

☐3）向新闻媒体反映

☐4）将有关情况发布到互联网上

D4.3 如果不会，原因是什么？

☐1）担心打击报复

☐2）事不关己，没有必要

☐3）担心举报后不能得到处理

（五）你所接触、经历或听说的高校腐败现象

E1 您有无为了办成自己的事情向院校领导或有关部门疏通关系的经历？（如果无，请直接跳至第 E2 题）

☐1）有　　☐2）无

E1.1　如果有的话，您认为这种事情：

☐1）非常正常，没什么大惊小怪的

☐2）很正常，这属于"潜规则"

☐3）正常，这是中国的习俗

☐4）不太正常，但在某些情况下可以理解和接受

☐5）不正常，不得已而为之

☐6）说不清楚；不好说；不知道

E1.2　如果有的话，您所办事情的内容是：

☐1）职位升迁

☐2）子女求职

☐3）子女入学

☐4）入党或当学生干部

☐5）考研究生（含博士生）

☐6）保送研究生

☐7）转专业

☐8）提高学习成绩或考分

☐9）职称评聘

☐10）介绍客户

☐11）各类评比、评奖

☐12）减轻或免除因自己工作失误导致的纪律处分

☐13）其他领域（请填写）：_____

E1.3　如果有的话，您平均每次用于疏通关系的费用（包括送礼或宴请折合的费用）大约是：

☐1）2000 元以下

☐2）2000 元到 5000 元

☐3）5000 元到 10000 元

☐4）10000 元到 50000 元

☐5）50000 元以上

☐6）其他数额（请填写）：＿＿＿＿＿＿＿

E2　当您遇到公开索贿或给好处的暗示的时候，下列做法是否符合您的情况：

	非常符合	基本符合	不太符合	很不符合	无所谓
①为了办成事，哑巴吃黄连，按人家要求给好处					
②凭良心办事尽量抵制					
③向本单位有关部门举报					
④向上级有关部门举报					
如上述做法不符合您的情况，您的做法是（请填写）					

E3　别人为了办成事而想方设法给您好处，下列做法是否符合您的情况：

	非常符合	基本符合	不太符合	很不符合	无所谓
①熟人朋友面子上抹不开，能办尽量办					
②吃人嘴短，拿人手软，能办则办					
③坚持原则，不吃请，不受礼，不接受任何好处					
④在保证自己不出事的情况下，能办则办，多个朋友多条路					
如上述做法不符合您的情况，您的做法是（请填写）					

E4　您对高校腐败的原因以及如何治理高校腐败还有何高见（请填写）：

————问卷调查到此结束，再次深表感谢！————

☺如果您对调查有问题或对本研究的结果感兴趣，请和课题组成员保持联系

联系人：
电　话：
电　邮：

附录二：三个受访群体的基本情况说明

一、受访的高校干部基本情况说明

A1 性别

		频率	百分比	有效百分比	累积百分比
有效	男	89	78.1	78.1	78.1
	女	25	21.9	21.9	100.0
	合计	114	100.0	100.0	

A2 年龄

		频率	百分比	有效百分比	累积百分比
有效	31—40 岁	18	15.8	15.8	15.8
	41—50 岁	76	66.7	66.7	82.5
	51 岁以上	20	17.5	17.5	100.0
	合计	114	100.0	100.0	

A3　婚姻状况

		频率	百分比	有效百分比	累积百分比
有效	已婚	113	99.1	99.1	99.1
	未婚	1	.9	.9	100.0
	合计	114	100.0	100.0	

A4　民族

		频率	百分比	有效百分比	累积百分比
有效	汉族	107	93.9	96.4	96.4
	回族	1	.9	.9	97.3
	满族	1	.9	.9	98.2
	其他民族	2	1.8	1.8	100.0
	合计	111	97.4	100.0	
缺失	系统	3	2.6		
合计			114	100.0	

A5　政治面貌

		频率	百分比	有效百分比	累积百分比
有效	共产党员	111	97.4	98.2	98.2
	民主党派	1	.9	.9	99.1
	群众	1	.9	.9	100.0
	合计	113	99.1	100.0	
缺失	系统	1	.9		
合计		114	100.0		

A7　最高学历

		频率	百分比	有效百分比	累积百分比
有效	专科及专科以下	1	.9	.9	.9
	本科	30	26.3	26.3	27.2
	硕士	45	39.5	39.5	66.7
	博士	38	33.3	33.3	100.0
	合计	114	100.0	100.0	

A8　您的月收入

		频率	百分比	有效百分比	累积百分比
有效	3000—3999	4	3.5	3.6	3.6
	4000—4999	18	15.8	16.1	19.6
	5000—5999	11	9.6	9.8	29.5
	6000—6999	19	16.7	17.0	46.4
	7000—7999	23	20.2	20.5	67.0
	8000 以上	37	32.5	33.0	100.0
	合计	112	98.2	100.0	
缺失	系统	2	1.8		
合计		114	100.0		

A9a　您的身份类型

		频率	百分比	有效百分比	累积百分比
有效	高校各级领导	107	93.9	93.9	93.9
	高校教师	7	6.1	6.1	100.0
	合计	114	100.0	100.0	

A9.1　您的领导类型

		频率	百分比	有效百分比	累积百分比
有效	校级领导	30	26.3	27.3	27.3
	院系领导	21	18.4	19.1	46.4
	部门领导	59	51.8	53.6	100.0
	合计	110	96.5	100.0	
缺失	系统	4	3.5		
合计		114	100.0		

A9.2 您的行政级别

		频率	百分比	有效百分比	累积百分比
有效	副厅	20	17.5	18.3	18.3
	正处	85	74.6	78.0	96.3
	副处	4	3.5	3.7	100.0
	合计	109	95.6	100.0	
缺失	系统	5	4.4		
合计		114	100.0		

A9.3 您的岗位类型

		频率	百分比	有效百分比	累积百分比
有效	教学科研	30	26.3	62.5	62.5
	教辅	13	11.4	27.1	89.6
	后勤服务	5	4.4	10.4	100.0
	合计	48	42.1	100.0	
缺失	系统	66	57.9		
合计		114	100.0		

A9.4 您的职称

		频率	百分比	有效百分比	累积百分比
有效	正高	26	22.8	48.1	48.1
	副高	21	18.4	38.9	87.0
	中级	7	6.1	13.0	100.0
	合计	54	47.4	100.0	
缺失	系统	60	52.6		
合计		114	100.0		

A9.5 您入大学的年限

		频率	百分比	有效百分比	累积百分比
有效	4 年以下	8	7.0	14.8	14.8
	4 年以上 7 年以下	12	10.5	22.2	37.0
	7 年以上	34	29.8	63.0	100.0
	合计	54	47.4	100.0	
缺失	系统	60	52.6		
合计		114	100.0		

A10 所在高校省份

		频率	百分比	有效百分比	累积百分比
有效	北京	8	7.0	9.5	9.5
	湖北	3	2.6	3.6	13.1
	湖南	6	5.3	7.1	20.2
	重庆	3	2.6	3.6	23.8
	广东	3	2.6	3.6	27.4
	广西	3	2.6	3.6	31.0
	福建	3	2.6	3.6	34.5
	江苏	8	7.0	9.5	44.0
	浙江	3	2.6	3.6	47.6
	海南	2	1.8	2.4	50.0
	陕西	3	2.6	3.6	53.6
	山西	1	.9	1.2	54.8
	山东	2	1.8	2.4	57.1
	河南	4	3.5	4.8	61.9
	吉林	2	1.8	2.4	64.3
	辽宁	4	3.5	4.8	69.0
	贵州	3	2.6	3.6	72.6
	黑龙江	3	2.6	3.6	76.2
	新疆	1	.9	1.2	77.4

续表

		频率	百分比	有效百分比	累积百分比
有效	河北	2	1.8	2.4	79.8
	安徽	3	2.6	3.6	83.3
	天津	2	1.8	2.4	85.7
	青海	1	.9	1.2	86.9
	四川	4	3.5	4.8	91.7
	甘肃	2	1.8	2.4	94.0
	云南	2	1.8	2.4	96.4
	西藏	1	.9	1.2	97.6
	内蒙古	1	.9	1.2	98.8
	上海	1	.9	1.2	100.0
	合计	84	73.7	100.0	
缺失	系统	30	26.3		
合计		114	100.0		

A11　高校类别

		频率	百分比	有效百分比	累积百分比
有效	部属院校	29	25.4	30.2	30.2
	省属院校	61	53.5	63.5	93.8
	其他	6	5.3	6.3	100.0
	合计	96	84.2	100.0	
缺失	系统	18	15.8		
合计		114	100.0		

二、受访的高校学生的基本情况说明

A1　性别

		频率	百分比	有效百分比	累积百分比
有效	男	56	40.3	40.3	40.3
	女	83	59.7	59.7	100.0
	合计	139	100.0	100.0	

A2　年龄

		频率	百分比	有效百分比	累积百分比
有效	30 岁以下	139	100.0	100.0	100.0

A3　婚姻状况

		频率	百分比	有效百分比	累积百分比
有效	已婚	5	3.6	3.6	3.6
	未婚	133	95.7	96.4	100.0
	合计	138	99.3	100.0	
缺失	系统	1	.7		
合计		139	100.0		

A4　民族

		频率	百分比	有效百分比	累积百分比
有效	汉族	117	84.2	84.8	84.8
	回族	1	.7	.7	85.5
	满族	9	6.5	6.5	92.0
	蒙古族	4	2.9	2.9	94.9
	其他民族	7	5.0	5.1	100.0
	合计	138	99.3	100.0	
缺失	系统	1	.7		
合计		139	100.0		

A5　政治面貌

		频率	百分比	有效百分比	累积百分比
有效	共产党员	46	33.1	33.1	33.1
	共青团员	91	65.5	65.5	98.6
	群众	2	1.4	1.4	100.0
	合计	139	100.0	100.0	

A6　您的最高学历教育程度

		频率	百分比	有效百分比	累积百分比
有效	专科以下	4	2.9	2.9	2.9
	本科	100	71.9	72.5	75.4
	硕士	32	23.0	23.2	98.6
	博士	2	1.4	1.4	100.0
	合计	138	99.3	100.0	
缺失	系统	1	.7		
合计		139	100.0		

A7　您入大学的年限

		频率	百分比	有效百分比	累积百分比
有效	4年以下	82	59.0	59.0	59.0
	4年以上7年以下	52	37.4	37.4	96.4
	7年以上	5	3.6	3.6	100.0
	合计	139	100.0	100.0	

A8　所在高校省份

		频率	百分比	有效百分比	累积百分比
有效	湖南	10	7.2	7.2	7.2
	河南	5	3.6	3.6	10.9
	江苏	6	4.3	4.3	15.2
	吉林	33	23.7	23.9	39.1
	山东	7	5.0	5.1	44.2
	四川重庆	9	6.5	6.5	50.7
	北京	21	15.1	15.2	65.9
	广东	6	4.3	4.3	70.3
	广西	2	1.4	1.4	71.7
	陕西	5	3.6	3.6	75.4
	福建	1	.7	.7	76.1

续表

		频率	百分比	有效百分比	累积百分比
有效	山西	3	2.2	2.2	78.3
	浙江	3	2.2	2.2	80.4
	成都	1	.7	.7	81.2
	湖北	3	2.2	2.2	83.3
	安徽	1	.7	.7	84.1
	18	7	5.0	5.1	89.1
	河北	5	3.6	3.6	92.8
	黑龙江	5	3.6	3.6	96.4
	上海	3	2.2	2.2	98.6
	天津	1	.7	.7	99.3
	甘肃	1	.7	.7	100.0
	合计	138	99.3	100.0	
缺失	系统	1	.7		
合计		139	100.0		

A9　高校类别

		频率	百分比	有效百分比	累积百分比
有效	部属院校	59	42.4	42.4	42.4
	省属院校	77	55.4	55.4	97.8
	民办院校	3	2.2	2.2	100.0
	合计	139	100.0	100.0	

三、受访的学生家长的基本情况说明

A1　性别

		频率	百分比	有效百分比	累积百分比
有效	男	71	60.2	60.2	60.2
	女	47	39.8	39.8	100.0
	合计	118	100.0	100.0	

A2　年龄

		频率	百分比	有效百分比	累积百分比
有效	30 岁以下	12	10.2	10.2	10.2
	31—40 岁	10	8.5	8.5	18.6
	41—50	75	63.6	63.6	82.2
	51 岁以上	21	17.8	17.8	100.0
	合计	118	100.0	100.0	

A3　婚姻状况

		频率	百分比	有效百分比	累积百分比
有效	已婚	105	89.0	90.5	90.5
	未婚	11	9.3	9.5	100.0
	合计	116	98.3	100.0	
缺失	系统	2	1.7		
合计		118	100.0		

A4　民族

		频率	百分比	有效百分比	累积百分比
有效	汉族	91	77.1	82.0	82.0
	回族	1	.8	.9	82.9
	满族	3	2.5	2.7	85.6
	藏族	1	.8	.9	86.5
	蒙古族	9	7.6	8.1	94.6
	其他民族	6	5.1	5.4	100.0
	合计	111	94.1	100.0	
缺失	系统	7	5.9		
合计		118	100.0		

A5　政治面貌

		频率	百分比	有效百分比	累积百分比
有效	共产党员	41	34.7	34.7	34.7
	共青团员	7	5.9	5.9	40.7
	民主党派	2	1.7	1.7	42.4
	群众	68	57.6	57.6	100.0
	合计	118	100.0	100.0	

A6　最高学历

		频率	百分比	有效百分比	累积百分比
有效	专科及专科以下	76	64.4	66.1	66.1
	本科	33	28.0	28.7	94.8
	硕士	5	4.2	4.3	99.1
	博士	1	.8	.9	100.0
	合计	115	97.5	100.0	
缺失	系统	3	2.5		
	合计	118	100.0		

A7　您的月收入

		频率	百分比	有效百分比	累积百分比
有效	2000以下	38	32.2	32.5	32.5
	2000—2999	21	17.8	17.9	50.4
	3000—3999	32	27.1	27.4	77.8
	4000—4999	13	11.0	11.1	88.9
	5000—5999	7	5.9	6.0	94.9
	7000—7999	3	2.5	2.6	97.4
	8000以上	3	2.5	2.6	100.0
	合计	117	99.2	100.0	
缺失	系统	1	.8		
	合计	118	100.0		

A8　您的身份类型

		频率	百分比	有效百分比	累积百分比
有效	高校各级领导	2	1.7	1.9	1.9
	高校教师	4	3.4	3.7	5.6
	高校学生家长	101	85.6	94.4	100.0
	合计	107	90.7	100.0	
缺失	系统	11	9.3		
合计		118	100.0		

A8.1　领导类型

		频率	百分比	有效百分比	累积百分比
有效	院系领导	1	.8	25.0	25.0
	部门领导	3	2.5	75.0	100.0
	合计	4	3.4	100.0	
缺失	系统	114	96.6		
合计		118	100.0		

A8.2　行政级别

		频率	百分比	有效百分比	累积百分比
有效	正处	3	2.5	75.0	75.0
	科级及科技以下	1	.8	25.0	100.0
	合计	4	3.4	100.0	
缺失	系统	114	96.6		
合计		118	100.0		

A8.3　岗位类型

		频率	百分比	有效百分比	累积百分比
有效	教学科研	4	3.4	50.0	50.0
	教辅	1	.8	12.5	62.5
	后勤服务	3	2.5	37.5	100.0
	合计	8	6.8	100.0	
缺失	系统	110	93.2		
合计		118	100.0		

A8.4 职称

		频率	百分比	有效百分比	累积百分比
有效	正高	3	2.5	37.5	37.5
	副高	1	.8	12.5	50.0
	中级	3	2.5	37.5	87.5
	初级	1	.8	12.5	100.0
	合计	8	6.8	100.0	
缺失	系统	110	93.2		
合计		118	100.0		

A9 所在高校省份

		频率	百分比	有效百分比	累积百分比
有效	四川重庆	1	.8	12.5	12.5
	北京	2	1.7	25.0	37.5
	山西	1	.8	12.5	50.0
	浙江	2	1.7	25.0	75.0
	湖北	1	.8	12.5	87.5
	辽宁	1	.8	12.5	100.0
	合计	8	6.8	100.0	
缺失	系统	110	93.2		
合计		118	100.0		

A10 高校类别

		频率	百分比	有效百分比	累积百分比
有效	部属院校	2	1.7	25.0	25.0
	省属院校	4	3.4	50.0	75.0
	其他	2	1.7	25.0	100.0
	合计	8	6.8	100.0	
缺失	系统	110	93.2		
合计		118	100.0		

（原文刊载于《广州大学学报》（社会科学版），2013年第12卷第11期）

后　记

近年来，笔者有幸参加了一些反腐败方面的重大课题的研究，有的是作为课题组主要成员而承担总报告的写作任务，有的课题则是由作者直接主持完成的。这些课题中既有国家社会科学基金重大课题，也有地方政府和高等院校委托课题，以及联合国开发计划署资助课题。对于这些课题的资助方，笔者表示衷心的感谢。由于可以理解的原因，课题的成果虽然曾经公开发表或即将公开发表，但由于杂志篇幅所限，正式发表的时候多有删减，由此留下不少遗憾。近来笔者应邀结集出版自己的廉能政治和国家治理研究成果，促使我下决心将近几年的一些研究成果、内部发言和内部报告编辑成册，奉献给读者。我研究腐败问题已经有二十余年，期间经历了不少风风雨雨，品尝了做学问的不少苦与甜。如今我已主动辞去了自己所在的研究部担任了十年之久的主任职务，从而有更多的时间和精力从事自己所心爱的学术研究工作。这使得我有机会对自己的部分廉能政治研究成果整理结集成册。

在学术人生中，我始终信奉这样的箴言：一切皆如过眼云烟，唯有思想和美德永恒。我坚信，这个躁动的社会仍然需要有知识和思想的引领，需要有人去从事知识和思想的创造和传播以推动社会的进步。而学者的价值是不能用金钱的多少和官职的高低来衡量的，学者的价值就在于他为社会所贡献的知识和思想。这是激励我做学问的持久的动力。在本书即将付梓之际，愿与读者朋友分享我的座右铭。

何增科

2015 年 8 月于北京西单书香阁

图书在版编目(CIP)数据

廉洁政治与国家治理/何增科著. —北京：中央编译出版社，2017.6
ISBN 978-7-5117-3331-3

Ⅰ.①廉…
Ⅱ.①何…
Ⅲ.①廉政建设－研究－中国
Ⅳ.①D630.9

中国版本图书馆 CIP 数据核字（2017）第 101433 号

廉洁政治与国家治理

出 版 人：葛海彦
出版统筹：贾宇琰
责任编辑：侯天保
责任印制：尹　珺
出版发行：中央编译出版社
地　　址：北京西城区车公庄大街乙 5 号鸿儒大厦 B 座（100044）
电　　话：（010）52612345（总编室）　　　（010）52612339（编辑室）
　　　　　（010）52612316（发行部）　　　（010）52612346（馆配部）
传　　真：（010）66515838
经　　销：全国新华书店
印　　刷：北京紫瑞利印刷有限公司
开　　本：787 毫米×1092 毫米　1/16
字　　数：310 千字
印　　张：21.75
版　　次：2017 年 6 月第 1 版印刷
印　　次：2017 年 6 月第 1 次印刷
定　　价：85.00 元

网　　址：www.cctphome.com　　　邮　　箱：cctp@cctphome.com
新浪微博：@中央编译出版社　　　微　　信：中央编译出版社（ID: cctphome）
淘宝店铺：中央编译出版社直销店（http://shop108367160.taobao.com）　（010）55626985

本社常年法律顾问：北京市吴栾赵阎律师事务所律师　闫军　梁勤
凡有印装质量问题，本社负责调换，电话：（010）55626985